社会组织人力资源开发与管理

廖 鸿 石国亮 蔡波毅 等著

Human Resources
Development and Management of Social Organizations

图书在版编目（CIP）数据

社会组织人力资源开发与管理／廖鸿等著. —北京：中央编译出版社，2017.1
ISBN 978-7-5117-3180-7

Ⅰ. ①社…
Ⅱ. ①廖…
Ⅲ. ①社会组织管理-人力资源管理-研究
Ⅳ. ①C916.1

中国版本图书馆 CIP 数据核字（2016）第 270216 号

社会组织人力资源开发与管理

出 版 人：	葛海彦
出版统筹：	贾宇琰
责任编辑：	李小燕
责任印制：	尹 珺
出版发行：	中央编译出版社
地　　址：	北京西城区车公庄大街乙 5 号鸿儒大厦 B 座（100044）
电　　话：	（010）52612345（总编室）　　（010）52612340（编辑室）
	（010）52612316（发行部）　　（010）52612317（网络销售）
	（010）52612346（馆配部）　　（010）55626985（读者服务部）
传　　真：	（010）66515838
经　　销：	全国新华书店
印　　刷：	北京印刷一厂
开　　本：	787 毫米×1092 毫米　1/16
字　　数：	320 千字
印　　张：	21.25
版　　次：	2017 年 1 月第 1 版第 1 次印刷
定　　价：	78.00 元
网　　址：	www.cctphome.com　　邮　箱：cctp@cctphome.com
新浪微博：	@中央编译出版社　　微　信：中央编译出版社(ID: cctphome)
淘宝店铺：	中央编译出版社直销店(http://shop108367160.taobao.com)　（010）55626985

凡有印装质量问题，本社负责调换，电话：(010) 55626985

目 录

导 论 ……………………………………………………………………… 1
 第一节 人力资源管理与社会组织人力资源管理 ………………… 2
  一、人力资源管理及其现代发展 ……………………………………… 2
  二、人力资源开发与管理的发展趋势 ………………………………… 5
  三、社会组织人力资源开发与管理的兴起 …………………………… 7
 第二节 社会组织人力资源开发与管理的作用与特点 ………… 10
  一、人力资源开发与管理是激发社会组织活力的重要保障 ………… 10
  二、社会组织人力资源开发与管理的主要特点 ……………………… 12
 第三节 我国社会组织人力资源开发与管理展望 ……………… 15
  一、人力资源开发与管理将在社会组织发展中发挥越来越
    重要的作用 ……………………………………………………… 16
  二、社会组织人力资源开发与管理将越来越专业化 ………………… 17
  三、社会组织人力资源开发与管理将越来越体系化 ………………… 19

第一章 社会组织的组织结构和岗位设计 ……………………… 21
 第一节 社会组织的治理结构和组织结构 ……………………… 22
  一、社会组织治理结构的共性与差异 ………………………………… 22
  二、社会组织治理结构运行中的问题 ………………………………… 28
  三、社会组织治理结构的优化 ………………………………………… 30
  四、社会组织的组织机构 ……………………………………………… 32

1

第二节 工作分析与社会组织的岗位设计 ……………………… 33
一、工作分析及其在社会组织中的应用 …………………… 33
二、社会组织的岗位设计 …………………………………… 35

第三节 领导层的配置与角色 …………………………………… 36
一、会长/理事长 …………………………………………… 36
二、理事会的基本构成与主要职能 ………………………… 39
三、监事会的基本构成与主要职能 ………………………… 43

第四节 管理层的配置与角色 …………………………………… 46
一、管理层的基本构成与主要职能 ………………………… 46
二、秘书长的产生和职责 …………………………………… 48
三、管理层之间的协调配合 ………………………………… 51

第五节 执行层的配置与角色 …………………………………… 54
一、执行层的基本构成与特点 ……………………………… 55
二、执行层的主要职能 ……………………………………… 58
三、执行层之间的协调配合 ………………………………… 60

第二章 社会组织员工招录和劳动关系 …………………………… 63
第一节 员工招聘 ………………………………………………… 63
一、招聘的价值 ……………………………………………… 63
二、招聘的渠道 ……………………………………………… 65
三、招聘工作流程 …………………………………………… 73
四、选拔 ……………………………………………………… 77

第二节 员工录用 ………………………………………………… 86
一、告知与入职审查 ………………………………………… 86
二、岗前培训 ………………………………………………… 88
三、试用期 …………………………………………………… 93
四、正式录用 ………………………………………………… 95

第三节 劳动关系 ………………………………………………… 96
一、劳动合同 ………………………………………………… 96

二、劳动关系的法律责任 ·················· 104
　　三、常见问题和解决办法 ·················· 105
　　四、档案管理 ························ 106

第三章　社会组织员工的培训与开发 ············ 108
　第一节　社会组织员工培训与开发概述 ············ 110
　　一、社会组织员工培训与开发的意义 ············ 110
　　二、社会组织员工培训与开发的特征 ············ 114
　　三、社会组织员工培训与开发的趋势 ············ 116
　　四、社会组织员工培训与开发的创新 ············ 119
　第二节　社会组织员工培训与开发的定位 ··········· 122
　　一、社会组织员工培训与开发的目标定位 ·········· 123
　　二、社会组织员工培训与开发的内容分析 ·········· 124
　　三、社会组织员工培训与开发和学校教育的有机结合 ····· 129
　第三节　社会组织员工培训与开发的实施 ··········· 131
　　一、社会组织员工培训与开发的需求分析 ·········· 131
　　二、社会组织员工培训与开发的计划制订 ·········· 135
　　三、社会组织员工培训与开发的模式和方式选择 ······· 136
　　四、社会组织员工培训与开发的效果评估 ·········· 142

第四章　社会组织员工的职业资格与职业发展 ········ 144
　第一节　社会组织员工职业化的方向 ············· 144
　　一、推动社会组织健康有序发展关键在人才 ········· 145
　　二、职业声望、社会地位和薪酬水平是社会组织从业人员
　　　　反映最突出的问题 ··················· 146
　　三、社会组织从业人员的职业化是专业化的基础 ······· 147
　第二节　社会组织特有职业开发与社会组织员工的职业化 ···· 148
　　一、《国家分类职业大典（修订版）》的发布与社会组织
　　　　特有职业的设立 ··················· 148
　　二、新一届政府的简政放权与职业资格制度改革 ······· 150

三、社会组织特有职业的专业技术标准和技能标准 …… 151
第三节 社会组织特有职业资格水平评价设计 …… 154
一、建立专业的社会组织从业人员职业资格水平评价机构 …… 155
二、社会组织从业人员职业资格水平评价的考试系统 …… 156
三、社会组织从业人员的职业培训系统 …… 156
四、社会组织从业人员的职业资格保障系统 …… 157

第五章 社会组织员工的绩效管理 …… 158
第一节 绩效精神和绩效 …… 158
一、什么是社会组织的绩效 …… 159
二、绩效精神之于社会组织的重要性 …… 161
三、绩效管理是什么 …… 164
第二节 绩效管理系统和方法 …… 165
一、绩效管理系统 …… 165
二、平衡计分卡的绩效管理思想 …… 167
第三节 绩效目标的设定 …… 170
一、战略目标分解 …… 171
二、关键绩效指标（KPI）和工作目标（GS） …… 172
三、什么是好的目标（SMART原则） …… 173
四、确定绩效目标 …… 175
五、注重设定目标的过程与双向沟通 …… 178
第四节 绩效反馈与成长辅导 …… 180
一、反馈和有效反馈的原则 …… 180
二、辅导 …… 181
三、持续不断地辅导 …… 182
第五节 绩效评估与奖励绩效 …… 182
一、采用经过明确界定的等级量表来衡量 …… 183
二、绩效评估的流程 …… 184
三、绩效评估结果的应用 …… 186

四、业绩考核之难，难在业绩考核之外 …………………………… 188
第六章 社会组织员工的薪酬与福利 ………………………………… 191
  第一节 社会组织员工薪酬概述 …………………………………… 191
    一、薪酬与薪酬管理的相关概念 ………………………………… 192
    二、薪酬的功能 …………………………………………………… 195
    三、社会组织薪酬模型 …………………………………………… 197
    四、社会组织薪酬体系设计思路及步骤 ………………………… 200
  第二节 社会组织薪酬政策选择 …………………………………… 202
    一、社会组织薪酬政策选择需要考虑的问题 …………………… 202
    二、内部一致性：以人和职位为基础确定薪酬结构 …………… 203
    三、外部竞争性：以行业薪酬水平为依据确定薪酬市场定位 … 204
    四、关注个人贡献：薪酬和绩效管理挂钩 ……………………… 205
    五、设计薪酬管理：有效控制成本 ……………………………… 206
  第三节 社会组织职位价值评估与薪酬外部定价 ………………… 206
    一、体现内部职位价值，做好职位价值评估 …………………… 207
    二、体现外部竞争力，做好薪酬外部定价 ……………………… 216
  第四节 社会组织薪酬体系设计 …………………………………… 217
    一、社会组织薪酬体系设计的政策及原则 ……………………… 218
    二、社会组织薪酬结构确定 ……………………………………… 219
    三、社会组织薪酬等级确定 ……………………………………… 221
    四、社会组织薪酬总额计算 ……………………………………… 228
    五、社会组织薪酬预算与调整 …………………………………… 229
  第五节 社会组织员工福利管理 …………………………………… 231
    一、社会组织员工福利管理概述 ………………………………… 231
    二、社会组织员工的法定福利 …………………………………… 232
    三、社会组织员工的组织补充保险计划 ………………………… 237
    四、社会组织员工的生活服务福利 ……………………………… 238
    五、社会组织员工福利的规划与管理 …………………………… 238

第七章 社会组织员工的激励机制 ············ 240

第一节 探索建立社会组织员工的激励机制 ············ 241
一、激励是人力资源开发与管理的重要手段 ············ 241
二、社会组织员工尤其需要激励 ············ 244
三、社会组织员工激励的特殊性 ············ 247

第二节 物质激励是社会组织激励员工的基础手段 ············ 249
一、物质激励是激励的常用手段 ············ 250
二、对社会组织员工的物质激励不可或缺 ············ 252
三、对社会组织员工实施合理的物质激励 ············ 254

第三节 非物质激励是社会组织激励员工的主要方式 ············ 256
一、以社会组织的事业发展激励员工 ············ 257
二、以情感管理感化社会组织员工 ············ 260
三、建立社会组织员工的荣誉激励机制 ············ 262

第四节 以"终生交往"促进社会组织员工可持续发展 ············ 264
一、辩证看待员工流动 ············ 264
二、合理改变员工流动的方向和频率 ············ 266
三、建立"终生交往"机制 ············ 267

第八章 社会组织党务工作者队伍建设 ············ 270

第一节 社会组织党务工作者队伍建设的现状 ············ 270
一、社会组织党务工作者队伍建设的探索与推进 ············ 270
二、社会组织党务工作者队伍建设的主要成效 ············ 274

第二节 社会组织党务工作者队伍建设面临的主要难题 ············ 276
一、认识不到位,党务工作者队伍建设重视不到位 ············ 276
二、制度不健全,党务工作者队伍建设无章可循 ············ 278
三、机制不完善,党务工作者进出不尽顺畅 ············ 278
四、管理不科学,党务工作者结构亟待优化 ············ 279
五、社会组织党务工作的特殊性带来的"三难问题" ············ 280

第三节　加强社会组织党务工作者队伍建设的战略举措 …… 281
　　一、选优配强党组织书记 …… 281
　　二、充实壮大党务工作者队伍 …… 283
　　三、加强党务工作者教育培训 …… 284
　　四、强化管理和激励 …… 285

第九章　社会组织志愿者管理 …… 287
第一节　有效管理才能激发志愿者的活力 …… 288
　　一、志愿服务的现代转型 …… 288
　　二、志愿服务动机的复杂性与宗旨的一致性 …… 293
　　三、热情和专业是志愿服务的两大支撑 …… 295
第二节　志愿者的宏观管理和微观管理 …… 297
　　一、志愿者的宏观管理 …… 298
　　二、志愿者的微观管理 …… 303
第三节　志愿者管理的内容和流程 …… 307
　　一、志愿服务开展前的管理 …… 308
　　二、志愿服务开展过程中的管理 …… 312
　　三、志愿服务结束后的管理 …… 314
第四节　志愿者与专业团队的关系 …… 316
　　一、以专业团队带领志愿者 …… 317
　　二、建立社会工作者+志愿者工作模式 …… 318
　　三、志愿者与正式雇员的关系 …… 320

主要参考文献 …… 322
后　记 …… 327

导 论

　　人力资源是社会组织发展的最活跃因素。诚如彼得·德鲁克（Peter Drucker）所言，"人力资源决定了组织的绩效水平，组织的一切活动都是靠人来完成的"[①]。随着社会的发展，人力资源的作用越来越受到重视，无论企业还是政府，都努力加强自身的人力资源建设和管理，想方设法用好人才、留住人才。自从20世纪70年代"全球性结社革命"以来，社会组织逐渐成为与政府和企业相并称的"第三部门"，它在动员社会资源、提供公共产品与公共服务、维护社会公平正义等诸多方面发挥着政府与企业组织不可替代的作用，成为解决"政府失灵"和"市场失灵"的有效途径。社会组织是由人构成的，社会组织的服务也是由人来完成的，因此，社会组织也必须进行人力资源开发与管理。企业和政府部门的人力资源开发与管理为社会组织进行人力资源开发与管理提供了可资借鉴的经验，但是，社会组织区别于企业和政府部门的使命、责任、服务对象等特点，决定了社会组织人力资源开发与管理存在其特殊性。社会组织的人力资源开发与管理要在充分吸收企业和政府人力资源开发与管理的经验的基础上，根据自身的特点做出相应的规划和决策，设计适合自身发展的人类资源开发与管理体系，将社会组织人力资源的招聘、培训、职业资格认定、绩效管理、薪酬和福利、激励机制、志愿者管理、党务人员的管理等纳入到统一的体系，同时，要保持这一开发与管理体系的开放

[①] ［美］彼得·德鲁克：《非营利组织的管理》，吴振阳译，机械工业出版社2007年版，第117页。

性，使这一体系能够适应社会的不断发展，做出相应的调整和完善。

第一节　人力资源管理与社会组织人力资源管理

　　全面认识社会组织人力资源开发与管理，首先要了解什么是人力资源，以及社会组织人力资源的基本构成。任何组织都是由人构成的，对人的管理一直是组织面临的重要问题，花费最小的成本使人最高效地投入工作、取得绩效是对人的管理期望达到的目标。随着社会经济的发展和管理理念的转变，对人的管理经历了从人事管理到人力资源管理的变革。社会组织的人力资源管理既是社会组织发展的需要，也是人力资源自身发展拓展到社会组织的必然结果。

一、人力资源管理及其现代发展

　　"人力资源"一词是由彼得·德鲁克于1954年在其所著《管理的实践》一书中提出的。在他看来，人力资源是所有资源中最有生产力、最多才多艺，也是最丰富的资源，其最大优势在于"具有协调、整合、判断和想象的能力"[①]。一般而言，从国家层面来看，人力资源是指一国拥有的能够推动整个经济和社会发展的、具有智力和体力劳动能力的人及其劳动能力的总和，包括数量和质量两个方面。其中，人力资源的数量是指一国拥有劳动能力人口的数量，包括实际就业人口、劳动年龄内的就业人口、家务劳动人口、正在谋求职业的人口等。人力资源的质量是指一国拥有劳动能力的人口的身体素质、文化素质、思想道德素质和专业（职业）劳动技能水平的统一。从组织层面来看，人力资源是指一个组织拥有的为实现组织目标而贡献智力和体力劳动的人及其劳动能力的总和。人力资源具有生产和消费的双重性、可再生性、能动性、时代性、社会性等鲜明特征，是最积极、最活跃的资源要素，

---

①　[美]彼得·德鲁克：《管理的实践》，齐若兰译，机械工业出版社2006年版，第196页。

是积累和创造社会财富、开发和利用自然资源、推动经济社会发展的主导力量。

人力资源管理是为了完成管理工作中涉及人或人事方面的任务所需要掌握的各种概念和方法，包括工作分析、制订计划、招募和甄选、培训新员工、工资和薪酬管理、奖金和福利提供、工作绩效评定、沟通、培训与开发、培训员工献身精神等。① 人力资源管理是一项与人有关的管理实践②，而且所有的管理者都参与了日常的人力资源管理实践。从历史的角度来看，人力资源管理的历史并不长，但是人事管理的思想源远流长，从传统的人事管理向现代人力资源管理的转型最关键的是对人的观念的转变，即不再仅仅将人看作被管理的对象，而是把人视为一种宝贵的资源或资产进行开发和管理。③

传统的人事管理主要起源于工业革命的推动。工业革命极大地促进了劳动专业化水平和生产力的水平，也对生产过程的管理尤其是对生产过程中员工的管理提出了更高的要求。因此出现了专门的管理人员，主要负责对员工的生产进行监督和对与员工有关的事务进行管理。19世纪末到20世纪初，人事管理作为一种管理活动正式进入企业的管理活动范畴。许多人力资源管理学者都把这一时期作为现代人事管理的开端。最初企业对员工的管理是通过不断地监督和以辞退员工来进行威胁作为主要手段的。20世纪初，泰勒在管理的过程中提出了科学管理的四个原则：（1）对员工工作的每一个要素开发出科学方法，用以代替老的经验方法；（2）科学地挑选工人，对他们进行培训、教育并使之拥有工作所需的技能；（3）与员工齐心合作，以保证一切工作按已形成的科学原则去做；（4）管理者与员工在工作和职责的划分上几乎是相等的，管理者把自己比工人更胜任的各种工作都承揽过来。泰勒创造性地提出了"计件工资制"和"计时工资制"，提出了实行劳动定额管理。尽

---

① ［美］加里·德斯勒：《人力资源管理（第六版）》，刘昕、吴雯芳译，中国人民大学出版社1999年版，第2—3页。
② ［美］雷蒙德·伊诺、约翰·霍伦拜克、拜雷·格哈特、帕特雷克·莱特：《人力资源管理：赢得竞争优势》，刘昕译，中国人民大学出版社2001年版，第3页。
③ Price A., *Human Resource Management*, Cengage Learning, 2011, p.17.

管科学管理理论受时代局限，存在诸多不合理的成分，但它首次将科学管理的观念引入人事管理，揭示了人事管理与劳动生产力以及工作绩效之间的关系，说明通过有效的人事管理可以提高员工的劳动生产力和工作绩效，进而达到提高企业绩效的目的。在科学管理之后，哈佛大学商学院教授梅奥通过长达9年的霍桑实验，发现工作环境影响员工的感情、情绪和态度，这些情感又影响员工的生产力。对员工的尊重将会提高他们的满意度和劳动生产力。培训主管、强调对员工的关心和支持、增强员工和管理人员之间的沟通等人事管理方法逐渐被企业采用。

人际关系管理虽然在一定时期内对提高企业绩效起到了作用，但是随着社会的发展逐渐暴露出问题。怀特·巴克（E. Wight Bakke）在1958年出版了《人力资源功能》一书，详细阐述了有关管理人力资源的问题，他是把管理人力资源作为管理的普通职能来加以讨论的。他认为，人力资源的管理职能对于组织的成功来讲，与其他管理职能如生产、营销等一样是至关重要的。人力资源管理的职能包括人事行政管理、劳工关系、人际关系以及行政人员的开发等各个方面。进入20世纪70年代，美国、日本等发达国家的许多著名公司已经纷纷将"人事部"更名为"人力资源部"，标志着初期的人力资源管理阶段的到来。20世纪80年代以后，人力资源管理理论不断成熟，并在实践中得到进一步发展，为企业所广泛接受，并逐渐取代人事管理。进入20世纪90年代，人力资源管理理论不断发展，人们更多地探讨人力资源管理如何为企业的战略服务，人力资源部门的角色如何向企业管理的战略合作伙伴关系转变。战略人力资源管理理论的提出和发展，标志着现代人力资源管理的新阶段。

现代的人力资源管理是从传统的人事管理演变和发展而来的，然而两者之间存在显著的差异："人力资源管理"是战略性的，即为使组织实现战略性目标的有计划的人力资源的利用和活动，人力资源管理功能不仅要参与组织战略的实施，而且还要参与组织战略的形成；"人事管理"注重对"事务性"工作的管理，如管理工资和档案等。与人事管理相比，人力资源管理更加强调将员工作为一种具有潜能的资源，强调对组织中人员的激励与发展；同时，人力资源管理也不只是将对人员的管理作为组织管理中的一个单一职能，而是重视有效的人力资源管理对整个组织运营活动的支持与配合作用。

随着经济社会的发展和人才竞争的加剧,人才在不同部门之间的流动更为频繁,同时,由于专业分工的细化和精准化,对人力资源的要求也不断提高。组织要实现有效服务,不仅要管好组织内部已有的人力资源,还要积极地拓展视野,吸引外部人力资源,同时要不断对人力资源的潜能进行挖掘,这就使人力资源管理逐渐向人力资源开发与管理迈进。从某种意义上讲,人力资源开发甚至比管理更为重要。① 从根本上讲,现代人力资源开发与管理是为了更好地实现人力资源的优化配置和激发人的潜能,它突出"人"的核心地位,强调以刺激、激励和引导人的行为为主要任务,促使组织的人力资源发挥最大的效能。其内涵涉及组织开展活动和组织自身发展中的招人(人力资源规划、工作分析、招聘和选拔录用)、用人(培训、考核、职业生涯规划)、留人(组织宗旨、文化、激励②、适当的薪酬)等方面。

二、人力资源开发与管理的发展趋势

现代社会中经济的不断发展促进了社会的进步,推动了时代的变迁,也带来了激烈的竞争和多元的社会需求,这些因素都对人力资源开发与管理提出了新的挑战,也推动着人力资源开发与管理的发展。概括地说,当前人力资源开发与管理呈现出下列新趋势:

一是由职能性向战略性人力资源开发与管理转变。战略性人力资源开发与管理是指一个组织为了实现组织目标所采用的一系列有计划、具有战略性意义的人力资源开发与管理行为模式。③ 相对于传统人力资源开发与管理,战略人力资源开发与管理定位于支持组织战略的人力资源开发与管理的作用和

---

① 张德、王雪莉:《知识经济下的人力资源开发与管理》,载《清华大学学报(哲学社会科学版)》2000年第5期。

② 张德编著:《人力资源开发与管理》,清华大学出版社2007年版,第4页。

③ Wright P. M., McMahan G. C., "Theoretical Perspectives for Strategic Human Resource Management," *Journal of Management*, 1992, 18 (2): 295–320.

职能。人力资源开发与管理应逐渐由传统的"职能事务性"向"职能战略性"转变,从作业性、行政性事务中解放出来,转变为关心组织发展和管理者能力的战略角色:管理战略性人力资源、管理组织的结构、管理组织成员的贡献程度、管理组织正在经历的各种转型与变化。

二是人力资源管理者角色的多重化。人力资源管理部门在管理过程中不再仅仅是对人和人事进行管理,而是开始承担经营者、支持者、监督者、创新者等多种角色。[1] 人力资源管理者需要从组织的战略层面、管理层面、操作层面等多层面上行使经营者职责;为组织各层级提供一揽子的人力资源系统解决方案,保质保量地满足直线经理对人力资源方面的要求,从而承担支持者的角色;人力资源部门有责任确保组织成员获得公平、稳定的待遇,从而担当监督者的角色。人力资源管理者要具有专业的知识与技能,有责任在企业建立创新的文化,鼓励组织成员为实现企业的目标发挥自己的聪明才智;有义务确定和开发新的实践、新的方法来管理和培训组织成员,以帮助组织成员适应组织的宗旨、使命和发展,从而成为企业管理中的创新者。

三是人力资源开发与管理范围的全球化。经济的全球化使全球市场的联系越来越紧密,战略联盟、虚拟型组织成为新的重要的组织形式。组织的全球化,使人力资源开发与管理成为世界范围内的活动。[2] 人力资源开发与管理的边界也从清晰到模糊,从封闭走向开放,国际人力资源开发与管理、柔性化组织的人力资源开发与管理成为人力资源管理的新领域。人力资源开发与管理应突破传统意识中的企业边界,逐渐进入政府机关管理和社会组织的管理,并且对提高政府机关和社会组织的绩效发挥着越来越重要的作用。随着全球化的深入发展,人力资源开发与管理越来越突破地理边界,随着跨国公司的发展、全球性和区域性社会组织的发展,从全球视野来选拔人才、看待

---

[1] Ulrich D., *Human Resource Champions: The Next Agenda for Adding Value and Delivering Results*, Harvard Business Press, 2013, p. 25.

[2] Werner S., "Recent Developments in International Management Research: A Review of 20 Top Management Journals," *Journal of Management*, 2002, 28 (3): 277-305.

人才流动，培养全球观念和团队协作精神，实施有效的跨文化培训与管理，已经成为21世纪人力资源开发与管理面对的挑战。

四是工作方式的网络化、信息化。技术的进步可以使各类组织更具有竞争力，同时也改变了工作的性质。网络技术的发展使人们的工作方式由原来单纯的办公室方式，变为随时随地可以通过网络传输完成工作任务，工作地点也更为灵活；信息技术的发展促进人力资源开发与管理信息系统的使用，它是能够提供现实的准确数据的计算机系统，可以实现报表的编制、人力资源需求预测、战略规划、职业生涯和晋级计划及人力资源政策评估等功能，还可以达到控制沟通和决策的目的。

三、社会组织人力资源开发与管理的兴起

从发达国家的人力资源开发与管理实践来看，人力资源开发与管理进入社会组织是必然趋势。① 这种必然趋势既是人力资源开发与管理发展的结果，也是社会组织自身发展的需求。客观地说，过去人力资源开发与管理一向在企业或政府中使用，社会组织较少涉及。这主要是因为，首先，社会组织对管理存在认识误区，往往将管理重心放在组织物资资源和资金资源的处理上，忽略了对人力资源的管理。其次，社会组织更多谈到的是志愿、奉献、爱心、公益等概念，许多社会组织认为志愿的成分大于雇用，不愿意采用以雇用为基础的人力资源开发与管理。第三，社会组织的规模相对较小，社会组织从业人员数量较少，对人力资源开发与管理的需求也较小。

伴随着20世纪70年代"全球性结社革命"，社会组织开始发展壮大，逐渐成为独立于政府和企业之外的第三部分，在公共服务提供、社会救助、应急救灾、扶贫济困等方面发挥着越来越重要的作用。从国际经验来看，社会

---

① Bartram T., Hoye R. and Cavanagh J. M., "Special Issue on Human Resource Management in the NGO, Volunteer and Not-for-profit Sector," *The International Journal of Human Resource Management*, 2014, 25 (22): 3178 – 3180.

组织已经成为吸纳人才、解决就业的重要力量。以美国为例，社会组织从业人员约为1300万人，占美国就业人口的近10%。① 如此庞大的人口就业规模决定了社会组织从业人员已经成为一支不容小觑的社会力量，而要将这支力量运用好，使其在社会服务领域、社会建设领域和社会治理领域更好地发挥作用，就必须进行人力资源管理。

在我国，以社会团体、基金会和民办非企业单位为主体组成的社会组织，是我国社会主义现代化建设的重要力量。② 截至2015年底，全国共有社会组织66.2万个，其中社会团体32.9万个、基金会4784个、民办非企业单位32.9万个；吸纳社会各类人员就业734.8万人，比上年增长7.7%；全年累计收入2929.0亿元，支出2383.8亿元，形成固定资产2311.1亿元。接收各类社会捐赠610.3亿元。③ 结合我国社会组织的现状和特点，社会组织人力资源主要由负责决策的董事会成员、执行计划的有酬员工和没有薪酬的志愿者构成。④ 三类人员各司其职、各尽其能，分别扮演不同的角色，发挥不同的作用。

董事会成员包括理事会成员与监事会成员，通常由一系列不支付报酬的、外部的非专职人员构成。理事会是社会组织的最高决策机构，主要职责是起草制定社会组织的规章制度，科学设置组织的内外体制，为组织制定战略方案，确立组织的目标和发展方向。监事会的主要职责是对高级管理者与一般工作人员进行监督；对组织实施的项目管理的流程进行监督；对组织财务管理中预算、决算报告进行审查。董事会选举会长，会长是义务工作，不拿薪水，只有最基本的津贴。会长领导执行机构，任命各部门领导。从发达国家

---

① 《美国从事公益事业人数占总就业人数10%》，见 http://gongyi.ce.cn/news/201502/03/t20150203_2307645.shtml。

② 根据《中华人民共和国慈善法》和《中办国办印发〈关于改革社会组织管理制度促进社会组织健康有序发展的意见〉》的规定，"民办非企业单位"将改称"社会服务机构"。考虑到《民办非企业单位登记管理暂行条例》尚在修订过程之中，本书仍使用民办非企业单位的称谓。

③ 《2015年社会服务发展统计公报》，见 http://www.mca.gov.cn/article/zwgk/mzyw/201607/20160700001136.shtml。

④ 华黎明、李洪丽：《非营利组织的人力资源构成与管理》，载《法制与社会》2008年第14期。

的经验来看,社会组织理事身份能够提高其社会地位,而且理事们本身也往往是相关领域的专家或经验丰富的老手,因此,他们应该对社会组织承担相应的责任。但是,实践发现,这些经验丰富的经营管理者在面对社会组织时,往往显得无能为力,不能为社会组织做出正确的决策。① 因此,要使董事会成员真正发挥其职能,必须对其进行人力资源管理,使其承担起相应的责任。

有酬员工中包括社会组织的专职工作人员和兼职工作人员。专职工作人员又可以根据其工作岗位分为高级管理人员和一般工作人员。高级管理人员属于高级行政人员,协助理事会办事,不仅负责组织内部体制的管理与运作,同时还要使组织与外界形成良好的关系,实现组织的公共使命。一般工作人员泛指一般的行政人员,从事相关的专业与行政工作,组织按照一定的标准给予其薪酬。兼职工作人员是组织关系不隶属于社会组织,但是为社会组织提供一定的劳动或智慧的人员,这些工作人员可以是财务顾问、项目策划顾问,也可以是因为某个项目的开展而临时招募的只负担某个项目的部分工作的工作人员。对专职工作人员而言,社会组织的工作就是其收入的主要来源,也是其价值认同的一部分,因此,作为社会组织的一部分,对他们的管理相对较为容易;而对兼职工作人员而言,他与社会组织的关系是临时的,社会组织对其约束性较弱,对他们的管理也就较为困难。但是,在社会组织掌握资源较为有限的情况下,无论对专职工作人员还是对兼职工作人员,社会组织在进行管理时提供的激励都较为有限。在这种情况下,只有借助科学的人力资源开发与管理方法,才能更好地促进工作人员的工作绩效,并使工作人员从工作中获得满足感。

志愿者是指志愿贡献个人的时间及精力,在不为任何物质报酬的情况下,为改善社会服务,促进社会进步而提供服务的人。联合国将志愿者称为不以利益、金钱、扬名为目的,而是为了近邻乃至世界做贡献的活动者。志愿者一般分为三类:加入理事会或担任顾问的管理型志愿者;从事组织日常工作

---

① [美]罗伯特·戈伦比威斯基、杰里·史蒂文森主编:《非营利组织管理案例与应用》,邓国胜等译,中国人民大学出版社2004年版,第8页。

并担任一定角色的日常型志愿者；参加各种项目或活动，主要在项目或活动开展期间提供支持和服务的项目型志愿者。① 志愿者是社会组织重要的人力资源，但他们往往是由于社会组织开展服务的需要而被临时招募起来的一群人，他们的能力、素质、热情等各个方面都存在着差异，对社会组织的认知也参差不齐，参与志愿服务的动机也千差万别。对待这样一群临时聚合起来的人，只有实施有效的人力资源开发与管理，才能使其成为促进社会组织开展服务的人力资源。

第二节　社会组织人力资源开发与管理的作用与特点

社会组织人力资源开发与管理就是要利用现代人力资源开发与管理理论，借鉴企业和政府人力资源开发与管理的经验和方法，为了实现组织目标和宗旨，而不断获得人力资源，并对所获得的人力资源进行整合、调控、开发和使用的过程。但是社会组织具有非政府性、非营利性和志愿性等特点，社会组织的人力资源开发与管理也有自身的特殊性。

一、人力资源开发与管理是激发社会组织活力的重要保障

有效的人力资源开发与管理在整个社会组织建设和管理中占有举足轻重的地位，是确保社会组织健康有序发展的关键所在。当前，社会组织面临着与政府、企业组织类似的困境，如引进人选不合适；人员结构不合理；人才流动频繁；员工不努力，工作三心二意；花大量时间谈话或者开会，致使人力资源配置不合理，人浮于事、机构臃肿、效率低下等问题随之凸显；等等。② 而人力资源开发与管理的引入，可以促进人力资源的优化配置，实现对组织成员的动态管理、流动监管、适时调配与调剂余缺，从而有效挖掘组织

---

① 陈晓春、胡扬名：《非营利组织中的人本管理探讨》，载《中国行政管理》2005 年第 6 期。
② 魏梦丽：《我国非营利组织人力资源管理研究》，载《中共郑州市委党校学报》2007 年第 6 期。

成员的内在潜力和能力，强化和发挥组织成员的最大效能，在组织中营造人尽其才、才尽其用的良好氛围。展开来说，人力资源开发与管理在社会组织中的作用可以概括为以下三个方面：

第一，扩大社会组织影响力，吸纳优秀人才进入社会组织。由于政府部门拥有较好的权力资源和声望资源，企业拥有较好的经济资源，因此社会上出现"考公务员热""进外企热""进国企热"等现象，但是至今尚未出现"进社会组织热"。这从一个侧面反映出社会组织在吸纳人才方面面临的尴尬。人力资源开发与管理从工作分析开始，社会组织的人力资源开发与管理通过对工作岗位进行科学分析，这正符合彼得·德鲁克所倡导的"合理的人员遴选过程应该从工作任务出发"。[①] 根据对工作岗位和工作任务的分析确定需要怎样的人才，并且对岗位进行精心设计，然后通过专业的方式发布人才招募信息、扩散社会组织的职位需求、营造社会组织求职氛围，能够吸引更多的人关注社会组织的招募。人力资源开发与管理在社会组织招募人才中的应用，一方面能使社会组织的人才招募更为专业化、更具有吸引力，凭借其专业的招募信息和招募内容吸引人才的注意力；另一方面，专业化招募本身就反映了社会组织的规范化管理和专业化运作，从而能够体现社会组织自身的品质。因此，人力资源开发与管理通过专业化的岗位设计和专业化的信息发布等方式，能够扩大社会组织的影响力，吸引更多的人才关注社会组织的职位。人力资源开发与管理通过逐渐建立社会组织人才招募机制，可以从制度化建设的角度解决社会组织人才匮乏的现象。

第二，合理配置人才，留住人才。人力资源开发与管理是一个过程，在发布了招募信息后公平公正地甄选出适合社会组织岗位的人才，借助于系统的入职培训与教育体系，可以使新成员尽快地熟悉业务、增强使命认同，提高工作效率；通过完整的培训体系建设，能够使员工感受到社会组织对自身发展的重视和对自身技能培训的投入，从而建立对社会组织的认同感。人力

[①] ［美］彼得·德鲁克：《非营利组织的管理》，吴振阳译，机械工业出版社2007年版，第118页。

资源开发与管理还包括科学的绩效考核制度的建立,通过对员工的工作科学地考核,既能够对员工的工作给予公正的评价,激励先进、鞭策后进,还能够根据绩效考核建立科学的人才流动机制,鼓励员工在社会组织的内部流动,实现人才资源调剂余缺、优势互补,从而实现人力资源的合理配置,使每个员工都能够找到适合自己发挥才能的岗位和工作。完整的培训体系意味着对员工的不断的人力资本投资,科学的绩效考核方式和合理的晋升与流动机制能够保证给予员工公平合理的待遇;这一套指标完善、内容健全、操作可行的人力资源开发与管理制度或办法,能够在社会组织内部形成一种能上能下、优胜劣汰的竞争氛围,从而有效激发成员的积极性。

第三,将社会组织目标内化为员工自身目标,推动社会组织目标的实现。社会组织的人力资源开发与管理包括对员工的职业生涯规划的管理,通过员工职业生涯规划管理,能够协助员工建立个人的职业生涯规划,并且将组织目标融入到个人的职业生涯规划中,从而实现组织目标内化为员工自身追求的目标。赫兹伯格研究发现,真正能够产生激励作用的因素是成就感、工作本身、责任感、个人成长与进步的机会。[1] 人力资源开发与管理通过创造条件和机会促进员工的职业生涯发展,在员工职业发展的过程中能够促使员工不断追求自身能力的发展,掌握新知识、新技术,使员工感受到个人成长与发展的机会,感受到自身工作的重要性,从而建立起对工作的责任感,并且通过不断的努力做出相应的成绩。绩效考核及时对员工的成绩予以肯定可以强化员工的成就感,逐渐建立起员工对社会组织的归属和对社会组织理念的认同,从而在追求自我目标实现的同时,促进组织绩效的提升和组织目标的实现。

二、社会组织人力资源开发与管理的主要特点

作为整个社会人力资源开发与管理的一个组成部分,社会组织人力资源

---

[1] Herzberg F., "One More Time: How do You Motivate Employees?" in Williamson J. N. (ed.), *The Leader Manager*, John Wiley & Sons, Inc., 1986, pp. 433 – 448.

开发与管理与政府组织、企业组织的人力资源开发与管理具有部分相同的特性，如管理过程有"入口""在职""出口"三大环节，需要设计选拔、激励、开发、保障等管理机制，需要应用人员选拔、测评、考核、奖惩等具体管理措施、方法和技术等。但是，由于社会组织的非政府性、非营利性、志愿性等特点，决定了社会组织的人力资源开发与管理具有区别于其他类型组织人力资源开发与管理的特点。

一是价值驱动和使命驱动。价值观是社会组织生存和发展的根本，也是社会组织发展的原动力。① 社会组织的运作正是基于利他主义、人道主义等价值观的趋势而产生的以追求社会公益为使命的现代组织。社会组织承载着人们的道德期盼，在社会生活中承担着"公共利益与公共信任维持"的社会责任。② 这意味着社会组织必须为公共利益和公共信任负责。使命感是社会组织有效管理中另一个具有基本导向作用的力量③，它能够激发社会组织及其工作人员为了实现组织的使命而不断奋斗。社会组织是面向社会公众提供公共服务的组织，它使用的资源主要来源于社会。社会组织的人力资源开发与管理只有使员工建立起使命感和责任感，使员工自觉为实现组织的使命、承担组织的责任、完成组织的价值目标而努力，才能树立社会组织的良好形象，促进更多的社会资源向社会组织靠拢，从而使社会组织发挥更大的作用。因此，社会组织的工作人员要能够长期在社会组织工作和发展，必须首先认同社会组织的价值追求、责任意识和使命。这体现在社会组织人力资源选拔、培训、考核、激励、保障等各个环节。在成员选拔上，需要对组织成员的价值取向和专业技能提出双重要求，特别是需要成员具有较高的思想觉悟、道德品质。社会组织内的领导、计划、经营、管理等活动应该有较高的自愿参与成分，

---

① 崔月琴、袁泉：《转型期社会组织的价值诉求与迷思》，载《南开学报（哲学社会科学版）》2013年第3期。

② 蔡磊：《论非营利组织的公共责任机制》，载《学术探索》2004年第4期。

③ Erus B., Weisbrod B., "Objective Functions and Compensation Structures in Nonprofit and For-profit Organizations: Evidence from the 'Mixed' Hospital Industry," in Glaeser E. L. (ed.), *The Governance of Not-for-profit Organizations*, University of Chicago Press, 2003, pp. 117–142.

成员之间要有很强的团队合作精神，成员个人要有很高的道德自律水平。而其发展环境也对理事和员工的筹资能力、执行能力提出了较高要求。在培训开发上，由于社会组织对成员道德素质要求较高，因此培训内容除了一般意义上的技能培训与岗位培训，更需要侧重于使命感和责任感培训，从而使成员价值观与组织的价值、使命和理念有效衔接起来。

二是管理对象和服务对象的特殊性。社会组织人力资源开发与管理的对象主要包括董事会成员、社会组织员工和志愿者，其中只有社会组织员工是与企业员工或政府公务员相类似的与社会组织存在直接的薪酬关系的群体，而董事会成员和志愿者与社会组织的隶属关系并不明显。董事会成员尤其是其中的理事会成员是社会组织的决策者，他们往往是在社会上具有一定声望的人，社会组织要对这些人进行有效的人力资源管理，必须掌握相应的策略，既要使他们能够做出正确的、有利于社会组织长远发展的决策，又要维护他们的尊严，不至于显得对他们约束太多。对志愿者的管理则更为困难，首先志愿者的数量较多，而且志愿者存在很大的不稳定性，很多志愿者只参与社会组织的一次服务，面对这样的一支队伍，只有进行有效的人力资源开发与管理才能使之真正成为人力资源。对志愿者的管理既要保证志愿者的服务热情，又要能够对其进行有效约束，还要考虑志愿者的长期服务和发展，这就要求对志愿者的人力资源开发与管理必须妥当、合理、公正。社会组织的服务对象大都是社会弱势群体，无论是董事会成员进行决策和监督，还是社会组织员工进行项目策划和实施，以及志愿者参与直接服务，面对的大都是弱势群体。面对这些弱势群体，在开展服务之前，人力资源开发与管理部门必须及时开展情绪劳动管理，使参与项目的员工和志愿者能够秉持尊重、同情、平等、理解等理念为他们提供服务。① 在社会服务结束后，人力资源开发与管理部门必须对参与服务的员工和志愿者进行相应的情绪安抚和管理，使他们能够恢复到自己的生活情境中。

---

① Dogra N., "'Reading NGOs Visually'—Implications of Visual Images for NGO Management," *Journal of International Development*, 2007, 19 (2): 161–171.

三是非物质性激励为主的激励机制。社会组织是不以营利为目的的组织，社会组织的年度盈余不能用于分配，只能用于社会组织的再发展。这就决定了在企业行之有效的物质激励方式在社会组织未必可行。但是这并不意味着社会组织不能进行物质激励，社会组织的人力资源开发与管理中应该妥善使用物质激励，在保证员工基本生活的情况下，应该以非物质激励为主，对员工进行激励和引导。社会组织自身吸纳了众多不计报酬的志愿者，社会组织的成员之间、成员和组织之间的责任相关性和直接经济利益相关性较为薄弱，员工工作的动力源往往来自于对社会组织工作价值的追求，而不是物质或薪酬的激励。在这种情况下，社会组织对人力资源的激励应该顺势而为，建立以非物质激励为主的激励机制。但是，考虑到社会组织有一定数量的正式员工，他们以社会组织的工作为谋生的职业，因此必须建立对他们的基本物质保障，设计合理的薪酬体系。

第三节　我国社会组织人力资源开发与管理展望

人力资源开发与管理作为社会组织内部治理能力的重要组成部分，对社会组织的生存和发展起着不可替代的作用。发达国家的社会组织在自身建设的过程中，都十分重视人力资源的开发与管理，纷纷建立人力资源开发与管理部门对其进行规范化和专业化的开发与管理。[①] 但是从我国社会组织的发展来看，人力资源的开发与管理尚未引起社会组织的足够重视，绝大多数社会组织尚未建立人力资源开发与管理部门，对人力资源的开发与管理不仅没有纳入到社会组织的日常管理中，更缺乏精通人力资源开发与管理的专业人才，遑论建立社会组织的人力资源开发与管理体系。我国的社会组织要顺应社会需求的发展，在社会服务、社会治理中发挥更大的作用，必须加强人力资源开发与管理。这首先需要社会组织提升对人力资源开发与管理的认识，充分

---

① Lewis D., "Theorizing the Organization and Management of Non-governmental Development Organizations: Towards a Composite Approach," *Public Management Review*, 2003, 5 (3): 325 – 344.

重视人力资源开发与管理在社会组织中的作用；其次，要借助国家推行社会组织职业化发展的机遇，通过职业化发展引入专门的人才对社会组织人力资源实施更为专业化和科学化的开发与管理；第三，在人力资源开发与管理的整个过程，社会组织要立足自身，汲取企业和政府人力资源开发与管理的有益成果，借鉴发达国家社会组织人力资源开发与管理的已有经验，逐渐建立既符合我国国情又适应社会组织特点的人力资源开发与管理的体系。从社会发展的角度来看，这一开发与管理体系将是一个开放的体系，它会随着社会组织的发展而不断发展和完善，从而最终形成具有我国特色的、满足社会组织发展需求的、不断适应社会变迁要求的动态体系。

一、人力资源开发与管理将在社会组织发展中发挥越来越重要的作用

我国社会组织的发展最初是依靠官方背景建立起来的，加之一些政府官员或退休官员在社会组织中担任职务，使社会组织具有"二政府"的性质。[①]但是，随着社会组织"去行政化"改革的推进、政社分开的发展，社会组织将真正成为依法自治的组织。社会组织的独立性一方面增强了社会组织独立运作的能力，同时也有利于提升社会组织的公信力。在全面深化改革的背景下，党和政府赋予了社会组织更大的发展空间，通过直接依法登记、政府购买服务、税收优惠等措施，促进了社会组织的发展。随着相关政策的落实，社会组织将在未来的社会生活中扮演更为重要的角色。而社会组织要承担起这些职能和角色，必须能够吸引人才来完成相应的社会服务。社会组织要想吸引人才，社会组织的人力资源开发与管理就必须发挥相应的作用。这从社会组织的发展趋势方面凸显了未来社会组织人力资源开发与管理将越来越重要。

还必须看到，随着社会组织的发展和公民参与意识的增强，人们对社会组织的认知和了解将更为全面，人们从事社会服务的意愿将更强烈，这会使

---

① 郑超：《社会组织"去行政化"正当时》，载《中国社会组织》2014年第16期。

更多的人被吸引到社会组织中来，成为社会组织的员工或志愿者。这必然带来社会组织人力资源的不断壮大，社会组织要妥善使用这些资源，必须建立科学有效的人力资源开发与管理手段，使进入社会组织的人能够各司其职、各得其所、发挥自己的才能、贡献自己的力量。然而，当前我国社会组织对人力资源开发与管理的重视程度明显不够，这一方面表现为招聘市场上社会组织的缺席或话语权的弱势，更难看到社会组织的专场招聘会；另一方面表现在建立人力资源开发与管理职能部门的社会组织比例很小，即使已经建立了人力资源开发与管理部门的社会组织，也往往是以企事业或政府的人力资源开发与管理的方式对社会组织人力资源进行开发与管理，没有形成自己的开发与管理特色。因此，必须首先从认识上加强社会组织对人力资源开发与管理的重视。社会组织要充分认识到人力资源在社会组织发展中的作用，将人力资源开发与管理的重要性放在突出的位置，顺应社会组织发展对人力资源开发与管理的客观要求。

二、社会组织人力资源开发与管理将越来越专业化

社会组织自身的优势就在于它往往是由相关行业的专业人士构成的，如从事教育行业的专业人士构成的教育类社会组织，从事医疗卫生事业的人构成的医疗卫生类社会组织，各类行业协会以及为专门人群服务（如智障儿童、自闭症人群等）的社会组织，等等。这些社会组织自身就具有明显的专业特征，而要适应各自行业的专业化发展趋势，必须更加重视专业化建设。从发达国家社会组织的发展情况来看，专业化发展已经成为社会组织的发展方向。① 随着我国社会组织的快速发展，对社会组织的人力资源开发与管理已经纳入到国家视野。2015 年 7 月 29 日，国家职业分类大典修订工作委员会审议通过并颁布了 2015 版《中华人民共和国职业分类大典》，其中"社

---

① Healy L. M., *International Social Work: Professional Action in an Interdependent World*, Oxford University Press, 2008, p. 334.

组织专业人员""劝募员""社团会员管理员"纳入到职业分类中。随着《中华人民共和国职业分类大典》的发布，社会公众将对社会组织的职业分类有更新的认识，在社会组织工作将成为一种职业逐渐被社会接受。社会组织的职业化发展是社会组织专业化发展的重要表现形式，它有助于提升社会组织的专业化水平。因为社会组织专业人员作为职业，一方面由国家或相应组织通过专门的职业资格认定进行规范，从外部监督的角度对社会组织工作人员的专业化水平提出了要求；另一方面，作为职业的社会组织工作逐渐被社会公众接受会逐步提升社会公众对社会组织工作人员的专业水平的期待，从而客观上促进社会组织工作人员不断通过自我学习来提升自身的专业化水平。社会组织的职业化发展方向推动着社会组织加强人力资源的开发与管理，也对社会组织的人力资源开发与管理在专业化上提出了更高的要求。社会组织人力资源开发与管理不仅仅是对相关职业的开发与管理，它包括更广泛的内容，如专业化招募和甄选、专业化培训和开发、专业化的绩效考核等等。可以说，专业化体现在社会组织人力资源开发与管理的每个环节，是人力资源开发与管理的专业知识、技能、方法、模式等在社会组织的综合应用。

　　就社会组织的人力资源开发与管理而言，随着对专业化水平要求的提高，社会组织的人力资源开发与管理也将逐渐改变简单套用企业的招募方法、绩效管理等方式进行人力资源开发与管理的现状。社会组织人力资源开发与管理作为社会组织管理的重要组成部分，将在社会组织内建立专门的职能部门，招募人力资源开发与管理的专门人才，对社会组织的人力资源进行开发与管理。通过利用人力资源开发与管理的技术手段和不断创新，社会组织的人力资源开发与管理将逐渐建立起基于社会组织自身特点的人力资源开发与管理模式，从而使人力资源开发与管理更为专业化。随着社会组织人力资源的发展壮大，与社会组织人力资源相关的研究将逐渐增多，将更好地推动社会组织的人力资源开发与管理，提升人力资源开发与管理的专业化水平。

三、社会组织人力资源开发与管理将越来越体系化

从当前我国社会组织的人力资源开发与管理现状来看,对人力资源开发管理才刚刚进入探索建立的阶段。由于缺乏建设经验,社会组织的人力资源开发与管理往往是借鉴企业或政府的人力资源开发与管理办法,如建立社会组织专业人员的"五险一金"制度、建立企业年金制度、补充养老保险制度等。但是整体而言,社会组织的人力资源开发与管理是套用其他组织的管理制度,没有形成自己的体系;已经建立的相关的管理制度也是分散的、就具体问题而设立的制度,并没有形成人力资源开发与管理的完整体系。这种现状不利于建立对社会组织从业人员的制度性保障,因此不能充分发挥对社会组织从业人员的激励。随着社会组织从业人员队伍的壮大,社会组织的人力资源开发与管理将逐渐改变套用企业和政府人力资源开发与管理模式的做法,在借鉴企业和政府人力资源开发与管理的同时,根据自身的特点发展出适合社会组织的人力资源开发与管理体系。[1] 这一体系将融合社会组织的工作岗位设计、招募和甄选、培训、激励、绩效考核、党务建设等,同时将社会组织强调的价值理念、责任感、使命感、非营利性、公益性等特点体现出来。

社会组织人力资源开发与管理的体系化建设一方面有助于从社会组织发展的整体大局来思考社会组织的长远发展、制度化建设,另一方面也能够不断适应社会组织人力资源发展的新趋势,最大限度地激发社会组织人力资源的活力,促进社会组织绩效的提升。符合社会组织自身特点的社会组织人力资源开发与管理体系的建设和完善是个循序渐进的过程,它将伴随社会组织的发展而逐渐建立起来。

需要强调的是,本书作为一本为社会组织人力资源开发与管理实践提供

---

[1] Lindenberg M., "Are We at the Cutting Edge or the Blunt Edge?: Improving NGO Organizational Performance with Private and Public Sector Strategic Management Frameworks," *Nonprofit Management and Leadership*, 2001, 11 (3): 247–270.

指引的手册，只是对社会组织人力资源开发与管理中涉及的主要问题给予关照，给出相关的原则，提供相应的指引。由于社会组织的发展与日俱进，我们提出的这些指引不可能解决社会组织人力资源开发与管理中遇到的所有问题。因此，我们倡导的符合我国国情的社会组织人力资源开发与管理体系是个开放的体系[①]，面对社会组织人力资源开发与管理中不断出现的新问题，它能够及时地进行调整，吸收最适合社会组织的人才进入社会组织，真正做到"不拘一格"用人才，在动态的发展过程中形成具有中国特色的社会组织人力资源开发与管理体系。

---

① Fenwick M., "Extending Strategic International Human Resource Management Research and Pedagogy to the Non-profit Multinational," *The International Journal of Human Resource Management*, 2005, 16 (4): 497-512.

第一章　社会组织的组织结构和岗位设计

使命是推动一个组织长期发展的内驱力，将组织使命转换为具体的行动目标是组织管理的重要任务。只有将组织的使命恰当地转化为行动目标，才能引导组织不断发展，一步步达成使命，这即为组织治理。组织治理虽然是一个动态的过程，但是在这个过程中也会形成一定的结构和模式，即治理结构。党的十八大报告把社会组织体制改革作为社会建设和社会体制改革的四大重要目标之一。建立现代社会组织体制，关键就是要在法律的框架下，建立健全以章程为核心的法人治理结构，使社会组织实现自我管理、自我服务、自我教育、自我发展，成为独立的法人主体。在治理结构的框架下，组织也逐渐建立起一套相应的组织结构。社会组织作为组织中的一大类，自然也离不开治理，也必然会形成一定的治理结构和组织结构。但是与其他类型组织相比，社会组织更加强调其自身的使命驱动。管理学大师彼得·德鲁克说得好："社会组织在运作管理上堪称企业的楷模，因为他们不靠'利润动机'驱动，而凭借'宗旨'凝聚和引导，使得运作管理具有更加实质性的内容，同时也向管理者提出了更高的要求，将其置于不仅要靠领导魅力，更要依靠组织的凝聚力和宗旨为先的境界。"[①] 社会组织要完成自己的使命，就必须保证组织机构的有效正常运转，而合理的治理结构是保证社会组织有效运转的基础。当然，组织结构的运转，依赖一定的人力资源的合理配置。这就需要运

---

① Drucker, Peter F., "What Business Can Learn from Nonprofits," *Harvard Business Review*, 1989, 67 (4): 88-93.

用工作分析的原理，进行岗位设计。这些都是本章着重介绍和分析的问题。

第一节　社会组织的治理结构和组织结构

治理是社会组织每天都必须面对的任务，尽管它处于动态的变化过程中，但是在不断的治理实践中会形成较为固定的治理模式，也即形成一定的治理结构。从组织的内部运转到组织的外部监督、与其他组织的合作等，都在治理的范围内，治理结构的核心在于确定组织内部分权与利益制衡机制的基本框架。[①] 因此，它不仅包括决策机制、执行机制，还包括监督机制，而主要表明在组织中正式决策权的归属。一旦形成了较为固定的治理结构，社会组织的组织结构也就奠定了。具体而言，组织结构是为了实现组织目标而具体执行和参与组织治理的结构，在社会组织中主要包括领导层、管理层和执行层。

一、社会组织治理结构的共性与差异

要深入了解社会组织的治理结构，必须首先了解"治理"。治理是一个互动的过程，它既注重治理的过程，也注重治理带来的绩效。治理不仅是社会组织面临的问题，而是所有组织都面临的问题，组织的性质不同，采取的治理方式也不同。政府是建立在科层制基础上的治理，企业是建立在契约—产权关系基础上的治理，而社会组织是建立在网络关系基础上的治理，它更多依靠的是信任和互惠。[②] 不同的治理方式会形成不同的层级架构和运行机制，从而形成不同的治理结构，如上市公司往往会通过融资结构、股权结构、激

---

① 王绍光、何建宇：《中国的社团革命——中国人的结社版图》，载《浙江学刊》2004年第6期。
② Lowndes V.，"Citizenship and Urban Politics," in Judge D., Stoker G. and Wolman H. (eds.), *Theories of Urban Politics*, London: Sage Publications, Inc., 1995, pp. 160–180.

励机制和约束机制等方面来衡量和评估公司的治理结构。① 对社会组织而言，治理结构涉及决策、执行和监督，只有决策层、执行层和监督层各司其职才能实现社会组织的有序运转，从而确保社会组织使命的实现。从发达国家社会组织的治理结构来看，主要形成了两种模式：一种是政府管制模式，这种治理模式以德国和日本为代表，通过借助政府对社会组织的外部监督和管理来实现社会组织的有效治理；一种是自主治理模式，以美国、英国、澳大利亚等国家为代表，自主治理模式借鉴企业治理中遵循市场规律运作的机制，突出社会组织自身的自律。② 这两种治理模式的形成有一定的历史因素，但是，随着经济社会的发展和市场化程度的提升，越来越多的社会组织开始走向自主治理，这就更为强调社会组织的自治性，使社会组织更能够按照自己的使命来运作。社会组织是面向社会公众服务的，它的资金来源即使不是全部来自社会，也是绝大多部分来自社会，因此，对社会组织而言，治理结构的问题还会涉及社会组织的公信力问题。③ 有良好的组织结构，使社会组织有序运转，才能建立社会组织的良好形象，提升社会组织的公信力，从而使社会组织吸引更大更多的社会捐赠，更好地提供社会服务。

在我国的社会组织类型中，社会团体、基金会和民办非企业单位的治理结构既有相同之处，也存在一定的差异。相对而言，社会团体的治理结构最为复杂，社会团体有会员大会（或会员代表大会），它是最高权力机关，下设理事会，在会员大会（或会员代表大会）闭会期间负责日常工作。民办非企业单位根据其承担民事责任的不同形式可以分为法人、合伙人和个人三种类型，法人性质的民办非企业单位必须设立理事会和监事会，合伙人性质的民办非企业单位设立合伙人会议，而个体性质的民办非企业单位一般参照个体经济的治理方式。基金会通常设立理事会和监事会，分别

---

① 岳中志、蒲勇健：《公司治理结构完善度水平指标体系及评价模型》，载《管理世界》2005年第5期。

② Sandrick, Karen, "A Rural System Reinvents Its Board Structure. A New Governance Framework," *Hospitals & Health Networks/AHA*, 2001, 75 (4): 48–50.

③ 唐跃军、王晶晶：《中国非营利组织的评估指标体系》，载《改革》2005年第3期。

负责决策和监督。

（一）社会团体

社会团体是为了实现会员共同意愿而自愿成立的非营利性社会组织。根据《社会团体登记管理条例》和《社会团体章程示范文本》的要求，社会团体的最高权力机关是会员大会（或会员代表大会）。会员大会（或会员代表大会）的职权包括：制定和修改章程、选举和罢免理事、审议理事会的工作报告和财务报告、决定终止事宜及决定其他重大事宜等。会员大会（或会员代表大会）须有2/3以上的会员（或会员代表）出席方能召开，其决议须经到会会员（或会员代表）半数以上表决通过方能生效。会员大会（或会员代表大会）定期召开（如每3年一次，原则上会员大会或会员代表大会每届最长不超过5年）。因特殊情况需提前或延期换届的，须由理事会表决通过，报业务主管单位审查并经社团登记管理机关批准同意。但延期换届最长不超过1年。

会员大会（或会员代表大会）是决策机构，在闭会期间必须有相应的执行机构来领导社会团体开展日常工作，因此，社会团体要成立理事会，它的基本职权包括：执行会员大会（或会员代表大会）的决议；选举和罢免理事长（会长）、副理事长（副会长）、秘书长；筹备召开会员大会（或会员代表大会）；向会员大会（或会员代表大会）报告工作和财务状况；决定会员的吸收和除名；决定设立办事机构、分支机构、代表机构和实体机构；决定副秘书长、各机构主要负责人的聘任；领导本团体各机构开展工作；制定内部管理制度；决定其他重大事项等。理事会须有2/3以上理事出席方能召开，其决议须经到会理事2/3以上表决通过方能生效。理事会每年至少召开一次会议；情况特殊的，也可采取通讯形式召开。

在一些理事人数较多的社会团体，还往往在理事会下设常务理事会，在理事会闭会期间行使理事会的职权，常务理事会由理事会选举产生，一般常务理事人数不超过理事人数的1/3。常务理事会须有2/3以上常务理事出席方能召开，其决议须经到会常务理事2/3以上表决通过方能生效。常务理事会至少半年召开一次会议；情况特殊的也可采用通讯形式召开。

以中国保险行业协会为例，它共有 319 家会员单位，其中保险公司 169 家、保险中介机构 97 家、保险相关机构 10 家、地方保险行业协会 43 家。它的最高权力机构是会员大会，理事会是会员大会的执行机构。会员大会每 4 年召开一次。经理事会或 1/3 以上会员提议可以召开临时会员大会。临时会员大会不得研究提议议题之外的事项。会员大会因特殊情况需提前或延期进行换届的，须由理事会表决通过，报中国保监会和民政部批准同意，并在批准期限内完成换届。理事会会议每年至少召开一次。经会长或 1/3 以上理事提议，可召开临时理事会会议。情况特殊的，可采用通讯方式召开。协会设常务理事会。常务理事会由理事会选举产生，对理事会负责，人数不超过理事人数的 1/3。常务理事会会议须有 2/3 以上常务理事出席方可召开，其决议须经到会常务理事 2/3 以上表决通过方能生效。常务理事会一般每年召开两次。经会长或 1/3 以上常务理事会成员提议可召开常务理事会临时会议。情况特殊可采用通讯方式召开。

现行的《社会团体登记管理条例》没有对社会团体设立监事会进行明确的要求，但是一些社会团体随着自身的发展也逐渐开始设立监事会，如中国银行业协会设有监事会，有监事长 1 名，监事若干名。

（二）民办非企业单位

民办非企业单位是企业事业单位、社会团体和其他社会力量以及公民个人利用非国有资产举办的，从事非营利性社会服务活动的社会组织。根据其承担民事责任的不同形式在登记注册时被划分为三类：法人性质、合伙人性质和个体性质。根据《民办非企业单位登记管理暂行条例》和《民办非企业单位（法人）章程示范文本》，这三类民办非企业单位的治理结构也存在显著差异。

法人性质的民办非企业单位需要设立理事会和监事会，理事会是决策机构，理事由举办者（包括出资者）、职工代表（由全体职工推举产生）及有关单位（业务主管单位）推选产生。理事每届任期通常为 3—4 年，任期届满，连选可以连任。理事会成员一般为 3—25 人。理事会行使下列事项的决定权：修改章程；业务活动计划；年度财务预算、决算方案；增加开办资金的方案；本单位的分立、合并或终止；聘任或者解聘本单位院长（或校长、所长、主任等）和其提名聘任或者解聘的本单位副院长（或副校长、副所长、副主任等）及财务负责人；罢免、增补理事；内部机构的设置；制定内部管理制度；从业人员的工资报酬等。理事会每年至少召开2次会议。理事会设理事长1名，副理事长1—2名。理事长、副理事长由理事会以全体理事的过半数选举产生或罢免。副理事长协助理事长工作，理事长不能行使职权时，由理事长指定的副理事长代其行使职权。理事会会议应由1/2以上的理事出席方可举行。理事会会议实行一人一票制。理事会做出决议，必须经全体理事的过半数通过。而对章程的修改和本单位的分立、合并或终止等重大事项的决议须经全体理事的2/3以上通过方为有效。

法人性质的民办非企业单位需要设立监事会，对人数较少的民办非企业单位，可不设监事会，但必须设1—2名监事。监事在举办者（包括出资者）、本单位从业人员或有关单位推荐的人员中产生或更换，监事会中的从业人员代表由单位从业人员民主选举产生，理事、院长（或校长、所长、主任等）及财务负责人，不得兼任监事。监事任期与理事任期相同，任期届满，连选可以连任。监事会成员不得少于3人，并推选1名召集人。监事会或监事行使下列职权：检查本单位财务；对本单位理事、院长（或校长、所长、主任等）违反法律、法规或章程的行为进行监督；当本单位理事、院长（或校长、所长、主任等）的行为损害本单位的利益时，要求其予以纠正等。监事会会议实行一人一票制。监事会决议须经全体监事过半数表决通过，方为有效。监事列席理事会会议。

合伙人性质的民办非企业单位的决策机构是合伙人会议，合伙人会议由全体合伙人组成。合伙人会议行使下列事项的决定权：制定和修改章程；业务活动计划；年度财务预算、决算方案；增加开办资金的方案；本单位的分立、合并或终止；聘任或者解聘本单位院长（或所长、主任等）和其提名聘任或者解聘的本单位副院长（或副所长、副主任等）、财务负责人及管理人员；内部机构的设置；制定内部管理制度；从业人员的工资报酬；处分财产；变更名称；入伙或退伙等。经合伙人会议或全体合伙人决定，委托1名（或者数名）合伙人作为合伙负责人。合伙人会议须有 2/3 以上合伙人出席方能召开。合伙人会议实行一人一票制。合伙人会议做出决议，必须经全体合伙人的 2/3 以上表决通过。

对个体性质的民办非企业单位，其治理结构没有固定的模式，一般参照个体经济进行治理。

（三）基金会

基金会，是指利用自然人、法人或者其他组织捐赠的财产，以从事公益事业为目的，按照《基金会管理条例》的规定成立的非营利性法人。

根据《基金会管理条例》和《基金会章程示范文本》，理事会和董事会是基金会的必备机构。理事会一般由 5—25 人构成，每届任期不超过 5 年，连选可以连任。理事会是基金会的决策机构，行使下列职权：制定、修改章程；选举、罢免理事长、副理事长、秘书长；决定重大业务活动计划，包括资金的募集、管理和使用计划；年度收支预算及决算审定；制定内部管理制度；决定设立办事机构、分支机构、代表机构；决定由秘书长提名的副秘书长和各机构主要负责人的聘任；听取、审议秘书长的工作报告，检查秘书长的工作；决定基金会的分立、合并或终止；决定其他重大事项等。理事会每年至少召开 2 次会议，由理事长负责召集和主持。理事会会议须有 2/3 以上理事出席方能召开。理事会决议须经出席理事过半数通过方为有效。而对章程的修改，选举或者罢免理事长、副理事长、秘书长，章程规定的重大募捐、投资活动，基金会的分立、合并等事宜的决议，须经出席理事表决，2/3 以上通过方为有效。

监事会是基金会的监督机构，监事会至少由 3 名监事构成，监事由主要捐赠人、业务主管单位分别选派，也可以由登记管理机关根据工作需要选派。监事依照章程规定的程序检查基金会财务和会计资料，监督理事会遵守法律和章程的情况。监事列席理事会会议，有权向理事会提出质询和建议，并应当向登记管理机关、业务主管单位以及税务、会计主管部门反映情况。监事不从基金会获取报酬。

需要说明的是，虽然社会团体、基金会和法人性质的社会服务机构都设有理事会，但是社会团体的理事会不同于后两者的理事会。社会团体的最高权力机构是会员大会（或会员代表大会），在其闭会期间理事会负责执行会员大会（或会员代表大会）的决策及处理相应事务，而基金会和法人性质的社会服务机构的理事会均为各自组织的最高决策机构。

二、社会组织治理结构运行中的问题

近年来我国的社会组织得到了快速发展，规范社会组织的法律法规也不断完善，这使得社会组织的治理结构也在不断完善，尤其是在《社会团体登记管理条例》《民办非企业单位登记管理暂行条例》《基金会管理条例》颁布实施后。而相应的章程示范文本的颁布，则进一步将社会组织的治理结构进行了明确化。党的十八届三中全会以来，随着建立现代社会组织体制的改革目标的提出和相应的政策措施的出台，社会组织的治理结构逐渐优化。但是，与形成政社分开、权责明确、依法自治的现代社会组织体制相比，我国社会组织的治理结构还不健全，在运行过程中还存在一些问题，这主要表现在以下方面：

（一）未能按照法规要求严格执行

我国现行的三大条例对社会团体、民办非企业单位和基金会的管理进行了较为详细的说明，如对理事会构成的要求、对理事会每年开会次数的要求、对监事的要求等等。但是，在现实中，社会组织在登记注册时往往会遵循相应的条例和章程示范文本的要求来制定本组织的章程，而在实施的过程中并没有严格按照章程来做。如社会团体中理事人数众多，导致理事会会议难以统筹安排，理事会不能定期召开、更难以形成统一的意见，理事会的职责难以发挥[①]；副会长太多，导致副会长之间分工不明确，出现责任推诿。有些社

---

① 刘宏鹏：《非营利组织理事会角色与责任研究——基于中美比较分析的视角》，载《南开管理评论》2006 年第 1 期。

会组织则出现理事人数过少，理事会成为理事长的一言堂的情况。理事构成单一，理事中社会组织利益相关者较少，导致真正关心和推动社会组织向科学化、规范化、专业化方向发展的理事少。

法人性质的民办非企业单位和基金会都需要设立监事，对社会组织的运作进行监督，尤其是对财务状况进行监督。而现实中发现，应该设立监事的民办非企业单位不设立监事，或者是监事形同虚设的情况大量存在，这直接影响到监事作用的发挥；基金会中监事虽然普遍存在，但也存在大量的监事没有认真履行监督职责的情形。从我国现阶段社会组织发展的情况来看，真正能够以专业的眼光来审视社会组织发展的人才较少，这导致社会组织的监事往往是外行，以外行来监督内行，难以达到监督的效果。

（二）法律法规不完善

我国现行的对社会组织进行规范的法律法规等制度建设存在较为突出的问题，主要表现在三个方面：一是法律体系不健全，二是法律位阶过低，三是法律权威性不足。[1] 我国尚没有出台任何社会组织的法律，实行的三大条例中《社会团体登记管理条例》是1998年修订发布的，《民办非企业单位登记管理暂行条例》是1998年发布的，《基金会管理条例》是2004年发布的，这些条例的发布对于规范和促进我国社会组织的发展起到了重要作用。但是，时过境迁，伴随我国经济的发展和社会的发育，今天的社会组织无论在数量还是在规模上，都不可与1998年或2004年同日而语。尤其是中央提出实施四类社会组织直接登记以来，社会组织的发展更是如雨后春笋。在社会组织活力不断被激发的今天，十几年前发布的三大条例已经与今天的社会组织发展态势不相适应。

随着后现代社会的来临，人们的服务需求多样化，民办非企业单位是提供多元化服务的重要机构，而我国现行的《民办非企业单位（合伙）章程示范文本》和《民办非企业单位（个体）章程示范文本》中对合伙性质的民办

---

[1] 王名：《加强顶层设计 尽快启动社会组织法立法程序》，载《经济界》2015年第3期。

非企业单位和个体性质的民办非企业单位的治理都未给出明确的规定,这与这两类民办非企业单位的发展趋势不吻合,还导致一些民办非企业单位出现"家族化"的倾向。①

《慈善法》颁布后,民政部陆续公布了修订的《社会团体登记管理条例》《民办非企业单位登记管理暂行条例》和《基金会管理条例》的征求意见稿。中办国办印发的《关于改革社会组织管理制度促进社会组织健康有序发展的意见》明确要求,要加快修订出台社会团体、基金会和民办非企业单位登记管理条例。

(三) 缺乏普遍的外部监督

社会组织的治理结构不但是内部如何分工、权力如何制衡的问题,也涉及与外部的关系处理。由于社会组织的资金来源往往取自社会,接受外部监督成为其必须面对的现实。但是,从当前社会组织的治理结构来看,除了监事外,尚缺乏明确的如何引入外部监督参与社会组织内部治理的机制和方式。

三、社会组织治理结构的优化

要加快形成政社分开、权责明确、依法自治的现代社会组织体制,必须首先加强社会组织自身的能力建设,提升社会组织的治理能力,形成科学合理的内部治理结构。② 同时,良好的内部治理结构是社会组织赢得公信力,获得社会支持的重要保障。无论从国际形势来看,还是从我国社会的发展来看,社会组织的发展都是促进公共服务多元化、推动政府职能转型的有力推手。要适应社会组织的发展态势,促进社会组织的发展,就要根据当前我国社会组织发展的态势,借鉴发达国家规范和管理社会组织的经验,不断优化社会组织的治理结构。

---

① 周海涛、施文妹:《完善民办高校法人治理结构的难题与策略》,载《江苏高教》2015年第4期。
② 王名、张严冰、马建银:《谈谈加快形成社会组织体制的问题》,载《社会》2013年第3期。

（一）从法律层面完善社会组织治理结构

建设社会主义法治国家、全面推进依法治国必须推进社会组织的依法自治，因此，首先要推进社会组织治理结构的法制化。我国当前对社会组织进行规范的仍然是三大条例（《慈善法》规范的是以面向社会开展慈善活动为宗旨的非营利性组织），尚未上升到法律层面，而从国外的经验来看，通过法律来确定和规范社会组织的治理结构是通例。如美国的《美国示范非营利组织法》、日本的《特定非营利活动促进法》、韩国的《非营利机构成立与运作法案》等都对非营利组织的治理模式做出了原则性的规定。中办国办印发的《关于改革社会组织管理制度促进社会组织健康有序发展的意见》明确提出，要加快调研论证，适时启动社会组织法的研究起草工作。

除了统一的社会组织规范性法律外，针对不同类型的社会组织，应该与时俱进地修改社会组织的管理条例，以使其适应社会组织的发展现状，顺应社会组织发展的未来趋势。如《基金会管理条例》中对理事的任职条件没有明确，《基金会章程示范文本》对理事的任职资格采取的是开放式的要求，完全由基金会自主决定。应该充分考虑尽可能地发挥外部监督的作用，使理事的构成能够更为多元化，更好地促进理事参与社会组织的决策。

（二）加强对社会组织的法律普及和执法监管

社会组织在我国恢复重建的时间并不长，一些社会组织的从业人员对法律认识淡薄，因此，一方面应该加强对社会组织的普法工作，通过加强培训、互助学习、行业自律等方式，提高社会组织从业人员的法律意识和法律水平；另一方面要通过加强对执法的监管来巩固普法的效果。

（三）引入外部监督

社会组织是社会力量共同举办的事业，因此它有众多的利益相关者：政府、企业、捐赠人、受助者、大众媒体、社会公众等。社会组织应该普遍建立监事会或设立监事，严格监事的任职条件，将上述利益相关者作为监事候选人考虑，扩大监事的职权。社会组织可以借鉴企业对监事职权的规定，如允许监事会聘请会计师对社会组织的账目进行评估。同时，要明确监事会的议事规则，监事会是监督社会组织的经营活动，但是它不直接参与社会组织的日常运作。因此，要设立明确的监事会运作规则。

在监事会制度之外，要加强外部监督，如加强社会信用体系建设，将社会组织纳入到社会信用体系中，通过健全社会组织信息公开制度、建立社会组织信用奖惩制度等方式，从外部强化社会组织的治理。①

四、社会组织的组织机构

随着组织规模的扩大，仅靠个人指令或默契远远不能使分工协作达到高效，它需要组织结构提供一个基本框架，事先规定管理对象、工作范围和联络路线等事宜。组织结构是组织内部各单位间关系、界限、职权和责任的沟通框架，是组织内部分工协作的基本形式，它主要体现为组织内部各有机构成部分或各个部分之间所确立并存在的某种关系形式。② 组织结构包括三个方面：一是组织结构确定组织正式的上下级关系，包括决定着组织整体职权的层级数量以及主管管理幅度；二是组织结构决定了将不同个体凝聚而成部门，并且将各个部门聚合而成为组织的关联纽带；三是整个组织的制度设计内容，主要包括保证跨部门之间顺畅沟通、协同配合以及各部门能力有机整合等。③ 从社会组织的运作来看，组织结构是治理结构的外在体现，也是实现组织结构的组织载体。

社会组织的人力资源组织结构通常有三个基本层次：一是领导层，负责决策和指导，领导层一般为社会组织的理事会及其常务理事会；二是管理层，负责配置和组织资源，主要是秘书长或执行主任领导的管理团队；三是执行

---

① 顾朝曦：《努力推进社会组织诚信建设》，载《中国社会组织》2015 年第 15 期。
② Fremont Ellsworth Kast, James Erwin Rosenzweig, *Organization and Management: A System and Contingency Approach*, Michigan: McGraw-Hill, 2002.
③ Daft, Richard, *Organization Theory and Design*, Mason: Cengage Learning, 2008.

层，负责落实和完成工作，主要是部门主管、项目主管及其领导下的工作人员和志愿者。理事会是社会组织治理的核心机构；监事会负责对理事会和管理层进行相应的监督；管理层负责社会组织的日常运营和管理；工作人员和志愿者是履行社会组织使命的基层执行者。

第二节 工作分析与社会组织的岗位设计

组织的成立意味着工作的产生，如何确定工作的性质，工作对人的要求，工作中所需的器械和工具等则需要进行工作分析。社会组织本身掌握的资源较为有限，要使有限的资源发挥最大的效用就必须恰如其分地进行工作安排，使人尽其才、物尽其用。本节主要围绕社会组织的工作分析展开，通过工作分析，对社会组织的岗位设计进行明确界定。

一、工作分析及其在社会组织中的应用

工作分析（job analysis）也被称作岗位分析、职位分析或职务分析，有时候也将任务分析（task analysis）与工作分析等同看待。[1] 工作分析主要是通过程序化的、系统性的数据收集、分析、综合整理等方面的工作将工作分解成具体的任务。[2] 通过工作分析，一方面能够适时地窥探出工作中的变化、诊断出工作中的弊端，同时也能够为组织的人力资源管理奠定基石。[3] 工作分析要实现收集以下信息或数据[4]：

1. 工作活动。通过收集各方面的信息分析出承担工作的人必须进行的与

---

[1] Kiggundu, Moses N., "Task Interdependence and Job Design: Test of A Theory," *Organizational Behavior and Human Performance*, 1983, 31 (2): 145 – 172.

[2] Levine, Edward L., et al., "Evaluation of Job Analysis Methods by Experienced Job Analysts," *Academy of Management Journal*, 1983, 26 (2): 339 – 348.

[3] 张莉洁：《工作分析——企业人力资源管理的基石》，载《中国人力资源开发》2002年第10期。

[4] ［美］德斯勒：《人力资源管理（第六版）》，刘昕、吴雯芳译，中国人民大学出版社1999年版，第76—77页。

工作有关的活动有哪些、承担工作的人如何执行这些工作中所包含的每一项活动、为什么要执行这些活动、何时执行这些活动。

2. 工作中人的行为。系统地分析每一项工作中对承担工作的人有什么要求，如需要人消耗多少能量。

3. 工作中所使用的机器、工具、设备以及其他辅助工作用具。这些机器、工具、设备和辅助工作用具既包括实体的工具，也包括知识，同时还包括相应的服务（如咨询、修理等）。

4. 工作中的绩效标准。通过分析制定恰当的绩效考核标准，即要使用什么样的标准来考核参与这一工作的人的工作表现。

5. 工作背景。这些背景包括工作物理环境、工作的社会环境、工作的组织形式、工作中的物质激励和精神激励等。

6. 工作对人的要求。主要是指工作本身对承担工作的人的知识和技能以及个人特征有何要求，如工作对人的教育水平的要求、培训经历的要求、工作经验的要求等。

这些最初为企业管理设计的工作分析及流程虽然不一定全部适合社会组织，但是其分析框架和思路，为社会组织进行工作分析提供了借鉴。对社会组织而言，在进行工作分析时要考虑上述6个方面，而要想得到这6个方面的信息，需要首先确定工作分析信息的用途，也就是工作分析获取的信息将用来干什么；其次，要搜集与工作相关的背景信息和相关的信息，经过系统地分析，编写形成工作说明书和工作规范。社会组织的工作分析要明确需要开展哪些工作活动，不同类型的社会组织开展的工作活动差异很大，如基金会开展的活动和民办非企业单位开展的活动迥异，因此，社会组织在进行本组织的工作活动分析时，需要根据自己的业务性质来确定工作活动，根据社会组织的工作活动来收集相应的资料，分析完成工作需要的工具和知识、工作所处的环境、工作对人的要求等。工作分析是一个动态的过程，它需要根据工作的进展进行相应的调整，也需要根据工作的绩效做出相应的反馈。因此，工作分析会伴随着社会组织治理的始终，在动态发展中实现社会组织的工作目标。

二、社会组织的岗位设计

根据对社会组织的工作活动、工作中人的行为、工作中所使用的工具、工作中的绩效标准、工作背景、工作对人的要求等的分析，社会组织的岗位设置应该分为三个层次：领导层、管理层、执行层。领导层主要负责决策、评估、监督，管理层主要负责日常的运作和管理，执行层负责具体的任务执行。

从当前我国社会组织的发展来看，领导层设置的岗位主要应该有：会长（理事长）、副会长（副理事长）、常务理事（理事）；监事会主席、副主席、监事。社会团体的领导层一般是由会长（理事长）全面负责社会组织的理事会工作，副会长（副理事长）协助会长（理事长）处理理事会工作，并且有各自的分工领域。如中国冶金建设协会有 1 名会长，7 名执行副会长，会长的职责包括：召集和主持理事会、常务理事会、会长办公会议；检查会员代表大会、理事会、常务理事会决议的落实情况；代表本协会签署有关重要文件。法人性质的民办非企业单位和基金会一般是由理事长负责理事会工作，副理事长协助理事长工作。如中益老龄事业发展中心设理事长 1 名，常务副理事长 1 名，副理事长 1 名；南都公益基金会设理事长 1 名，副理事长 1 名。

监事负责对社会组织日常运行过程进行监督，并对信息披露流程进行控制，同时对组织内部人员违反法律、章程的行为予以指正；监事会主席全面负责监事会工作，对社会组织的监督负责，监事会副主席协助主席开展日常的监督。社会团体、法人性质的民办非企业单位和基金会要设立理事会，法人性质的民办非企业单位和基金会要设立监事会，对其他类型的社会组织并没有要求设置监事会（或监事）。事实上，从社会组织运行的角度来看，设置监事会是社会组织进行自我管理、自我监督的有效手段，是监督社会组织健康运转、规范发展的重要途径。

根据不同类型的社会组织开展的工作活动、所处的工作环境等的差异，可以对不同类型的社会组织进行不同的管理层设置。在社会团体中，管理层主要体现为秘书处，通过设置秘书长，以负责社会团体的日常管理工作，设置常务副秘书长、副秘书长及秘书长助理协助秘书长开展工作。对部分规模较小的社会团体，可以不设秘书处，只设秘书长，以减少机构冗余。民办非企业单位设立院长（或校长、所长、主任等）管理下属职能部门；基金会设秘书长管理下属办事机构。

执行层负责具体工作的落实和任务的执行，社会组织的执行层通常有三类人构成：专职工作人员、兼职工作人员和志愿者。社会组织的工作人员包括部门主管、项目主管、会计、劝募员、社团会员管理员等，根据其与社会组织的工作关系，可以分为专职人员和兼职人员。专职人员是完成社会组织工作必需的人员，是社会组织的固定工作人员，而兼职人员往往是由于某项工作的需要而专门聘请的人员，如社会组织在某个项目开展时为了更好地促进项目的开展可以聘请一名兼职的项目助理。志愿者是社会组织开展活动时招募的编外人员，他们虽然与社会组织没有隶属关系，但是在促进社会组织任务的完成方面发挥着重要作用。随着人们社会参与意识的增强和社会组织开展活动的丰富，志愿者参与社会组织活动的频率和比例将会进一步提升。

第三节　领导层的配置与角色

领导层是领导社会组织正常运转的核心，对社会团体来说，最高权力机构是会员大会（或会员代表大会），理事会是会员大会（或会员代表大会）的常设机构，是领导决策机构。对于法人性质的民办非企业单位和基金会而言，理事会负责针对重大问题和政策召集理事会会议，通过票决制做出决定，如战略规划、机构经营目标、主要人事安排等。理事会设有理事长、副理事长、常务理事等岗位，全面负责理事会工作，统筹领导社会组织的运作。

一、会长/理事长

根据我国的特定环境和条件，社会组织的会长/理事长一般由创办人或主要出资人出任,他们往往是社会组织的法定代表人。理事长首先是一名理事,同时领导其他理事;对外是理事会的象征,是理事会的发言人。

(一)会长/理事长的职责说明

理事会的会长/理事长即从组织中遴选出来的领导者,他/她代表组织,进行双向沟通,带领会员,主持会务和活动。其主要任务有:(1)主持所有理事会成员会议;(2)联系会员,使其对组织有所了解,进而关心组织,参与活动;(3)主持理事会活动,修订政策或组织的主要方案;(4)定期向理事会提交工作报告;(5)担任组织的发言人;(6)对监督的工作负主要责任;(7)激励并要求其他理事对理事会负相应责任;(8)与其他会员、工作人员和秘书长共同合作,建立良好的会员关系。

副理事长/副会长:在会长/理事长缺席时代理其职能;部分社会组织的会长/理事长可能给其分配具体分管职能。

理事会秘书:管理和保管理事会档案;理事会开会时做记录或负责记录。

(二)不同类型的社会组织对会长/理事长的不同职权规定

《社会团体章程示范文本》规定,社会团体会长/理事长行使下列职权:(1)召集和主持理事会(或常务理事会);(2)检查会员大会(或会员代表大会)、理事会(或常务理事会)决议的落实情况;(3)代表该社会团体签署有关重要文件。

《民办非企业单位(法人)章程示范文本》规定,理事长行使下列职权:(1)召集和主持理事会会议;(2)检查理事会决议的实施情况;(3)法律、法规和该民办非企业单位章程规定的其他职权;(4)副理事长协助理事长工作,理事长不能行使职权时,由理事长指定的副理事长代其行使职权。

《基金会章程示范文本》规定,理事长行使下列职权:(1)召集和主持理事会会议;(2)检查理事会决议的落实情况;(3)代表基金会签署重要文件。

(三)社会组织法定代表人的任职资格

社会组织的法定代表人一般由会长/理事长担任。由于法律法规对此没有明确规定，少数社会组织根据自身章程的规定，也存在由副理事长/副会长、秘书长或社会组织其他管理人员担任社会组织法定代表人的情况。

《社会团体章程示范文本》规定，社团法定代表人应由会长/理事长担任，如因特殊情况需由副理事长/副会长或秘书长任法定代表人，应报业务主管单位审查并经社团登记管理机关批准同意后，方可担任，并在章程中写明。社会团体法定代表人不兼任其他团体的法定代表人。

《民办非企业单位（法人）章程示范文本》规定，法定代表人为理事长或院长（校长、所长、主任等）。有下列情形之一的，不得担任该单位的法定代表人：（1）无民事行为能力或者限制民事行为能力的；（2）正在被执行刑罚或者正在被执行刑事强制措施的；（3）正在被公安机关或者国家安全机关通缉的；（4）因犯罪被判处刑罚，执行期满未逾3年，或者因犯罪被判处剥夺政治权利，执行期满未逾5年的；（5）担任因违法被撤销登记的民办非企业单位的法定代表人，自该单位被撤销登记之日起未逾3年的；（6）非中国内地居民的。

《基金会章程示范文本》规定，基金会理事长为基金会法定代表人。基金会法定代表人也不兼任其他组织的法定代表人。

公募基金会和原始基金来自中国内地的非公募基金会，基金会的法定代表人应当由中国内地居民担任。有些社会组织为了更好地促进组织的发展、广泛吸收社会才智，还会设立顾问委员会，顾问委员会的顾问们是不收报酬的一些志愿者，任务是给组织的正式成员如理事或工作人员等补充专业知识和技术。由这些人组成的顾问委员会有时也被称为"指导委员会"或"督导委员会"。顾问委员会或顾问小组的作用相当于理事会的一个委员会，对工作人员来说是个咨询小组。它可以因一个专门的目的而设置，用来协助理事会和工作人员的某项工作。例如，顾问委员会可以专门负责筹款、提供技术帮助、评估服务或项目的效果，或作为组织的发言人或公关代表。顾问委员会成员对组织不负法律责任。同样，他们的权利也不像理事那样受到法律保护，可以被解职。顾问委员会的职责仅限制在提供建议和为理事会及工作人员的决策提供相关信息的范围内。

二、理事会的基本构成与主要职能

在理事会成立之前就需要确定，理事会将如何组成？它的规模有多大？多长时间开一次会？理事会成员的任期是多长时间？如何处理行为不当的理事？这些都要在理事会章程（细则）中做出规定。

很多社会组织在创办初期，创办人集决策与执行于一身，没有健全的管理和治理机制，社会组织的兴衰在很大程度上依赖于个别人的献身精神与明智决策。长此以往，组织很难长期保持正确的发展方向。理事会的建设是完善社会组织内部监管的机制。为了确保组织可持续地健康发展起来，逐步采用和健全理事会治理机制势在必行。

美国麦克利兰基金会和NPO信息咨询中心在《治理的价值》培训教材中提出："几乎在任何国家里，法律要求社会组织要有一个理事会，理事会对组织、政府和社会承担着法律和道德上的具体责任。理事会有责任决定组织的使命，保证社会组织的项目合理有效地支持这个使命，保证组织履行其法律和道德的责任，对自身的一切行为负责并保持透明度。理事会是一个组织中最高的权力机构，具有绝对的决策权。"[1] 简单地说，理事会就是在法律上对一个组织负有监管责任的一群人；理事会通常由选举产生，是该组织的最高权力机构；理事会的职责是监管这个组织；理事不收任何报酬，也不因为在理事会工作而获得任何补贴。

（一）社会组织理事会的产生及任期

根据民政部发布的《社会团体章程示范示范文本》，社会团体的会员大会或会员代表大会选举理事组成理事会，再由理事会选举理事长（会长）、副理事长（副会长）、秘书长；社会团体的章程可自由规定理事长（会长）、副理

---

[1] 转引自《从"英雄时代"到"制度时代"——中国NPO治理的现状和展望》，见http://www.naradafoundation.org/content/3232。

事长（副会长）、秘书长的任期（如：二、三、四或五年），但理事长（会长）、副理事长（副会长）、秘书长的任期最长不得超过两届，如因特殊情况需延长任期的，须经会员大会（或会员代表大会）2/3以上会员（或会员代表）表决通过，并报业务主管单位审查、经社团登记管理机关批准同意方可任职。《示范文本》对理事的任期没有限制性的规定，因此社会团体的章程可做"理事任期届满可连选连任，不受任期限制"的规定。

根据《民办非企业单位（法人）章程示范文本》，理事由举办者（包括出资者）、职工代表（由全体职工推举产生）及业务主管单位推选产生，每届任期三或四年，理事任期届满可连选连任。被选举的理事组成理事会，从理事中选举理事长1名、副理事长1—2名，每届任期与理事相同，届满连选可以连任，没有连任届数限制。

《基金会管理条例》第9条规定，申请设立基金会的申请人向登记管理机关提交的文件包括"理事名单、身份证明以及拟任理事长、副理事长、秘书长简历"，这意味着由发起人选任理事，任期可由章程自由规定，但每届任期不得超过5年。被选举的理事组成理事会，理事会从理事中选举理事长、副理事长和秘书长，理事长、副理事长和秘书长的每届任期与理事相同，届满连选可以连任。《基金会管理条例》第21条规定，"理事会是基金会的决策机构，依法行使章程规定的职权"。

（二）理事会的基本构成

作为社会组织决策和治理的权力机构，理事会通常经由选举产生，其成员构成则因组织而异，通常情况下包括知名人士、资助者或受益者代表、资深专家等，有时也有政府机构的代表、退休官员或企业的代表等，人数主要集中于10至50人之间不等。一般而言，小规模的社会组织倾向于有一个联系紧密的小型理事会；理事人数较多的理事会为防止变成没有实质意义的橡皮章型理事会，通常设常务委员会或执行委员会来保证理事会的运作有效。《基金会管理条例》规定，基金会的理事会，理事人数为5—25人。《社会团体登记管理条例》和《民办非企业登记管理条例》对理事会的人数未做明确规定，但依照《民办非企业单位（法人）章程示范文本》，民办非企业单位的理事人数应为3—25人。

理事会可下设一个常委会或执委会，在不可能或没有必要召开全体理事会时代表理事会行使职权。设立常委会可以用来提高工作效率，但常委会绝不可以取代全体理事会。在下列情况下需要设立常委会：（1）理事会庞大；（2）理事分散在全国或全世界各地；（3）理事会需要定期采取某些行动或经常做出某些决定。

在必要的情况下，社会组织理事会可以设立专业委员会，以便提高理事之间沟通和协商的专门化水平和咨商效率。一般设立的委员会有：执行委员会、审计委员会、薪酬委员会、选举委员会、政策委员会、业绩评价委员会等。

即使常委会可能被赋予一些特殊的决策权利，理事会全体会议应当在下一次会议上确认常委会所做出的决定。

理事是理事会的基本组成要素，对理事会的发展至关重要。理事个人应具备的素质有：（1）个人能力：倾听能力、分析能力、思维清晰、创造性思维能力、团队合作能力；（2）工作态度：愿为参加理事会和委员会会议做准备，在会议上提出恰当的问题，对分给自己的任务愿意承担责任并坚持完成，根据个人情况慷慨地向社会组织贡献自己的时间、精力和金钱，在社区推广该组织，自我评估；（3）学习态度：如果不具备某些技能，愿意学习这些技能，如积累和筹集资金，培养和招聘理事会成员和其他志愿者，阅读和了解财务报表，学习更多组织的核心业务领域的专业知识；（4）个人修养：诚实、能了解并接受不同观点、友好、积极处理问题、耐心、有开拓社区的技能、正直、有成熟的价值观、关心所在社会组织的发展、富有幽默感。理事个人应承担的职责有：（1）出席理事会和委员会所有会议和典礼，例如筹款宣传活动；（2）了解社会组织的使命、服务内容、政策和项目；（3）在理事会和委员会会议前阅读会议议程及其他材料；（4）为委员会服务，并主动承担特别任务；（5）个人向社会组织捐款，并向他人宣传该社会组织；（6）向理事会推荐能够为理事会和社会组织的工作做出很大贡献的合适人选；（7）了解社会组织所在领域或行业的最新动态；（8）不越权向工作人员提特别要求；（9）遵守利益冲突和保密政策；（10）帮助理事会行使受托责任，例如审阅年度财务报表。

  我国法规中仅仅对基金会理事任职资格做出规定，对社会团体和民办非企业单位的理事没有做出明确规定。《社会团体登记管理条例》对理事、理事长（会长）、副理事长（副会长）以及秘书长的任职资格没有做出规定。《社会团体章程示范文本》对理事的任职资格也无限制，但对理事长（会长）、副理事长（副会长）以及秘书长有基本的要求：（1）坚持党的路线、方针、政策，政治素质好；（2）在本团体业务领域内有较大影响；（3）理事长（会长）、副理事长（副会长）、秘书长最高任职年龄不超过70周岁，秘书长为专职；（4）身体健康，能坚持正常工作；（5）未受过剥夺政治权利的刑事处罚；（6）具有完全民事行为能力。此外，社会团体可以根据自身需要，在章程中附加规定理事、理事长（会长）、副理事长（副会长）以及秘书长的任职资格。《民办非企业单位登记管理暂行条例》对理事、理事长（会长）、副理事长（副会长）以及秘书长的任职资格没有做出规定，《民办非企业单位（法人）章程示范文本》也没有相关建议。《基金会管理条例》对理事的任职资格有明确限定：（1）为了防止理事会被某个家族操纵，用私人财产设立的非公募基金会，相互间有近亲属关系的理事，总数不得超过理事总人数的三分之一；其他基金会，具有近亲属关系的，不得同时在理事会任职；（2）担任基金会理事长、副理事长、秘书长的理事，不得由现职国家工作人员兼任；（3）因犯罪被判夺政治权利正在执行期间或者曾经被判处剥夺政治权利的，不得担任理事长、副理事长或者秘书长；（4）曾在因违法被撤销登记的基金会担任理事长、副理事长或者秘书长，且对该基金会的违法行为负有个人责任，自该基金会被撤销之日起未逾5年的，不得担任理事长、副理事长或者秘书长；（5）担任基金会理事长、副理事长或者秘书长的香港居民、澳门居民、台湾居民、外国人以及境外基金会代表机构的负责人，每年至少在中国内地居留3个月。

(三) 理事会的主要职能

社会组织领导与决策的展开，需要依托一定的组织结构和制度。在许多社会组织中，领导和决策的结构是理事会制度。其职能主要有：(1) 阐明组织的任务；(2) 年度评估外在环境和研发新策略；(3) 审核批示和评估组织的重要计划；(4) 审查和核准经营预算经费并有效管理资源；(5) 为组织的运营制定政策和方针；(6) 遴选秘书长，给予支持并评估其工作绩效；(7) 核准组织的募款计划，并且参与执行；(8) 建立财务目标且监督其执行情况；(9) 评估组织的绩效。

事实上，理事会应当如何运作没有单一的模式，当组织本身以及外部环境变化时，理事会的运作模式也需要随之相应改变。理事必须遵守多年来人们从经验中得出的基本原则，任何一个理事会都要为社会组织的使命、监督、资源和对外沟通全面负责。

一个健全的理事会应该具备以下特征：第一，通过研讨的方式确定社会组织的政策；第二，社会组织的信用和角色将会反映在决策上；第三，会议和个人指派执行的能力，反映了对社会组织及其发展的热衷程度；第四，劝募过程中，无论在领导组织募集的资源上，还是在积累资源的层面上，理事会都扮演着重要的角色；第五，尊重每一位工作人员和其能力，在规定的政策范围内，负责组织营运。

三、监事会的基本构成与主要职能

监事与监事会是监督和约束理事会决策行为、秘书处执行行为的重要存在。在健全、合理的监督机制中，监督方与被监督方不应当存在利害关系。因此，应当确保监事与监事会的独立性，避免理事会对监事职权范围内的工作进行干预，也应有效避免理事会对监事任免的影响。一是在社会组织章程中对监事会进行具体规定，包括监事的资格、人数及其产生程序；二是社会组织应当通过制度的方式对监事会的工作经费予以保障；三是建立完善的内部管理制度，保证监事对决策和管理活动的参与；四是借鉴公司治理的"股东代表诉讼制度"，在理事会成员或工作人员的行为对社会组织造成重大损失的情形下，赋予监事代表诉讼权，以社会组织的名义提起诉讼。①

（一）监事会的基本构成

监事经理事会或常务理事会提名，由会员大会或会员代表大会选举产生。由于监事会代表多方利益，对监事的任命，一般由不同利益方选派。实践中主要有会员、业务主管单位和登记管理单位，而受益人利益作为监督的重要方面，也应吸收服务对象的代表参加监事会。监事除了对公益事业有较高认同感，愿意为公益事业奉献以外，还应当具备一定的专业水准，对于项目运作和财务管理等要较为熟悉。会长、副会长、秘书长、副秘书长、理事不得兼任监事。

监事会是社会组织的监督机构，主要对理事、理事会以及执行层进行监督。现有法规规定民办非企业单位和基金会应当设立监事会，但对社会团体并不存在必须设立监事会的硬性规定，但是为了对理事、理事会实施有效监督和制约，社会团体在条件允许的情况下也可建立监事会。由于《社会团体章程示范文本》对社会团体监事会没有任何规定，建议社会团体可以参照《民办非企业单位（法人）章程示范文本》或《基金会章程示范文本》的相关规定建立监事会。

《民办非企业单位（法人）章程示范文本》规定，监事任期与理事任期相同，任期届满，连选可以连任。监事会成员不得少于3人，并推选1名召集人。人数较少的民办非企业单位可不设监事会，但必须设1—2名监事。监事在举办者（包括出资者）、本单位从业人员或有关单位推荐的人员中产生或更换。监事会中的从业人员代表由单位从业人员民主选举产生。民办非企业单位理事、院长（或校长、所长、主任等）及财务负责人，不得兼任监事。

《基金会章程示范文本》规定，基金会可自由决定监事的数量。监事任期

---

① 周芙蓉等：《论慈善基金会的内部治理结构》，载《法制博览》2012年第6期。

与理事任期相同，期满可以连任。3名以上监事可设监事会。理事、理事的近亲属和基金会财会人员不得任监事。监事可以由主要捐赠人、业务主管单位分别选派或变更，也可由登记管理机关根据工作需要选派或变更。

监事的资格限制与理事的资格限制基本相似，如监事应当具有完全民事行为能力，有亲属关系或者特殊关系监事的比例限制，有犯罪前科者不得担任监事，以及理事或者执行团队人员不得出任监事。

（二）监事会的主要职能

监事不领薪酬。为切实保证监事会能够实施有效监督，监事列席理事会或常务理事会会议，会长办公会及秘书处办公会等会议。监事会对各级组织会议形成的决议具有建议和督导执行权，对社会组织开展的重大活动及财务收支等具有指导与监督权，对社会组织在运行过程中出现的较大问题或偏差应及时召开监事会议研究处置意见，并督导相关执行机构采取有效措施进行纠正或调整。另外，还要加强对秘书处工作的监管，尤其是加强对秘书处工作的规范管理。在监管机制上，要重在发挥制度的刚性监督作用。

不同社会组织章程对监事会的职能有不同规定。《民办非企业单位（法人）章程示范文本》规定，监事会或监事行使下列职能：（1）检查民办非企业单位财务；（2）对民办非企业单位理事、院长（或校长、所长、主任等）违反法律、法规或章程的行为进行监督；（3）当民办非企业单位理事、院长（或校长、所长、主任等）的行为损害本单位的利益时，要求其予以纠正。《基金会章程示范文本》规定，监事、监事会行使以下职能：（1）依照章程规定的程序检查基金会财务和会计资料，监督理事会遵守法律和章程的情况；（2）列席理事会会议，有权向理事会提出质询和建议，并应当向登记管理机关、业务主管单位以及税务、会计主管部门反映情况。

监事会议事必须遵循一定的规则。《民办非企业单位（法人）章程示范文本》规定，监事会会议实行一人一票制。监事会决议须经全体监事过半数表决通过，方为有效。《基金会章程示范文本》对基金会的监事会议事规则没有规定。

第四节　管理层的配置与角色

社会组织管理者的任务是将组织的使命陈述转换为明确具体的行动目标[①]，社会组织管理层普遍实行"理事会领导下的秘书长负责制"，管理层由社会组织的骨干工作人员组成。管理层在秘书长的领导下，根据理事会制定的政策做出关于社会组织工作的具体决议。管理层负责管理社会组织的项目、财务、行政、资源开发、对外联络、宣传推广以及人力资源开发等。它要通过秘书长定期向理事会汇报工作并积极参与理事会的政策制定。管理层负责带领基层工作人员努力实现组织中所确定的战略规划，还要确保每年对整个组织、所有项目和所有工作人员的工作效绩进行评估。

社会组织的管理层人员一般是全职的管理者，在事务上与企业的管理层类似，负责社会组织的战略实施、项目开发、雇用和考核等。在国际上，企业家精神的观念已经融入社会组织中，提出社会企业家的概念，即通过商业技能、知识和活动的使用去获取社会改善的目标。社会企业家是具有社会工作、社区发展或企业背景的非营利管理人员，他们通过创造性的企业家方式，来追求社会目标的实现和经济活力化的愿景，比起挣钱他们更关注关心和帮助。因此，社会企业家与社会型组织的社会价值创造过程和社会使命紧密联系。因此，我国社会组织人力资源改革的方向应是：激励服务于社会组织的管理层转变为"社会职业经理人"，通过发挥职业经理人精神，创造和维护社会价值，体现对所服务人群或社区以及资源提供者高度负责的态度，体现管理者的创新能力和把握机会能力，有效利用社会资源，提高社会组织运作效果和效率。

一、管理层的基本构成与主要职能

社会组织管理层上承领导层，下连执行层，是社会组织内部设置的日常经

[①] ［美］彼得·德鲁克：《非营利组织的管理》，吴振阳译，机械工业出版社2007年版，第5页。

营管理的机构。我国社会组织管理层的主要管理人员过去是由官员兼职或政府任命，受行政化的影响，很难把自己的利益与组织的利益绑在一起，把服务于社会组织当成自己的事业追求，而是或消极应付，或牺牲社会组织的利益以满足政府需求，这使得不少社会组织成了政府职能的延伸和附属机构。"理事会领导下的秘书长负责制"其高层管理者是通过竞争由理事会最终投票决定的，这保证了管理者个人利益与集体利益的一致性，减少因决策失误造成的损失。

（一）管理层的基本构成

管理层在社会团体中具体体现为秘书处，设秘书长一人，负责社会团体的日常管理工作，是社会团体各项方针规划的具体执行者，可以说，秘书长是社会团体工作的核心人物、关键人物[①]；设副秘书长及秘书长助理若干，协助秘书长开展工作。部分规模较小的社会团体不设秘书处，仅设秘书长；民办非企业单位及基金会一般未设立秘书处，民办非企业单位设立院长（或校长、所长、主任等）管理下属职能部门，基金会设秘书长管理下属办事机构。秘书处管理的职能部门（办事机构）包括综合部（办公室）、项目部、会员部（仅限于社会团体）、财务部、人力资源部、培训部、宣传部、公关部等，依据社会组织规模大小及职能分工进行设立。社会组织的各分支机构、代表机构和实体机构一般也由秘书处/秘书长管理。

（二）管理层的特点

社会组织管理层主要具有以下五个特点：（1）由领导层任命，向领导层负责；（2）独立开展具体工作，执行领导层决策；（3）明确的专业分工，拥有专业优势；（4）属于受薪阶层，通过自身的管理经验与技能参与社会交换获得报酬；（5）具有可变动性或可替代性，即能够进入人力市场并合理流动。

（三）社会组织管理层的主要职能

1. 计划（planning）：按照社会组织宗旨和目标提出并贯彻具体的行动计

---

① 高善峰：《优秀社团秘书长要有"三种能力"》，载《中国社会组织》2015 年第 7 期。

划，达成目标。

2. 组织（organizing）：有效配置资源，合理分工负责，划定成员的责权并进行监督、指导。

3. 用人（staffing）：选择好工作人员，因事设岗，以岗划线，以线授权。

4. 引导（directing）：对部下的工作进行有效的领导、培训、辅导、协调等。通过引导，使每天的工作和计划协调一致。

5. 控制（controlling）：评估工作绩效和成果，实行有效奖罚，激发工作人员的积极性。

二、秘书长的产生和职责

（一）秘书长的产生

根据《社会团体章程示范文本》和《基金会章程示范文本》，理事会的职权之一是选举和罢免理事长（会长）、副理事长（副会长）、秘书长，但是并没有说明秘书长一定要经过选举才能产生。2015年9月7日民政部印发的《全国性行业协会商会负责人任职管理办法（试行）》规定：全国性行业协会商会秘书长为专职，可以通过选举、聘任或者向社会公开招聘产生。聘任或者向社会公开招聘的具体方式由理事会研究确定。聘任或者向社会公开招聘的秘书长任期不受限制，可不经过民主选举程序。聘任或者向社会公开招聘的秘书长不得担任全国性行业协会商会法定代表人。同时，该管理办法还明确规定，理事长和秘书长不得由同一人兼任，不得来自同一会员机构。根据最新的管理办法，秘书长可以通过选举、聘任或者向社会公开招聘产生。随着这一规定的实施，秘书长的产生也将越来越规范。[①]

对社会组织而言，如何选择合格的秘书长呢？概括而言，应该从领导能

---

① 《民政部关于印发〈全国性行业协会商会负责人任职管理办法（试行）〉的通知》，载《中华人民共和国国务院公报》2016年第4期。

力、管理能力、组织能力、沟通协调能力和募捐能力等几个方面来考量秘书长。要成为一个称职的秘书长,首先必须有大局意识,能够从战略角度来思考社会组织未来的发展,建立一个整体社会的利益观和战略观,引导员工认识到社会组织的命运与国家的命运息息相关、密不可分,从而培养他们对国家的认同、忠诚和热爱[1]。其次,要围绕社会组织的目标开展管理,而要实现组织目标,必须重视社会组织自身的人才队伍建设,秘书长应该充分发挥自身的领导力,了解员工的优势,擅长授权于员工,调动员工的积极性,以社会组织目标激励员工努力方向的同时,激发员工的自信心和学习能力。[2] 第三,秘书长要能够妥善处理各种关系,做好沟通协调工作。这既包括能够妥善处理社会组织与外部的各种关系,如社会组织与政府的关系、与企业的关系、与新闻媒体的关系等,也包括社会组织内部的各种关系,如秘书长与理事会的关系、会员之间的关系、不同职能部门之间的关系等。[3]

(二)秘书长的职责

社会组织管理层的主要负责人是秘书长(或称总干事、执行主任),直接对理事长/会长负责,领导管理团队各个部门并主持社会组织的日常工作。秘书长不具有投票权。在理事会的支持之下,为社会组织建立主要方针,统筹任务和目标,对所有机构的支持者负责。在社会组织中,理事会制度的有效推行和贯彻,有赖于一位优秀的秘书长。秘书长是社会组织的核心人物,是行政主管和日常工作负责人。理事会的职能能否有效发挥,在很大程度上取决于秘书长的素质和作为。不同类型社会组织对秘书长的任职条件及职权的规定不同。

《社会团体章程示范文本》规定,社会团体的管理层负责人为秘书长,须具备下列条件:(1)坚持党的路线、方针、政策,政治素质好;(2)在本团

---

[1] 黄浩明:《秘书长管理社会组织的"三个锦囊"》,载《中国社会组织》2015年第14期。
[2] 纪伍:《做有人格魅力的秘书长》,载《中国社会组织》2015年第18期。
[3] 王影:《责任和服务是当好社会组织秘书长的基点》,载《中国社会组织》2015年第15期。

体业务领域内有较大影响；（3）必须专职，最高任职年龄不超过70周岁；（4）身体健康，能坚持正常工作；（5）未受过剥夺政治权利的刑事处罚；（6）具有完全民事行为能力；（7）如超过最高任职年龄的，须经理事会表决通过，报业务主管单位审查并由社团登记管理机关批准同意后，方可任职。

社会团体的秘书长主要行使下列职权：（1）主持办事机构开展日常工作，组织实施年度工作计划；（2）协调各分支机构、代表机构、实体机构开展工作；（3）提名副秘书长以及各办事机构、分支机构、代表机构和实体机构主要负责人，交理事会或常务理事会决定；（4）决定办事机构、代表机构、实体机构专职工作人员的聘用；（5）处理其他日常事务。

民办非企业单位的管理层负责人为院长（或校长、所长、主任等）。《民办非企业单位（法人）章程示范文本》规定，院长（或校长、所长、主任等）对理事会负责，并行使下列职权：（1）主持单位的日常工作，组织实施理事会的决议；（2）组织实施单位年度业务活动计划；（3）拟订单位内部机构设置的方案；（4）拟定内部管理制度；（5）提请聘任或解聘本单位副职和财务负责人；（6）聘任或解聘内设机构负责人。

基金会秘书长必须符合以下条件：（1）在基金会业务领域内有较大影响；（2）须为专职，且最高任职年龄不超过70周岁；（3）身体健康，能坚持正常工作；（4）具有完全民事行为能力。

理事长的其他职权和秘书长的职权从以下选项中确定，理事长和秘书长的职权不能重叠，基金会可根据自身实际情况细化或进行补充：（1）主持开展日常工作，组织实施理事会决议；（2）组织实施基金会年度公益活动计划；（3）拟订资金的筹集、管理和使用计划；（4）拟定基金会的内部管理规章制度，报理事会审批；（5）协调各机构开展工作；（6）提议聘任或解聘副秘书长以及财务负责人，由理事会决定；（7）提议聘任或解聘各机构主要负责人，由理事会决定；（8）决定各机构专职工作人员的聘用；（9）章程和理事会赋予的其他职权。

秘书长一般不兼任理事或者监事，也不能在理事会参与投票表决，但应该列席理事会会议。会议议程应由理事长/会长和秘书长根据来自理事会负责人、各委员会负责人以及管理团队的意见信息共同拟定。讨论议题必须清晰地列出。在理事会议上，秘书长应该就议题发表自己的意见和建议，以供理事会参考。

三、管理层之间的协调配合

如前所述，以社会团体为例，社会团体设秘书长一人，管理秘书处，设副秘书长及秘书长助理若干，协助秘书长开展工作。秘书长、副秘书长及秘书长助理分别管理秘书处下属不同的办事机构、分支机构、代表机构和实体机构。秘书长、副秘书长（秘书长助理）连同办事机构、分支机构、代表机构和实体机构的负责人，共同构成了社会团体的管理团队。

秘书处下属部门的负责人必须在秘书长的领导下分工协作，在各自不同的业务领域领导社会团体基层工作人员、志愿者履行职责，发挥作用。下面介绍社会组织几个主要的办事机构，及其相互间的配合协调机制。

（一）综合部（办公室）

秘书处的综合行政机构，主要负责社会组织内部各项事务的内外对接、沟通、协调，让各项事务得到更快解决。其主要职责有：

在秘书长（秘书长助理）的领导下负责社会组织行政管理工作，定期检查社会组织行政工作开展情况，保证社会组织管理正规、有序。

拟写社会组织的工作计划、总结及各类文件，及时为秘书长部署工作提交材料。

组织召开秘书长办公会议、专题会议等工作会议，做好会议记录，编写会议纪要。组织编制社会组织行政工作计划和工作总结，参与拟定社会组织的发展战略和规划。

制定、完善社会组织行政、人事、后勤等方面的规章制度，经秘书长批准后组织实施。

负责社会组织办公用品及设备、行政车辆、食堂、宿舍、办公环境等总务后勤管理。

负责社会组织印章使用和管理。

负责社会组织组织机构代码证、登记证书资质年审工作。

负责社会组织档案管理。

负责接待来客、来访，负责会务保障，负责对外事务以及与政府各部门的沟通联系。

（二）人力资源部

根据社会组织的发展规划和经营目标，拟定人力资源发展规划和计划，工作人员劳动保险和福利计划。

负责工作人员绩效考核、考勤管理和劳动纪律管理，并定期对其他各部门劳动纪律、安全保卫、总务后勤等方面进行检查监督。

制订工作人员培训计划，集中组织各部门、机构在岗人员、新工作人员及志愿者开展相应的业务培训。

负责社会组织的组织文化建设，组织开展各项文体活动。

（三）财务部

参与制定社会组织财务制度及相应的实施细则。

参与社会组织的工程项目可信性研究和项目评估中的财务分析工作。

负责理事会及秘书长所需的财务数据资料的整理编报。

负责与财务工作有关的部门（如税务局、财政局、银行、会计事务所等）的联络和沟通工作。

负责资金管理、调度。编制月、季、年度财务情况说明分析，向秘书长及理事会报告社会组织财务情况。

根据民间非营利组织会计制度，负责社会组织的会计报表、账簿装订及会计资料保管工作，审核收付原始凭证。

负责所有明细分类账的记账、结账、核对，并及时清理应收、应付款项。

负责支票等有关结算凭证的购买、领用及保管，办理银行收付业务。

负责工作人员工资的发放工作,捐赠收入、会费收入等现金收付工作。

(四) 项目部

编制项目管理实施规划,并对项目目标进行系统管理。

制定项目管理目标责任书。

负责对项目资源进行动态管理。

建立各种专业管理体系并组织实施。

负责对授权范围内的项目工作资源进行分配。

归集项目资料,准备结算资料,参与项目验收。

接受审计,处理项目的善后工作。

协助组织进行项目的检查、鉴定和评奖申报工作。

(五) 会员部

按社会组织章程审查及发展会员。

牵头建立会员服务体系,为会员提供有关资料和各类服务,包括会员国际间的交流与合作。

组建、管理和发展分支机构、代表机构和实体机构。

建立会员管理数据库,对会员资料进行分类管理,负责会员会费收缴。

保持与会员的联络,以多种形式及时采集会员的信息和建议,推动会员与协会之间以及会员间的交流合作。

(六) 宣传部

贯彻执行秘书长对于社会组织宣传的方针与决策。

负责社会组织文化宣传,按照秘书长要求部署对内、对外宣传工作。

对外树立社会组织形象,塑造知名公益品牌。

负责内部期刊的编辑、出版工作,社会组织网站的建立与维护。

负责社会组织与报社、电台、电视台、网络等媒体的对接工作。

定期对社会组织动态、行业动态、国家法律法规进行收集、编撰,并与其他机构共享所收集整理的资料。

在对社会组织的领导层和管理层进行了阐述之后，有必要对两者从人员构成、工作目标、成员职责、领导者、领导者职责、工作时间、酬劳等方面进行比较，以更清晰地区分。比较的内容呈现在表1-1中。

表1-1 社会组织领导层与管理层责任对照表

对比内容 \ 对比对象	领导层	管理层
人员构成	依照章程公开选举出来的所有成员	由领导层任命的包括秘书长在内的所有管理人员
工作目标	保证社会组织运行的透明度和高效率	合理利用社会组织资源以实现组织目标
成员职责	确立社会组织使命，制订战略计划和目标体系 搭建社会组织政策框架，监督政策的实施情况 引入外部资源，并对资源进行合理分配，确保组织的公信力和透明度	履行社会组织使命，完成社会组织既定目标 提供领导层决策所需的相关资讯 利用资源向服务受益对象提供服务 如实记录社会组织及其资源的利用情况
领导者	理事长/会长	秘书长/总干事/执行主任
领导者职责	监管社会组织运作 主持领导层会议，并拥有投票表决权 挑选社会组织未来的领导人 监督秘书长工作	管理社会组织各项日常事务 出席领导层会议，但没有投票权 建立一支高素质的管理团队 提供管理层工作的反馈
工作时间	不固定	固定
酬劳情况	没有任何酬劳和福利	享受社团提供的酬劳和福利

第五节 执行层的配置与角色

社会组织执行层是执行社会组织管理层决策部署的执行者，包括专职工作人员、兼职工作人员和志愿者三大部分。专职工作人员是保证社会组织常规工作开展、保障社会组织日常运转的主体力量，专业社会工作者（是指遵循助人自助的价值理念，利用个案、社区、小组等专业方法，以帮助机构和他人发挥自身潜能、协调社会关系、促进社会公正为职业的社会服务人员。职业资格分为助理社会工作师、社会工作师和高级社会工作师）应是专职工作人员的中坚力量。兼职工作人员往往是那些具有某方面技能的专业人才，受雇社会组织参与某些方面的工作，而与社会组织只是临时性的雇佣关系，并未建立长期的劳动合同。志愿者是社会组织执行项目时的重要力量，在项目开展前招募，为项目开展提供义务服务，随着项目的结束而完成使命。

一、执行层的基本构成与特点

（一）专职工作人员

根据《民政部关于加强社会组织专职工作人员劳动合同管理的通知》的规定，与社会组织签订劳动合同的专职工作人员，是指除兼职人员、劳务派遣人员、返聘的离退休人员和纳入行政事业编制人员以外的所有与社会组织建立劳动关系的人员。[①]

不同社会组织法规中对专职工作人员的要求有所不同：《社会团体登记管理条例》第十条规定："成立社会团体，应当具备下列条件：……（四）有与其业务活动相适应的专职工作人员。"《民办非企业单位登记管理暂行条例》第八条规定："申请登记民办非企业单位，应当具备下列条件：……（三）有与其业务活动相适应的从业人员。"《基金会登记管理条例》第八条规定："设立基金会，应当具备下列条件：……（三）有规范的名称、章程、组织机构以及与其开展活动相适应的专职工作人员。"

专职工作人员的素质是影响社会组织工作效率的一个非常重要的因素。他们如同在营利性组织中的职员一样，有专业特长，享有固定的工资收入，其主要职责是协助秘书长和秘书处下属部门的负责人工作，管理人事、财务

---

① 《民政部关于加强社会组织专职工作人员劳动合同管理的通知》（民发〔2011〕155号），2011年9月15日。

工作，开展人员培训和项目管理，对志愿者进行评估和监督等。

社会组织应依照《劳动合同法》的相关规定与专职工作人员订立、履行、变更、解除和终止劳动合同，并加强劳动合同的日常管理。按照《劳动合同法》有关劳动合同必备条款的规定，补充、完善现行劳动合同文本，与专职工作人员订立合法、有效的劳动合同，并依法履行、变更、解除和终止劳动合同。结合社会组织自身的特点，抓紧建立各项规章制度、劳动纪律及工作人员奖惩等配套措施，进一步规范劳动合同订立、变更、终止、解除程序，要加强劳动用工信息管理，认真收集整理、妥善保管专职工作人员的工资、休假、保险福利、奖惩、考核等各类资料，以实现劳动合同的精细化管理。

（二）兼职工作人员

专职工作人员与社会组织建立了劳动关系，签订了劳动合同，专职工作人员与组织之间的权利和义务是有法律保障的。与专职工作人员相对，兼职工作人员与社会组织之间没有类似于合同这样的限制，双方本着互惠互利的原则在一起工作，因此二者的关系长期若即若离，并不牢固。部分经费紧张或体制内色彩浓厚的社会组织大量雇用兼职工作人员，这些兼职工作人员通常由退休人员、学生、企业员工、公务员等组成。除劳动关系方面与专职工作人员有所区别外，其他区别不大。

（三）志愿者

志愿者是社会组织开展活动必不可少的执行者。志愿者参与社会组织的服务，承担了社会组织大量的工作，他们提供的无偿服务大大降低了社会组织的行政成本，是促进社会组织目标实现的重要力量。这也构成了社会组织区别于政府和企业的一个重要标志。近年来志愿者在我国社会中提供的服务越来越多，发挥的作用越来越突出。以2008年的"5·12"汶川大地震为例，志愿者发挥的作用有目共睹。地震发生之后，社会对于公益捐赠的资金总额以及志愿者队伍的规模都创下了历史新高，也正是基于此，国内诸多学者纷纷发言，将2008年称之为"中国的社会组织元年""志愿者元年"，这对于中国的志愿者队伍建设有着深远的历史意义，标志着中国的志愿服务发展到了一个新的阶段。据统计，2008年全国志愿者队伍的规模接近1亿人，其中，仅共青团、民政、红十字会三大系统，2008年共增加志愿者1472万人，年增长率达31.8%。而在2008年"5·12"汶川大地震中，共有300万余名志愿者参加了抗震救灾工作，其中外省进入四川的志愿者人数100万余人，省内志愿者约200万人。全国参与赈灾、募捐、搬运、照顾伤病员等志愿者服务的超过1000万人，其经济贡献约185亿元。此外，两亿的网民志愿者也为赈灾空前忙碌，捐资、捐物、捐骨髓、献血、献身、献爱心。[①] 面对"井喷"式的志愿者队伍和志愿精神的广泛发扬，社会对志愿者、志愿服务的认知度也在不断提升。根据民政部的统计，2015年全年我国有934.6万人次在社会服务领域提供了2700.7万小时的志愿服务[②]，志愿服务对社会的贡献可见一斑。在一些重大活动中，志愿者发挥了重要作用。例如，2014年的APEC会议期间，有2280名志愿者活跃期间，在迎送仪式、礼宾服务、餐饮服务、安保交通、场地保障、市政保障、综合服务等方面贡献了自己的力量。2016年G20杭州峰会期间，活跃在杭州各个角落的156万名志愿者，用他们的行动和微笑，向世界展示着中国城市文明新形象，向世界展示了一个谦和有礼、人文昌盛的"中国主场"。

社会组织的执行层成员团结在一起的核心不是得到合理的经济回报，而是认同社会组织的文化、价值观、使命和远景。对社会组织而言，志愿者是潜在的员工，志愿者在参与社会组织项目的过程中，通过与社会组织员工的接触、沟通和协调等，能够感受到社会组织的文化和使命，逐渐建立起对这种文化的认同，从而有可能在未来成为专职工作人员。

---

① 鹿雨：《5·12赈灾救灾中的志愿者服务》，载《中国青年报》2008年11月17日第2版。
② 《2015年社会服务发展统计公报》，见 http：//www.mca.gov.cn/article/zwgk/mzyw/201607/20160700001136.shtml。

二、执行层的主要职能

执行层顾名思义就是执行管理层各项计划、决策、部署的基层工作团队。其主要职责有关法规并未规定，也未见于社会组织章程示范文本，由各社会组织根据自身实际情况做出不同的岗位设计，其主要职能包括以下七个方面：

（一）落实计划

领导层决定社会组织发展的大政方针、重要决策，管理层负责制订落实这些方针政策的工作计划，执行层负责具体落实这些工作计划。在西方的各种管理学论述中，一直强调执行力的重要性。卓越的执行者，要根据外部环境的不断变化，不断调整自身策略，机动灵活地采取各种方法完成计划目标。同时要及时向管理层汇报工作进展，保证管理层掌握和调整计划。

（二）使用资源

社会组织的资源包括人力资源、资金资源、物资资源、人脉资源等。如何有效地综合使用好这些资源，达成工作目标，是对执行者能力和综合素质的考验。尤其是如何开展公益性项目，使用人力资源、资金资源等，每一份力量是否都用在受益对象身上，直接关系项目的成败以及社会组织的声誉。

（三）监督执行

社会组织的事务既可以内部直接处理，也可以交由协作单位处理。内部直接处理的事务，专职和兼职工作人员要督促自身和志愿者严格按照计划和标准执行，保证正确的发展方向和合理结果。交由外部处理的事务，也要督促协作单位严格按照计划和标准执行，确保事务的顺利完成。

（四）决策反馈

基层执行人员直接面对工作执行中的所有问题，由于许多外部因素和内部因素的变化导致无法顺利执行工作计划时，就需要及时向管理层反馈问题，由管理层调整计划进度、工作方法、计划目标等。如果有特别重大的调整，工作人员可以和管理人员一起出席理事会，汇报遇到的问题与困难，最终由理事会决定如何处理。提出合理化建议也是执行层一种较为成熟和规范化的组织内部沟通方法。主要作用是鼓励广大基层人员直接参与社会组织管理，可以大大激发工作人员的积极性和荣誉感，满足其成就感，促进其使命感，增强社会组织的整体凝聚力。

（五）维权服务

这里说的维权服务，包括对内和对外两个方面。对内包括对社会组织会员，以及对领导层和管理层，对外包括对受益对象、捐赠者、协作单位、新闻媒体、政府部门等。对于社会组织会员，要及时了解他们的需要，从资讯服务、资质审验、培训交流、下情上达、搭建平台等方面为他们做好服务。对社会组织领导层和管理层，要坚决执行其决策部署，日常工作中当好参谋助手，尽力解决琐碎的行政辅助事务。对外则要为受益对象和捐赠者服务好，同时对于协作单位、新闻媒体、政府部门等必须尽力提供必要的帮助，这有利于营造社会组织良好的外部发展环境，树立社会组织品牌。

（六）协调交流

协调交流，也包括对内和对外两个方面。对内执行团队和管理团队要协调一致，同步进取，共同营造创业干事的氛围，建立正面良性的组织文化。对外执行团队则要主动、随时和捐赠单位、合作伙伴、舆论媒介、业务主管单位、登记管理部门等保持良好的沟通和互动，方便开展工作。

（七）日常行政

日常行政管理包括组织会议、办公设备购买维护、档案印章管理、人力资源管理（包括招聘培养、劳动关系管理、购买"五险一金"、薪酬绩效管理等）、出差勤务等。虽然事务繁复琐碎，但对于社会组织的有效运作必不可少。

三、执行层之间的协调配合

执行层之间的协调配合机制对社会组织顺利完成工作目标，平稳健康发展发挥着基础性作用。在日常实践中，社会组织由于执行层之间的协调配合不顺畅而导致问题频发的案例并不鲜见。

（一）执行层之间的协调配合障碍存在的原因

1. 专业化的分工导致社会组织各部门工作目标的差异。分工的专业化是提高效率的有效途径，也是社会组织各部门进行划分的标准。社会组织的日常活动往往需要经过多个部门、环节的处理。虽然社会组织有整体上的目标，但划分到各个部门时，会因不同的侧重而致使目标的差异性。如部门之间由于绩效考核的不同产生目标的不同，会存在一定的矛盾性，成为部门之间沟通有效性的障碍。

2. 社会组织内部没有形成有效沟通的机制。社会组织内部的沟通缺乏一个平台，各部门之间的沟通大部分是临时性的、个人性的，而不是一种有规律的集体的行为，由于受到部门内部各项繁琐事务的牵绊，部门之间的沟通往往就不受到重视，容易产生一系列的问题，可以说，建立一个有效的沟通机制是克服沟通障碍的根本方法。

3. 沟通意识和沟通氛围的缺乏。社会组织的部门之间、甚至是在部门的内部，由于成员缺乏沟通的意识，从来不主动寻求沟通，比起与其他部门合作解决问题，更倾向于孤军奋战，而这种个人沟通意识上的缺乏往往造成社会组织整体上沟通氛围的缺失，从而不利于跨部门有效沟通的开展。

4. 沟通能力欠缺。在很多时候，遇到问题时，缺乏通过沟通来解决的观念，往往会搬出部门领导，甚至是秘书长来进行协调，绕了很大的圈子，导致沟通成本高昂。这就是由于工作人员沟通技巧、能力不足,并且不能换位思考造成的。当工作人员不了解其他部门的运作时,只从自身部门的角度考虑问题,一旦其他部门不配合就产生抱怨的情绪,由此更引发了沟通的障碍。

(二) 如何提高执行层协调配合的效率

1. 明确各部门的职责范围。分工在社会组织中是需要的,社会组织各部门职能的划分也是必须进行的。明确部门所属的职能范围,并分清楚哪些属于部门之间协作的范畴,从而更有针对性地解决问题,同时在部门之间形成合作的观念,而不是单单强调自己部门的重要性。

2. 有效整合各部门目标。社会组织各部门职能的划分致使其目标在整体上的不一致性,甚至会出现矛盾,这是由于部门利益、小团体利益的存在而产生的。由此,应该整合社会组织各部门各自为政的目标,在整体利益最大化的前提下,合理调整各个部门的目标,保证符合社会组织发展的大方向,达到各部门相协调的效果。同时改变相应的绩效考核的标准,与整体的目标相一致,不是在一个割裂的环境下制定绩效标准,从而达到部门之间有效的协调和协作,有利于沟通的顺利进行。

3. 改变绩效管理模式。将在社会组织各部门之间经常出现的一些协作性的问题,纳入考核中来,完善绩效考核的体系,从而有利于各个部门之间沟通的加强,协调问题的改善。

4. 建立信息共享机制。定期组织召开社会组织各部门之间的工作"碰头会",相互介绍工作情况,对重要信息、敏感事件、工作中的难点问题等等,及时进行沟通,便于各部门掌握各种信息,分享资源。同时在社会组织局域网上实行信息共享,进行全程工作监督。

5. 建立相互监督制约机制和责任追究制。要确保社会组织的正确运行,防止不滥用职权,就必须加强社会组织执行层的内部监督制约。只有内部监督制约发挥实效,才能解决不协调不配合问题。部门之间的相互监督制约,是内部监督制约的重要环节。在工作运行中,工作业务在不同环节有相互关联的部门,在加强协调的同时,要通过建立规范化的制度,细化流程,做到专职工作人员与兼职工作人员之间、工作人员与志愿者之间、部门与部门之间、社会组织内部与外部之间等前一个环节与后一个环节的相互监督制约。

对于社会组织的领导层、管理层和执行层来说，明白自己与其他方的任务和关系都是很重要的。理事长或者理事必须小心避免越过秘书长直接指挥工作人员。理事听到工作人员有意见时，要先与秘书长协商，保证秘书长有权管理社会组织的日常运作而不受干涉。任何理事，即使是理事长，在未经理事会允许的情况下不能单独行动，而理事长也只有一票决策权。即使是理事会执行委员会或常务委员会的决议，也要在下次全体理事大会上获得通过才真正有效。秘书长不能担任理事，也不能投票决策。但秘书长应该作为没有投票权的成员参加理事会会议。会议议程应由理事长和秘书长根据来自其他理事会负责人、各委员会主席以及管理团队的信息来拟定。讨论议题必须具体清晰地列出。在每次理事会会议上，秘书长都应该提供一份总结主要成就、突出重大问题的议题以及计划下一步行动的报告。如果有必要，经过秘书长和理事会同意，其他工作人员也可以参加理事会会议。理事有权查看组织的工作报告、项目评估、捐赠纪录以及财务预算。理事必须诚实地宣传社会组织的诚信度和透明度，这是理事必须做的工作。所有的理事和工作人员必须接受关于理事会任务和职责以及恰当的理事—工作人员关系的培训。理事会在政策、计划和监督方面必须担负责任，以确保组织及其项目的成功和良好管理。工作人员负责执行政策，并就组织的日常管理做出计划和决定。工作人员不能独自制定组织的规划和政策，理事也不能直接指导组织日常工作或干涉对工作人员的管理。

第二章　社会组织员工招录和劳动关系

一般人认为，人力资源管理中，招聘最容易：不外乎筛选简历、面试、通知来上班。而实际上，招聘或选才恰恰是最难的，招聘就像一场冒险、一场赌博。正如著名咨询公司盖洛普所说："选对人比培养人重要。"[①] 员工的招聘与录用工作是人力资源管理中最基础的工作。对于新兴的社会组织来说，员工的招聘就更为重要了。

第一节　员工招聘

人才的选拔和使用，是一个亘古不变的话题。从历史的角度来说，得人才者得天下，失人才者失天下。从这个意义上看，能否招聘选拔出合适的员工，使得社会组织拥有富有竞争力的人力资源，是一个组织兴衰存亡的关键。现代组织都在想方设法并不惜代价地吸收和留住有价值的人力资源——优秀人才。原美国通用电气公司首席执行官杰克·韦尔奇就深谙此道，他曾经说过，我们所能做的事就是以我们所挑选的人打赌，我的全部工作就是挑准人。

一、招聘的价值

社会组织通过制定人力资源规划，可以预测出人力资源的需求和供给量，

[①] 杨倩主编：《员工招聘》，西安交通大学出版社2006年版，第156页。

从而得出人力资源的供求平衡点，当需求大于供给的时候，就需要进行招聘。当社会组织的人力资源需要系统地扩大和补充时，就需要建立起一种招聘制度。通过招聘增加、维持和调整社会组织的总劳动力，保持人力资源需求的动态平衡，维持社会组织的生存和发展。这样通过进行人力资源需求规划，根据社会组织人力资源现状做好需求预测，有计划有步骤地进行人员招募，可以避免盲目招聘、被动招聘。

所谓招聘是指通过多种方法，把具有一定技巧、能力和其他特性的申请人吸引到企业或组织空缺岗位上的过程。招聘是组织与潜在的员工接触的第一步，是社会组织吸引应聘者并从中选拔、录用社会组织需要的人的过程，是社会组织获取人力资源最常用的方法，也是人们通过招聘环节了解组织，并最终决定是否愿意为其服务的途径。

招聘由两个相对独立的过程组成，一是招募，二是选拔聘用。招募是聘用的基础和前提，聘用是招募的目的。招募主要是以宣传来扩大影响，达到吸引人应聘的目的；而聘用则是使用各种选择方法和技术挑选合适员工的过程，就招募者而言，其使命就在于"让最合适的人在最恰当的时间位于最合适的位置，为组织做出最大的贡献"。因此，所谓有效招聘实际上是指组织或招聘者在适宜的时间范围内采取适宜的方式实现人、职位、组织三者的最佳匹配，以达到因事任人、人尽其才、人尽其用的互赢共生目标。

对于社会组织而言，尽管也有志愿者参与工作，但社会组织员工也是必不可少的。这是因为社会组织员工区别于企业、政府的人员，具有特殊性，他们总是积极主动，对工作充满热情，有良好的团队精神，并且有能力带领和引导志愿者从事各种公益慈善事业，在组织中起到核心和主导的作用。因此，社会组织也涉及人力资源开发与管理。

招聘处于人力资源管理价值链的前端：这意味着假如社会组织在招聘这一关犯了错误，将会在后期为这一错误付出巨大的代价。招聘几乎是每家企业或组织要日复一日，年复一年不断开展的工作。招聘一个人的成本，除了招聘广告发布的费用、面试官的时间成本、培训上岗的成本等能够计算出的成本外，还包括招聘失败导致的企业或组织核心信息流失、解雇员工产生的劳动仲裁纠纷、能力不适合岗位导致的工作耽搁等，这些成本和损失都是无法用金钱衡量的。

从这个意义上看，不能招聘与选拔好的员工是制约社会组织人力资源管理效率的瓶颈所在，能否按照社会组织的目标和业务要求在人力资源规划的指导下，根据工作描述，把优秀的、所需要的人才在合适的时候放在合适的岗位，是社会组织成败的关键之一。

总的来看，招聘旨在吸引一批候选人应聘空缺岗位，并运用科学的方法从中选择人才。招聘与选拔过程的主要目的是得到一个希望的结果：把合适的人安排到合适的位置上。而成功的招聘与选拔关键靠人力资源管理的任用决策。人力资源管理者在招聘时要谨记：员工招聘是长期投资而不是解决一时之需。社会组织的招聘工作需要张弛有度，要在合适的时间，划定合适的范围，通过合适的渠道，给出合适的信息，投入合适的成本，圈定合适的人选。招聘工作对社会组织的发展，在诸多层面都有着重要的意义。有效的招聘可以较好地控制人才流失。根据近来对企业的研究显示，几乎80%的员工流失与招聘阶段的失误有关，主要是流失员工不能适应机构的组织文化。① 招聘工作的有效实施，不仅是社会组织发展中的人力资源管理的重要组成部分，而且对于整个机构都具有非常重要的作用。这是因为招聘工作决定了社会组织能否吸纳到优秀的人力资源；招聘工作影响着人员的流动；招聘工作影响着人力资源管理的费用；招聘工作还是社会组织面向社会进行对外宣传的一条有效途径。因此，社会组织应重视招聘工作，从事先评估、寻找招聘渠道，到招聘过程中的具体选拔，都应做好准备，发现人才、吸引人才、留住人才，为社会组织健康发展服务。

二、招聘的渠道

招聘渠道是社会组织招聘行为的必备要素之一，尤其在现阶段，社会组

---

① 戴鹏、陈艳：《保留优秀员工的整合策略模型》，载《中国人力资源开发》2001年第10期。

织人才市场的发展还不充分，专门针对社会组织量身打造的招聘渠道有限，故而也需要借鉴市场化的招聘渠道。为此，社会组织更加需要充分研究恰当的招聘渠道，推进招聘工作的展开。

《2014中国公益行业人才发展现状调查报告》表明，80.3%的公益组织管理者认为招募到满意员工的难度很大，因为"符合岗位需求的人才太少"而导致的招募困难占33.6%。[①] 因此，开辟适合的招聘渠道事关社会组织的招聘工作是否可以顺利展开。

招聘渠道是获取职位候选人的途径。一般来说，招聘渠道按照招聘人员来源方式不同可分为内部招聘渠道和外部招聘渠道。所谓内部招聘就是当社会组织出现空缺的位置时，主要通过提拔内部员工来解决招聘问题。外部招聘则主要是吸收外部新鲜血液来解决招聘问题。内部招聘与外部招聘各有利弊，两者基本上是互补的。但当内部求职者和外部求职者具有相同资历时，内部求职者将被优先录用。

在每一类招聘渠道中，又有不同的细分渠道。不同的招聘渠道能够满足社会组织对人才的不同需要，社会组织在招聘的过程中应具体问题具体分析，根据社会组织的需要来确定招聘渠道。从这个意义上看，无论企业还是社会组织都需要适时采用适合自己的招聘渠道。

（一）内部招聘

社会组织进行内部招聘就是将职位空缺向员工公布并鼓励员工竞争上岗。进行内部招聘有助于增强员工的流动性，同时由于员工可以通过竞聘得到晋升或者换岗，因此这也是一种有效的激励手段，可以提高员工的满意度，留住人才。调查显示，90.5%公益行业从业者表示，未来一年愿意继续服务本机构。[②] 因此，内部招聘将有效地激励员工进取。从内部招聘渠道来看，主要

[①] 南都公益基金会、壹基金、阿拉善SEE等8家机构联合零点研究咨询集团：《2014中国公益行业人才发展现状调查报告（发布版）》，深圳，2014年9月22日。

[②] 南都公益基金会、壹基金、阿拉善SEE等8家机构联合零点研究咨询集团：《2014中国公益行业人才发展现状调查报告（发布版）》，深圳，2014年9月22日。

包括内部公开招聘、提拔晋升、工作调换、重新聘用、推荐。

内部公开招聘就是在社会组织内部发布招聘广告，发布广告的目的是展示现有职位空缺，邀请社会组织所有符合条件的员工申请。这种方法的优点是让各类员工都知道岗位空缺，发现可能被忽视和埋没的人才，鼓励员工对自己的职业发展负责。这种方法还符合现代管理倡导的开放交流、平等竞争的潮流。社会组织可以利用内部电视、电子邮件、社会组织主页、海报等发布招聘广告。招聘广告中的内容应包括空缺岗位名称、工作说明、待遇条件、任职资格等。在运用这种方法时需要注意要尽可能通知到所有人。

提拔晋升就是选择可以胜任这项空缺工作的优秀人员，这种做法给员工以升职的机会，会使员工感到有希望、有发展的机会，对于激励员工非常有利。内部提拔的人员对社会组织的业务工作比较熟悉，能够较快适应新的工作。然而内部提拔也有一定的不利之处，如内部提拔的人不一定是最优秀的，即使提拔的过程中保持绝对的公正，也很难让所有人赞成某人的提升。因此，许多社会组织在出现职务空缺后往往从内部和外部同时寻找合适的人选。

工作调换是在内部寻找合适人选的一种基本方法。这样做的目的是填补空缺，但实际上它还起到许多其他作用。如可以便于内部员工了解社会组织内其他部门的工作，与更多的人员有较深的接触、了解。这一方面有利于员工今后的提拔，另一方面可以使上级对下级的能力有更进一步的了解，也能为今后的工作安排做好准备。

由于某些原因，有些社会组织会有一批在册而不在位的正式员工，如下岗人员、长期休假人员。还有一些已在其他地方工作但关系还在社会组织的人员，如停薪留职人员等，在这些人员中有的恰好是内部空缺需要的，他们中有的人素质较好，对这些人员的重聘会使他们有再为社会组织效力的机会。另外，社会组织使用这些人员可以使他们尽快上岗，同时减少了培训等方面的费用。因此重新聘用也是在人员短缺时可以使用的一种办法。这种方法一般在当某个社会组织在某一段时间内因为市场原因不得不采取下岗的形式裁减人员，当市场转好时人员出现短缺时使用，把下岗的员工召回可以立即获得有效的劳动力。

社会组织还可以通过可靠的信源推荐合适人才来应聘本机构的职位,这种招聘方式最大的优点是招聘方和应聘者双方掌握的信息较为对称。介绍人会将应聘者真实的情况向社会组织介绍,并以其信用担保。同时应聘者也可以通过介绍人了解社会组织各方面的内部情况,从而做出理性选择。但采用该渠道时也应注意一些负面影响,过多的推荐可能导致社会组织内部员工或中高层领导为了栽培个人的势力,在重要岗位安排自己的亲信,形成小团体,这会影响社会组织正常的治理、组织架构、运作和组织文化,甚至危及社会组织的公信力。

一般来说,内部招聘的人才对社会组织和工作模式已经比较了解,因此可以较快进入新角色,不需要公司大量的培训成本。但是这种方式也有一定的缺点,如果社会组织过多地使用内部招聘,社会组织将缺乏新观点、新视角的加入,员工存在一定的思维惯性,缺少活力,很可能会产生一些利益小团体。

(二)外部招聘

由于内部招聘只是局限在社会组织的老员工中,社会组织还需要进行外部招聘来实现新员工的流入。我们常见的外部招聘渠道有现场招聘、网络招聘、校园招聘、传统媒体广告、人才介绍机构和猎头公司等。

1. 现场招聘

现场招聘是最为直接的招聘方式,集成了信息发布、简历收集、深度沟通、初步面试、达成意向等功能。随着我国人力资源要素市场的发展,市场作为人力资源配置的主渠道作用日益明显,现场招聘规模越来越大,市场也更加细分,行业专场、职位专场、学历专场、就业区域专场、企业专场等具有针对性的办会方式,越来越受到用人单位和求职者的欢迎。

现场招聘的特点是社会组织和人才通过第三方提供的场地,直接进行面对面对话,现场完成招聘面试。现场招聘一般包括招聘会及人才市场两种方式。

招聘会为短期集中式活动,一般由各种政府及人才介绍机构发起和组织,较为正规，通过毕业时间、学历层次、知识结构、专业需求等要素区分，社会组织可以选择适合的场次设置招聘摊位进行招聘。招聘会与人才市场相似，但人才市场是长期分散式的，同时地点也相对固定。因此对于一些需要进行长期招聘的职位，社会组织可以选择人才市场这种招聘渠道。

现场招聘的方式可以节省社会组织初次筛选简历的时间成本，同时简历的有效性也较高，而且相比其他方式，它所需的费用较少。现场招聘也有一定的局限性：地域性限制大，一般只能吸引到所在城市及周边地区的应聘者；组织单位的宣传力度以及组织形式会对招聘效果有明显影响。

2. 网络招聘

网站招聘突破了人力资源供求双方对接空间和时间上的限制，搭建了在更大的区域范围内进行供求配置的平台，是效率较高、使用便利的主流招聘渠道。微信、微博、飞信等新的信息传播方式的出现，则给社会组织招聘带来了新的体验。网络招聘是目前社会组织最为常用的一种招聘形式，社会组织在网上发布招聘信息，随后进行简历筛选、笔试、面试。社会组织通常采用两种渠道进行网络招聘：一是在社会组织自身网站上发布招聘信息，搭建招聘系统。二是与专业招聘网站合作，包括市场化的招聘渠道，如中华英才网、前程无忧、智联招聘等；也有社会组织的专业招聘渠道，如搜狐公益网、中国发展简报官网等。社会组织通过这些渠道发布招聘信息，利用各种网站已有的系统进行招聘活动。以下是一个网络招聘的例子。

中国发展简报官网（http：//www.chinadevelopmentbrief.org.cn/hire-10729.html）

招聘职位：品牌发展官员

招聘人数：1人

发布日期：2014年10月8日

工作地点：北京

截止日期：2014年11月30日

工作经验：无经验

工作领域：社工

学历要求：本科

职位级别：初级

月薪收入：面议

以下为岗位描述：

工作职责：围绕机构品牌形象的提升与传播、促进筹资活动的顺利开展进行线上线下活动的策划与执行。

主要工作内容：活动主题、内容的策划与开发；活动文案的创意、撰写；组织线上线下各类活动，协调机构内部人员及外部资源共同达成活动目标；全程跟进活动，对进程节点进行跟踪、调整，并进行总结。

对内联络：北京新阳光慈善基金会员工、实习生及志愿者。

对外联络：捐款人、政府、资助型基金会、企业等既有的和潜在的支持者、合作方；媒体、第三方服务机构。

资历和要求：认同本机构的宗旨和愿景，愿意投身公共服务事业，乐于帮助他人；具有较强的创意与策划能力；知识面广，有好奇心，有持续学习的兴趣和能力，有创造力，具有良好的沟通交流能力，有建立人际网络的能力，具有较强的计划和统筹协调能力，能够多任务工作，有英文沟通的能力，读写优秀，听说熟练，英语四级，本科以上。

个人陈述：请提交一份500字以内的个人陈述。

薪酬和福利：我们根据应聘者的学历、经验、能力、岗位、绩效等，提供公益组织领域内有竞争力的薪酬。

第一年起每年15个工作日带薪休假（加前后相连的周末最长可达23天），五年后每年一个月（20个工作日）带薪休假。

有意应聘者请将简历和个人陈述发送到 hr#isun.org，（发送邮件时请将#替换为@），E-mail 主题设定为"姓名＋应聘职位＋招聘来自发展简报"。

网络招聘不受地域限制，受众广，覆盖面大，费用低，而且时效较长，可以在较短时间内获取大量的应聘者信息。对于社会组织而言，面向市场化招聘网站投放招聘信息，可以更广泛地扩大吸纳人才的范围，帮助机构多元化的发展，同时，也需要增加排除虚假信息和无用信息的成本，对简历筛选的要求比较高。而社会组织的专业招聘渠道则集中了大量业内的人才，或者在理念上与社会组织更加匹配的求职者，有助于提高招聘工作的效率。目前公益行业中较为专业的社会组织人才网络招聘渠道，是中国发展简报官方网站的"NGO招聘"栏目，可以为社会组织寻觅人才节约大量的成本。

针对目前国内社会组织的发展情况，网络招聘兼具成本低、见效快、传播效果好的各种优点，可以针对不同层次的人才进行招募，是一个非常重要的招聘渠道。而由于目前新媒体的快速发展，社会组织官方微信和官方微博、社会组织中高层的个人微信和微博、贴吧等形式都可根据机构的特点灵活运用起来，充分调用渠道为机构人才招聘和发展助力。

从社会组织员工招聘的特殊性来看，我国高校目前还没有开设劝募师这一专业，更无从事劝募师行业的资格考试，国外在这一方面却比较完善。而网络招聘正好弥补了社会组织在招聘上的劣势，社会组织通过网络可以招聘到外籍专业人才，或从国外留学归来且在这些方面有能力或突出贡献的人才。因此，网络招聘渠道具有其他渠道所不具备的优势，那就是社会组织通过网络招聘，可以让更多的潜在员工通过网络了解各类社会组织的招聘情况，这样在招聘途径和范围上更加广泛，有利于招到各种类型的人才，这将在一定程度上避免社会组织招不到合适的专业人才的难题。

3. 校园招聘

校园招聘是比较传统的一种招聘渠道，社会组织到学校张贴海报，举行宣讲会，吸引即将毕业的学生前来应聘，对于部分优秀的学生，可以由学校推荐，对于一些较为特殊的职位，也可通过学校委托培养后，社会组织直接录用。通过校园招聘的学生可塑性较强，但是学生大多没有实际工作经验，且不少学生由于刚步入社会，对自己定位还不清楚，需要相应的匹配度培训与人力资源管理体系，否则会导致较高的流失率。

目前北京师范大学、北京师范大学珠海分校、中国人民大学、北京大学、中山大学、首都师范大学等校的相关学位点相继开办了与公益相关的专业，可供社会组织更好地选择人才。全国有300多家公共管理硕士（MPA）教学点，大多开有社会组织管理方向的课程，有些毕业生成为社会组织招聘的对象。北京社会管理职业学院2014年第一批社会组织管理大专生毕业，这是全国第一家将社会组织管理设为专业的高等院校。近年来，社工组织蓬勃发展，目前全国有200多所高校开设社会工作专业，每年培养的社工人才约有1万人，其中来自中国青年政治学院、中华女子学院、首都师范大学、北京工业大学等院校毕业的学生在社会组织中比较常见。

4. 传统媒体广告

在报纸杂志、电视和电台等载体上刊登、播放招聘信息受众面广，收效快，过程简单，一般会收到较多的应聘资料，同时也对社会组织起了一定的宣传作用。通过这一渠道应聘的人员分布广泛，但高级人才很少采用这种求职方式，所以招聘公司中基层和技术职位的员工时比较适用。该渠道的效果同样会受到广告载体的影响力、覆盖面、时效性的影响，适合较初级的职位，由于费用较高、读者分散等原因，对于社会组织而言效率不高。

5. 人才介绍机构和猎头公司

这种机构一方面为社会组织寻找人才，另一方面也帮助人才找到合适的雇主。人才介绍机构一般包括针对中低端人才的职业介绍机构以及针对高端人才的猎头公司。招聘高级职位使用猎头方式招聘最为便捷，社会组织把招聘需求提交给人才介绍机构，后者根据自身掌握的资源和信息寻找和考核人才，并将合适的人员推荐给社会组织。但是这种方式所需的费用也相对较高，猎头公司一般会收取人才年薪的20%—30%作为猎头费用。目前已经有专业猎头公司设立公益慈善部门，其客户往往是国际基金会、国内非公募基金会、跨国公司企业社会责任部门等，迄今成交量极少，但是有一定潜力。

（三）招聘渠道的简要比较

从以上我们可以看出，每个招聘渠道各有利弊。而社会组织要评判一个好的招聘渠道，应该从这三个方面入手：招聘渠道的目的性，选择的招聘渠道是否能够满足招聘的要求；招聘渠道的经济性，在招聘到最匹配人员的情况下控制招聘活动的支出；招聘渠道的可行性，指选择的招聘渠道符合现实情况，具有可操作性。

社会人才招聘渠道同样是社会组织的招聘渠道，但不同的是，区别于企业，社会组织的资金是有限的，这就决定了社会组织不得不根据自身特点广开渠道来招揽各类公益人才。社会组织招聘渠道的特殊性一方面体现在社会组织可以通过组织的各种志愿者活动来招聘人才，尽管这些志愿者不是社会组织的员工，但是他们相对于其他应聘者来说，有一定的工作基础，能很快熟悉业务并减少培训费，在志愿者中招人有利于社会组织的发展；另一方面体现在社会组织的志愿者居多，可以在各种大型的公益活动中发掘人才，例如参加2008年北京奥运会的大学生志愿者就是典型。

三、招聘工作流程

招聘工作流程，一般由社会组织的人力资源部门制定，主要目的是规范社会组织的人员招聘行为，保障社会组织及招聘人员权益，包括招聘计划、招聘、应聘、面试、录用等不同方面。

（一）流程的具体步骤

人员选拔和聘用工作是一个复杂、系统而又连续的程序化操作过程。从广义上讲，人员招聘包括招聘准备、招聘实施和招聘评估三个阶段；狭义上的招聘仅指招聘实施阶段，其中主要包括招募、人员测评、录用三个具体步骤。广义的招聘流程则可包括准备、实施和评估等多个阶段。

招聘准备阶段包括招聘需求分析；明确招聘工作特征和要求；确定招聘计划和策略；明确招聘工作的组织和执行者各自的分工。招聘实施阶段包括选择招聘途径；确定人员测评方法；确定人员录用决策，签订试用合同，下发录用通知或辞谢通知。招聘评估阶段包括发现问题、分析原因、寻求对策，及时调整计划，总结经验教训。一是通过对照招聘计划，对实际招聘录用的结果评价总结，主要从数量和质量方面进行考察；二是评估招聘工作的效率，主要从时间效率和经济效益即招聘费用方面进行考察。

完善的招聘工作流程复杂漫长，为简明起见，下面列出招聘最基本的工作流程：

1. 用人部门提出申请，根据社会组织年度预算与工作计划，部门经理向人事部门提出所需人数、岗位、要求，并解释理由；
2. 人力资源部门复核，由最高管理层审核招聘计划；
3. 人事部根据部门递交的需求人员申请单，确定招聘的职位名称和所需的名额；
4. 列出对应聘人员的基本要求，即资格及条件限制；
5. 所有招聘的职位的基本工资和预算工资的核定；
6. 准备宣传资料，申请办理日期；
7. 确定并对接合适的招聘渠道，安排面试时间、场地和面试方式；
8. 最终确定人员，办理试用期入职手续；
9. 签订合同并建立人员人事档案。

根据以上工作流程，社会组织可以再进一步细化每一个招聘流程的具体标准。

（二）确定招聘需求

当部门有员工离职、工作量增加等出现空缺岗位需增补人员时，可向人力资源部申请领取《人员增补申请单》。

《人员增补申请单》必须包括增补原由、增补岗位任职资格条件、增补人员工作内容等，任职资格必须参照《岗位描述》来写。填好后的《人员增补申请单》必须经用人部门主管的签批后上报人力资源部。人力资源部接到部门《人员增补申请单》后，核查各部门人力资源配置情况，检查组织现有人才储备情况，决定是否从内部调动解决人员需求。

若内部调动不能满足岗位空缺需求，人力资源部将把社会组织总的人员补充计划上报机构最高管理层，如秘书长，取得其批准后人力资源部进行外部招聘。

示例：

人员增补申请表

填单： 年 月 日

申请部门		增补职位		增补名额	人
岗位编制： 人	岗位现有： 人				
申请增补理由	□扩大编制 □储备人力 □辞职补充 □临时用工 □其他			希望到职 日期	
任职资历条件					
学历		专业		其他	
增补原因					
具备技能					
工作职责					
申请部门意见					
人力资源部意见					
秘书长意见					

（三）招聘准备

要做好招聘准备，首先应依据《岗位描述》确定招聘各岗位的基本资格条件和工作要求，若社会组织现有的岗位描述不能满足需要，要依据工作需要确定、更新、补充新岗位的《岗位描述》。其次，应根据招聘人员的资格条件、工作要求和招聘数量，结合人才市场情况，确定选择最合适的招聘渠道。

根据招聘需求，人力资源部应准备以下材料：（1）招聘广告，包括招聘岗位、对应聘人员的资质要求、应聘方式、截止时间、招聘地点以及进入面试后或现场招聘时需携带的材料和其他注意事项。（2）社会组织简介。（3）《应聘人员登记表》《员工应聘表》《复试、笔试通知单》《复审通知单》《面试评价表》《辞谢函》，面试准备的问题及笔试试卷等。

需要提醒注意的是，2006年1月12日，我国政府正式批准了《1958年消除就业和职业歧视公约》，这是我国在消除就业和职业歧视方面的国际承诺。我国2008年1月1日起施行的《中华人民共和国就业促进法》中也专门就禁止就业歧视做了相关规定。社会组织作为社会发展中最为敏锐和前沿的行列，更需要对就业职业歧视问题高度敏感。关于歧视的定义，国际劳工组织认为："任何根据种族、肤色、性别、宗教、政治观点、民族、血统或社会出身所作的区别，排斥或优惠；其结果是取消或有损于在就业或职业上的机会均等或待遇平等，从而构成歧视。"[①]

社会组织的使命往往是推动平等、公正的社会发展，组织文化也多强调民主、平等、多元、和谐。当前绝大多数公众对于就业和职业歧视问题不敏感，但是社会组织的管理层及人力资源部门必须尤其重视该问题，在发布招聘信息的阶段，就要避免违反就业和职业歧视的语言和做法。

目前招聘信息引发的歧视问题中，最常见的问题有户籍歧视、性别歧视、

---

① 《全国人民代表大会常务委员会关于批准〈1958年消除就业和职业歧视公约〉的决定》（2005年8月28日通过），载《中国劳动保障报》2005年10月1日第2版。

地域歧视、健康歧视、年龄歧视、身高歧视、婚育状况歧视等。广东省教育厅特别要求校园招聘活动中严禁设置性别、民族等条件，严禁以毕业院校、年龄、户籍等作为限制性要求，严禁以传染病源携带者为由拒绝录用，坚决反对任何形式的就业歧视。

2014年8月11日，国内首例户籍就业歧视案达成调解协议，安徽女孩江亚萍因不是南京户籍无法报考南京市人社局工作人员，最终经过法院调解，南京市鼓楼人力资源服务中心向江亚萍支付11000元作为赔偿。该案例提醒各社会组织用人单位，应积极学习反就业和职业歧视的相关知识与动态，避免违反国际公约和我国的法律规定。

社会组织管理者和人力资源部门负责人应当在招聘流程阶段严格把关，招揽优秀人才的同时，积极遵守反就业和职业歧视的相关规定。

四、选拔

（一）人员选拔

人员选拔就是从招聘来的应聘者群体中挑选出那些可以提供给他们工作职位的对象的过程。通过人员招募阶段的工作，社会组织利用各种渠道发现了岗位候选人，但这并不意味着社会组织就得到了适合的员工，为了保证能够招聘到真正需要的人才，必须对候选人进行评价和甄选，这是招聘工作中极为关键的一步，也是技术性和操作性最强的一步，需要有较高的技巧和实际经验。

随着社会的发展，招聘中的评价甄选活动也越来越超越主观判断，引入了科学客观的评价方法。目前最前沿的选拔机制综合利用心理学、管理学和人才学等学科的理论、方法和技术，在选拔阶段即有预见性地对候选人的任职资格和工作匹配度进行系统的、客观的测量并做出判断，从而做出更精确的录用决策。通过对候选人的工作相关的知识储备和技能、能力水平及倾向、个性特点和行为特征、职业发展取向、工作经验等，确定其任职资格和对工作的胜任程度，包括未来在社会组织发展中所扮演的角色。

通过对候选人的评价甄选，社会组织可以找到最适合职位要求和机构发展需要的人，也就有效降低了可能聘用不合适的人员对组织发展带来的风险。即便因各种因素限制，如工资待遇偏低而无法招聘到最匹配的员工，通过评价甄选活动可以有利于人员的合理安排，判断候选人各方面素质指标上的高低，安排工作时可以扬长避短，设定适宜的工作岗位和职责，将个人的特点与职位要求结合起来，做到人尽其才。

（二）选拔流程

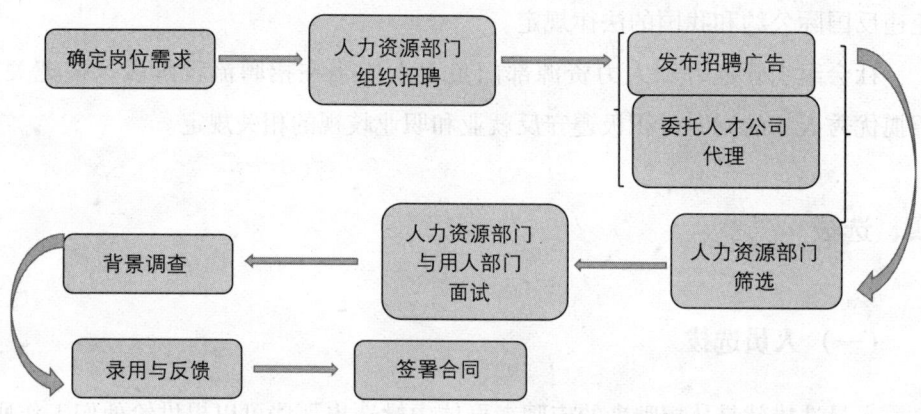

人员评价甄选是一个复杂的过程，选拔的质量取决于该过程中每一步工作的质量，因此社会组织管理者必须做好每一步工作，选择最恰当的方法使每一步工作更加富有成效。

候选人的评价可分为初选和复选两个阶段。初选一般由人力资源部负责，主要初步筛选候选人背景和资格，针对求职者的应聘资料进行挑选，确定复选的名单。资格审查是对求职者是否符合职位的基本要求的一种审查。最初的资格审查是人力资源部门通过审阅求职者的履历信息进行的。

作为一种人员选拔的方式，履历信息是最为基础的判定资料。履历以个体的发展历程为基础，记录了应聘者学习成长和工作的经历，过往所做的选择。人类的行为、态度和价值观大体上具有一致性，过去和现在的经历塑造了现在的行为模式、态度和价值观，对过去生活中这些因素的测量可帮助机构预测其未来的经历。履历信息也可以测量社交性和抱负,在一定程度上能预测其未来工作绩效。因此,选拔阶段可通过以往生活经验中的履历信息来做出判断。由于社会组织致力于公共服务的特性,其用人往往非常重视以往和当下的志愿工作经历。在社会组织中,从志愿者发展为正式员工的情况相当多见。履历信息审核后,人力资源部门再将符合要求的求职者人员名单与资料移交用人部门,由用人部门进行复试筛选。筛选阶段也应考虑到履历信息并不全面客观,决策者的个人经验和主观判断会带有一定的盲目性。因此,在时间和成本允许的情况下应尽可能让更多的人员参加复试。

复选包括面试、笔试、人格测试等素质测评。最后根据测评过程中的情况进行决策,随后安排录用及体检。

复选阶段由人力资源部门和用人部门共同合作完成,其中用人部门为主导部门。在现代人力资源管理理念下,在人员评价甄选过程中,人力资源部门一般只发挥服务、辅助的功能,用人部门则发挥最关键的决策与主导作用。人力资源部门重点确定应聘人员是否满足基本要求,而用人部门需要确定应聘人员是否符合要求,应聘者的个性、兴趣、能力与组织和部门的特性和要求是否匹配,个人与组织能否共同发展。

在复选阶段面试是最常用的人员选拔方式,它是一种在不同工作、组织和文化中都通用的方法。除申请者本人的客观任职资格外,多方面的社会因素都将影响面试的结果。面试通过主试和被试双方面对面地观察、交谈等双向沟通方式,了解应聘者素质状况、能力特征及求职应聘动机。通过面试可以直观、灵活、深入地了解到笔试和人事档案资料中所看不到的信息,不仅可以评价出应聘者的知识水平,还能反映出应聘者的能力、才智以及个性、职业倾向等心理素质。因此,面试是人员评价甄选的一种十分重要的技术。当然,面试也存在随意性较强、实施过程主观因素较大、评分客观性和一致性较差等缺点,因此,对主考官的要求较高,一般需要经过特别训练并富有实际操作经验的人士担任,否则会使面试效果大打折扣。用人单位通过面试环节需要解决的对应聘者的疑问有:是否和岗位相符;是否和组织相配;是否对职位感兴趣;身份是否属实;学历、培训经历是否属实;工作经历是否属实；职务范围是否属实；业绩如何；离职原因是什么；当前薪酬水平如何。面试的分类方式具有多样性。

第一，从效果来看，可分为初步面试和诊断面试。初步面试重在筛人，诊断面试意在选人。初步面试的目的在于增进用人单位与应聘者的相互了解，其形式相对简单，往往由人力资源部门中负责招聘的人员主持。在这个过程中应聘者对其书面材料进行补充（如对技能、经历等进行说明），组织对其求职动机进行了解，并向应聘者介绍组织情况、解释职位招募的原因及要求。诊断面试则是对经初步面试筛选合格的应聘者进行实际能力与潜力的测试，目的在于使招聘组织与应聘者双方互相补充更多的信息，如应聘者的口头与书面表达能力、社会交往能力、应变能力、思维能力等。诊断面试通常由用人部门与人力资源部门共同参与，并最终做出录用决策。

第二，从参与面试的人员组成来划分，面试可分为个别面试、小组面试、集体面试与流水式面试。个别面试是一对一的面试，有利于双方深入了解，但局限在于面试官的主观偏见会干扰面试结果。小组面试是多位面试官对一位求职者，可通过综合意见提高面试结果的准确性，克服个体的主观偏见。集体面试是多位面试官对多位求职者，通常由主考官提出问题后，求职者集体讨论回答，面试官可从中观察、比较求职者各个方面的能力。集体面试的效率较高，但对面试主考官的素质要求也高，并且要求每位主考官在面试前对每位求职者的情况要大致了解。流水式面试是每一个求职者按次序分别被几个主考官面试，面试结束后，各主考官聚集在一起，共同汇总，交换意见。这种方法能对求职者各个方面加以全面考验，具有较强的优越性。

第三，根据测评目的分类，可分为压力面试与评估性面试。压力面试往往给应聘者一个意想不到的问题，或者置于一种不舒适的环境中以考察他对压力的承受能力，常常用于招聘需要做出应急反应的岗位，如社会组织中的高级管理人员、传播官员、筹资官员等。而评估性面试主要用于评估工作业绩。大部分面试的过程都包括五个阶段：营造氛围阶段、导入阶段、核心阶段、确认阶段、结束阶段，每个阶段都有各自不同的主要任务，在不同阶段对话的问题也各不相同。

营造氛围阶段的主要任务是主考官要为应聘者创造一个轻松、友好的氛围。轻松、友好的氛围将有助于应聘者放松并进入更自然的状态，在后面的面试过程中更加开放地沟通。这部分可以讨论一些与工作无关的问题，比如天气、交通状况。

在导入阶段，主考官首先要问一些应聘者一般有所准备的比较熟悉的题目，以缓解应聘者依然有点紧张的情绪。这些问题一般包括让应聘者介绍一下自己的经历、介绍自己的过去工作和成绩等。这一阶段所问的问题一般比较宽泛，使得应聘者有较大的自由度，另外也为后面的提问做准备。在这一阶段，最适用的面试题目是开放性的题目，例如，"请你介绍一下你的工作经历""请你介绍一下你在社会组织工作方面的主要工作经验"等。

核心阶段是整个面试中最为重要的阶段。在核心阶段，主考官将着重收集关于应聘者核心工作能力的信息。应聘者将被要求讲述一些关于核心竞争力和工作能力的案例，主考官将基于这些事实做出基本的判断，对应聘者的各项关键工作能力做出评价，并主要依据这一阶段的信息，在面试结束后对应聘者做出是否录用的决定。

在确认阶段，主考官进一步对核心阶段所获得的对应聘者关键工作能力的判断进行确认。这一阶段也同样建议使用开放性的问题。因为如果使用过多的封闭性问题，应聘者会倾向于揣摩主考官希望听到的答案。在这个阶段的典型问题有："刚才我们已经讨论了几个具体的实例，那么现在你能不能清楚地概括一下你设计一个新的公益项目的程序是怎样的？"

在结束阶段，主考官回顾检查自己是否遗漏了关于那些关键工作能力的问题，并加以追问。而应聘者也可以借这个最后的机会来推销自己，表现出组织所关注的关键能力部分。同时基于当前大多数社会组织的待遇往往与其付出不完全匹配，也可以就未来的薪资待遇和发展机会交换意见。

面试结束后，人力资源部门和用人部门根据面试记录表对应聘者进行评估。

（三）人才素质测评

对于绝大多数社会组织而言，面试所投入的资源是各家机构相对可以接受的。但对于发展中的社会组织而言，同样需要衡量在人员招聘中的投入与产出，由于其发展的历史不够长，工作人员平均年龄较小，从业时间较短，通过面试选定合适的新员工固然投入较少，但通过完全依赖主考官能力的面试模式做出的决策结果也不足够客观。随着人才素质测评技术的发展，已经有一些可以借鉴的成熟模块，能够较为便捷和客观地评价应聘者的素质，为选择合适的应聘者做出更科学和客观的参考。

目前的人才素质测评包括了心理学、社会学、统计学、行为科学等先进的科学方法，对社会各类人才的知识水平、能力及其倾向、工作技能、个性特征和发展潜力，科学全面地评鉴。人才测评方法的研究不断深入，成为在面试基础上进一步对应聘者进行了解的有效工具，社会组织通过人才素质测评，可以用较为客观的手段验证应聘者的能力和潜力，避免应聘资料中形成的一些不实印象干扰，提高录用决策的准确性。

一般而言，人才素质测评分为智能测评和心理测评。智能测试包括智力测试、技能测试、专业知识测试和情境演练法等。

智力测试是对应聘者的数字和言语能力进行测试，主要通过词汇、图形、算术计算等类型的问题来进行。但智力并不是一个单一结构现象，智力的其他维度也值得我们考虑。斯滕伯格就提出了智力的三元理论，即智力的测量可分为学业智力、实践智力和创造性智力。其中，学业智力即上文提到的数字和言语能力测验；实践智力，指的是日常生活所需但与学业智力无高度关联的智力；创造性智力，指个体创造出既新颖（原创的、意料之外的）又合适（有用的）的成果的能力，这种智力类型在写作、艺术和广告业中十分重要。斯滕伯格相信，视我们的职业而定，这三种智力类型也许对个体终身学习和成功而言都是必需的。

技能测试是对特定职位所要求的特定技能进行的测试，其内容因岗位需求的不同而不同，如会计人员要有财会能力，助理岗位要有快速打字、记录和公文起草能力，紧急灾害救援队员要有良好的身体素质和急救知识等。技能测试有多种形式，可进行现场测试，也可验证应聘者已获得的各种能力证书。

专业知识测试也是对特定职位所要求的特定知识的测试，类似于技能测试，因为岗位的不同而不同。同样，各种能力证书既是对能力的证明，也是对专业知识掌握情况的承认。

情境演练法，即给求职者描述工作内容，然后要求其回答他们将如何处理，主要用于管理人员和专业岗位的招聘。情境演练法包含一系列评估问题解决能力的测验，如公文筐测验和无领导小组讨论。公文筐测验要求申请者分类整理公文筐中的公文，公文内容包括精心设计的信函、便签和简报等类似文件，这些文件都要求申请者立即处理。申请者需浏览公文筐中的内容，然后采取适当的行动解决问题，如打电话、回信或召开会议。无领导小组讨论，则指由一组申请者（通常2—8人）参与一项与工作有关的讨论，这一过程中主试不指定发言人或小组领导。评分者依据这几个维度评估每一位申请者，如个人突出性、小组目标达成性以及社交性等，申请者在这些维度上的得分将作为是否聘用的依据。

上述智能测试主要针对应聘者的现有能力进行测试，而心理测评则聚焦于对应聘者潜力的测试。心理测评在人员选拔上的运用由来已久，编制良好的心理测评因较高的可信度、客观标准等特点而受到普遍欢迎。心理测评在国外应用广泛，我国目前还在逐步引入这种工作方法。心理测评一般主要包括职业人格评估测试、情商测试、人格测评、价值观测试等。

近年来，与职业人格相关最为盛行的测评工具，当属MBTI职业性格测试。在世界五百强的企业中，有80%的企业有MBTI的应用经验。MBTI测评工具的开发，源自20世纪40年代美国一对母女伊莎贝尔·迈尔斯和凯瑟琳·布里格斯在荣格的心理学类型理论基础上的发展。因此，MBTI即以她们的名字命名，叫作Myers-Briggs Type Indicator（MBTI）。作为一个理论模型，MBTI从纷繁复杂的个性特征中，归纳提炼出四个维度，即动力、信息收集、决策方式、生活方式。而在每个维度中皆有两个方向，分别是外向（E）和内向（I）、感觉（S）和直觉（N）、思考（T）和情感（F）、判断（J）和知觉（P）。每个人的性格都落足于四种维度每一种中点的这一边或那一边，我们把每种维度的两端称作"偏好"。将这四个维度两两组合，共有16种类型，每种类型都反映了不同个性的人，以及其性格类型下所适合的职业。

情商测试源于情绪智力这一概念。情绪智力，即指个体在社会情境中掌控其情绪反应的能力。情绪智力的度量指标就是情商。研究认为，个体在处理情绪的方式上存在差异，那些能有效管理其情绪的个体通常被认为是"高情商的"。最极端的高智商的个体，也就是仅具有高认知能力，其特点通常是有雄心的、高效的、不善表达的、孤立的以及情绪冷漠的。与之相反，最极端的高情商的个体，通常是社交的、外向的以及快乐的，他们富有同情心，在乎自己的人际关系，对自己、他人以及所处的环境都感到舒适。现实生活中大部分人都是二者的混合体。

人格测试有很多种，但最为主流的是人格的大五模式。这是人格心理学研究者们在人格描述模式上形成的共识，研究者通过词汇学的方法，发现大约有五种特质可以涵盖人格描述的所有方面。大五人格（OCEAN），也被称之为人格的海洋，可以通过人格问卷的修订版（NEO-PI-R）评定。人格问卷没有绝对的正确或错误的答案，受测者只需回答他们在何种程度上同意某些论述。

人格测评是人员选拔中发展最快的领域之一，目前国内也在使用一些其他人格测评工具，包括引入国外的测评模式。但相对而言，大五人格模型是最为普世和准确的，它通过相似的一系列问题组成量表，可反映个体的内向性、控制欲、自信心等，具有更普遍的意义，在不同的语言体系、文化背景中，测评结果都能适用。

大五人格理论包括五个人格因素。第一，神经质：个体特征是否具有稳定性。第二，外倾性：个体是否是社会性的、自信的、主动的、健谈的、精力充沛的以及外向的。第三，开放性：个体是否是好奇的、富于想象的以及非传统的。第四，宜人性：个体是否是合作的、乐于助人的以及易相处的。第五，尽责性：个体是否是有目的的、坚定的、安排有序的以及自制的。

人格问卷并没有正确或错误的答案，社会组织管理者可以根据工作的不同需要选择更合适的候选人，最匹配的员工应该具有某种特定的人格结构，因此，反映这种人格结构的量表就可作为选拔新员工的基础。

这种人格测试中的价值观评价对社会组织的人员选拔尤其有着重要的意义。社会组织在我国作为一个新兴行业，社会整体的认知度不高，一些求职者出于就业压力大、好奇等多种原因去应聘与其工作价值观或人生价值观完全不符的职业,当实际工作展开以后,他们对职业或职位可能并不满意,这不仅会降低其工作的热情与积极性,而且还会直接影响工作绩效,影响组织的效率,甚至影响组织的形象。这项测试内容也可包括道德方面的,如诚信度测验,或者服务意识等价值观。通过价值观测试,可以深入了解应聘者的价值取向,作为选拔录用的一种补充性依据。对于价值观并不相符的求职者,用人组织必须慎重考虑是否接收。

(四) 招聘选拔的三大原则

用人单位在招聘选拔工作时首先应把握以下三大原则:

第一,因事择人,知事识人。因事择人强调人员录用必须根据组织的人力资源规划,满足组织发展的实际人员需要,而不根据领导意志或个人喜好随意进行人员的招聘和录用,对空缺岗位的要点和所需任职者的资质条件必须非常清楚,这样才能保证录取到真正适合岗位需要的员工。

第二,任人唯贤,知人善用。在招聘过程中,要以组织利益为首,杜绝任人唯亲。录用人才时应做到大才大用,小才小用,无才不用,同时,要对应聘者进行客观公正的甄选,录用时充分考虑每个应聘者的能力、性格、知识、技能,做到知人善用,使每个应聘者发挥出自己的热情和才能。

第三,公平竞争,择优录用。对待应聘者,应该做到公平对待,一视同仁,不得人为制造各种不平等的限制。同时,也要树立竞争的规则,通过严格的筛选程序,科学地决定适于组织的录用人选。

此外,用人单位在选拔工作中要避免三大陷阱。其一,招聘的是最能解决问题的人,而不是找到最好的人才后再考虑他们的岗位;其二,避免晕轮效应,招聘中仅仅抓住应聘者的个别特征,而对应聘者的本质或全部特征下结论,这是管理者需要克服的一种以偏概全的认知上的偏误;其三,重工作能力而忽视价值观,社会组织的工作人员如果价值观不合适,需要慎重考虑。对应聘者价值观的考核,除了人格测评外,面试官还可以综合简历、背景调查、情景演练等多方面进行综合评测。

第二节 员工录用

当应聘者经过了各种筛选关后,最后一个步骤就是录用与就职。这个阶段的主要任务是通过对甄选、评价过程中产生的信息进行综合评价和分析,确定每一位应聘者的素质和能力特点,根据预先确定的人员录用标准和录用计划进行录用决策。有不少社会组织由于不重视录用与就职工作,新员工在被录用后对用人单位和本职工作连起码的认识都没有就直接走上了工作岗位,这不仅会给员工今后的工作造成一定的困难,而且会使员工产生一种陌生的感觉,难以唤起新员工的工作热情,这对社会组织是不利的。从这个意义上看,社会组织管理者应认真做好这项工作。

招聘工作的最后一个环节就是录用决策,即最终决定雇用应聘者并分配给他们职位的过程。因此,录用是招聘过程的一个总结,是给招聘工作画上的一个句号。前面所进行的所有工作,都是为这个决策过程做铺垫的。应该说,这一决策也常常是最难做出的。这就要求社会组织管理者要充分了解新员工录用的入职流程,具体包括告知与入职审查;岗前培训;试用期;正式任用。

一、告知与入职审查

法律对用人单位录用员工方面有多条规定,社会组织在告知和入职审查时应使用恰当的举证技巧和方法,保障机构本身的利益。社会组织未履行入职告知义务或者不注重入职审查都将给机构自身带来相应的风险。

其一,未履行告知义务的法律风险。用人单位对应聘人员主动告知是法定的义务,不履行这一法定义务,将影响到劳动合同的效力。根据《劳动合同法》第二十六条的规定,隐瞒真实情况,诱使对方做出错误的判断而签订劳动合同,可以认定为欺诈,因欺诈手段使对方在违背真实意愿的情况下订立的劳动合同可认定为无效劳动合同。对劳动者知情权的轻视,还可能给用人单位带来很大的法律风险,甚至需要承担严重的法律责任。例如不向劳动者告知职业危害，《职业病防治法》规定要对用人单位处以2万至5万元的罚款。

其二，用人单位入职审查把关不严的法律风险。一些社会组织招聘过程简单、形式化，不注重入职审查，将为用人单位带来很大风险，导致员工无法胜任工作、耗费工资福利待遇、浪费招聘工作管理成本、劳动合同无效等严重后果。

最直接的法律风险就是一方面不进行入职审查，劳动者以欺诈手段入职，可导致劳动合同无效。另一方面，《劳动合同法》第九十一条规定，用人单位招用与其他用人单位尚未解除或者终止劳动合同的劳动者，给其他用人单位造成损失的，应当承担连带赔偿责任。

最需要注重的入职审查应该包括四个部分：第一，年龄审查，防止录用童工；学历、资格、工作经历审查，防止员工无法胜任相应工作。第二，潜在职业病审查，如用人单位可证明职业病由先前用人单位的职业危害造成，应当由先前用人单位承担责任。第三，员工与其他单位是否拥有劳动关系，如果社会组织录用了与其他单位尚有劳动关系的员工，对原公司或机构造成经济损失的，用人单位需要承担连带赔偿责任。第四，竞业限制审查，社会组织聘用员工，如涉及披露、公开或使用聘用员工所掌握的商业秘密，与员工构成共同侵权，承担侵权赔偿责任。

用人单位为规避入职审查的法律风险，可提前为举证责任做准备。用人单位履行告知义务，应当以书面形式告知劳动者，并保留相关证据：（1）在员工入职登记表中声明。在员工入职登记表中设计有关栏目，要求劳动者在单位告知情况后声明：单位已经告知本人工作内容、工作条件、工作地点、职业危害、安全生产状况、劳动报酬，以及其他情况，并签名确认。（2）在劳动合同中设计告知条款。（3）要求劳动者提供书面声明。即在书面告知或口头告知后，请劳动者签字认可，并保留作为证据。

入职审查阶段，劳动者的欺诈手段主要包括提供虚假资料，如假文凭、假证件、假经历等，因此，用人单位应当建立行之有效的入职审查制度，并且适当运用知情权的法律规定。

用人单位要以《员工入职登记表》为证据。表格中列明劳动者与签订劳动合同有关的各个项目，要求应聘人员如实填写，不得欺骗。用人单位应将《员工入职登记表》作为劳动合同的附件，妥善管理和保存，一旦发现员工方面有欺诈行为，就可以作为证据进行处理。

　　用人单位要要求劳动者提供相关个人资料留做证据。比如身份、学历、资格、工作经历等信息是否真实；是否有潜在疾病、残疾、职业病等；应聘人员是否年满16周岁，或是否为退休享受养老保险待遇的人员；是否与其他单位签订有未到期的劳动合同；是否与其他单位存在竞业限制协议；如果招用外国人，是否已办理外国人就业手续。特别在招用有从业经历的劳动者时，应该要求其提供与前单位的解除或终止劳动合同证明，并保留原件；尚未解除劳动合同的，要求其原单位出具同意该员工入职的书面证明。

　　用人单位要在劳动合同中设计条款以备作为证据。为了规避出现入职审查不严带来的法律风险，可以在劳动合同中声明："乙方应当按照甲方要求提供可验证的居民身份证或其他有效身份证、学历证书、职业资格证书的复印件，以及最后服务单位的离职证明、婚姻生育证明、甲方指定医院的体检证明等相关资料，并将与本劳动合同直接相关的基本情况，按甲方提供的《员工招收登记表》，由本人如实填明并作为劳动合同的附件。"

　　用人单位应建立员工名册并保留作为证据。《劳动合同法》第七条规定："用人单位自用工之日起即与劳动者建立劳动关系。用人单位应当建立职工名册备查。"建立员工名册不仅是用人单位的法定义务，劳动者在发生劳动纠纷时举证困难，难以证明双方劳动关系的存续情况，提供员工名册也是用人单位的举证义务。依据《劳动合同法实施条例》第八条，职工名册"应当包括劳动者姓名、性别、公民身份号码、户籍地址及现住址、联系方式、用工形式、用工起始时间、劳动合同期限等内容"。

二、岗前培训

　　岗前培训是指向新员工介绍用人组织的规章制度、文化以及工作内容和同事员工。就其本质来讲，岗前培训只是培训的开始。在培训中，不仅要及时地把新信息、新技术、新技能和新程序介绍给员工，还要更新员工的现有技能。岗前培训没有特别限定的时间，在新员工报到之前也可以开始。

对新员工进行岗前培训是社会组织开发人力资源、激发新员工活力的一个重要途径和措施。通过岗前培训，可以使新员工尽快熟悉社会组织的内外部环境，以便使他们更快地进入角色，同时也帮助新员工了解社会组织创业过程、优良传统、组织文化和未来发展目标，树立主人翁意识，并增强责任感、使命感，为他们今后更加热爱组织和将要从事的工作打好基础。

岗前培训是新员工在组织中发展自己职业生涯的起点。对于社会组织而言，如果招募的是有过社会组织工作经验的员工，岗前培训意味着新员工必须适应新组织的要求和目标，熟悉新的组织文化，学习新的工作准则和有效的工作行为。而对于缺乏社会组织工作经验的员工，除了以上部分的内容外，还需要加入对价值观念和行为方式的介绍。针对从纯商业公司进入社会组织的工作人员进行跟踪观察发现，在1年内离职的员工，价值认同是最主要的分歧。为此，岗前培训也是引领员工迅速熟悉社会组织价值观和工作方法的重要一步，也是帮助新员工快速融入团队的重要一步。

社会组织在这一阶段的工作就是要帮助新员工建立与同事和工作团队的关系，建立符合实际的期望和积极的态度。社会组织进行岗前培训可以让新员工避免因不熟悉程序而犯错误；使新员工增加对工作和社会组织的自豪感，他们不仅仅能胜任自己的工作，还因为社会组织在服务社会中的作用而与众不同；打消新员工对新的工作环境和工作领域不切实际的期望，尤其是社会组织相对于企业在一些基础保障和社会资源上往往有不足，因此，需要新员工做好充分的心理准备应对未来的工作环境。

新员工入职社会组织后，他们对社会组织的第一印象会持续很长时间，并形成对社会组织整体和工作效率的看法。因此，岗前培训的安排以及岗前培训的质量为新员工构建第一印象至关重要，但在绝大多数社会组织中，岗前培训工作是非常缺乏的，很有必要为新员工设计考虑周全、信息丰富、温暖而高效的岗前培训。而有效的岗前培训主要包括以下六个要素：

第一，使员工成为正式成员的信息。每一个组织都有自己的行政管理程序，新员工要经过这一道道程序才能成为正式员工。应根据不同情况，安排新员工做以下事项：填写获准录用表或人力资源信息表；提供有关身份证和工作资格的文件；在工资单上签字，了解工资发放周期和发薪日；了解各种福利方案；领取身份卡、钥匙等。

第二，帮助新员工了解组织架构的信息。在岗前培训中，应该向新员工介绍组织的自然环境、运作方式、员工组成和工作流程。带领新员工参观一下组织，了解工作的环境，并告诉他们这样设置的道理。向新员工介绍他们自己的工作场所，并告诉他们如何与其他工作岗位的人取得联系。在参观时，要向新员工介绍组织的运作程序。在参观时所做的口头介绍最好有书面文字材料、图片和视频做辅助。最后，要把对新员工工作有影响的重要人物和工作流程介绍给他们，帮助他们约见主要的工作伙伴，让员工了解他们的工作如何交接、工作程序如何运转、如何与他人作为一个团队共同工作。新员工应该了解，社会组织相对政府部门和企业，其面向的"利益相关方"比较多，如主管单位、捐赠方、项目执行方、受益人群、倡导对象等等，因此各种关系的处理不仅对其是否能尽快适应工作很重要，而且对社会组织的组织文化、对外形象和公信力也非常重要。

第三，建立员工归属感的信息。无论是组织管理者还是新员工，都希望成为工作卓有成效的团队成员，先入职的员工就需尽力让新员工融入团队，使其感到自己深受大家欢迎。管理者可以征求老员工的意见，共同讨论如何迎接新员工，如开一个迎接会来欢迎新员工；请老员工们做自我介绍，并和新员工共进团队建设餐会。

第四，社会组织的历史。这能够让新员工对组织产生感情和认同，让新员工建立对组织的忠诚感。岗前培训要清楚地描述组织是一个什么样的组织、是在什么样的背景下创立的、在其发展过程中发生过什么重大事件、曾经有什么样的成绩、与其他同行组织相比有什么样的特色。这些信息反过来又会指导新员工的行为和工作。

第五，社会组织的愿景、使命和战略目标。社会组织是有社会理想的机构，加入社会组织的工作人员也同样是有社会抱负的工作人员。员工需要知道社会组织向何处发展以及为什么要这样发展。除了使命和愿景的描述外，还应该让员工了解组织的战略目标，以及实现这些目标的计划。此外，由于大多数社会组织规模小，组织结构扁平，所以每位员工都会相对直接地接近组织使命的实现过程。这些内容可以帮助新员工了解其工作对组织的成功很重要，提高其参与感。

第六，让员工熟悉自己岗位的职责信息。岗前培训不仅要向新员工介绍整个组织的情况，而且要介绍他们自己的工作岗位。从与新员工见面时起，就要一同参考其岗位说明书、岗位责任和社会组织所期望的工作结果。培训者需要描述恰当的工作行为并做出示范，确定日程安排，以便在规定的时间内让新员工掌握工作方法。在岗前培训过程中要教会新员工工作技能，随时回答问题，向他们提供指导。最后，培训者要和他们一起工作，评估他们的工作技能，发现他们的优势所在以及需要的进一步培训。

岗前培训不仅仅是人力资源部门的事情，社会组织的高层管理者、负责人可以亲自会见新员工，介绍组织的故事。尤其是那些在创设社会组织中起到了重要作用的人物，比如理事会成员等，也可以安排在岗前培训的课堂上对新员工讲话。

部门主管在岗前培训中需要起带头作用，参与日程安排和促使其他员工参与培训活动。部门主管和新员工的初次见面会为以后的工作奠定基础，部门主管是新员工的表率，他们应该在岗前培训阶段随时为新员工提供帮助，做新员工的老师和教练。

人力资源管理部门是岗前培训的组织者，主要做一些组织、文书工作，提供充分的必要信息，让新员工了解组织的各项制度，人性化地安排入职工作，以及提供其他行政帮助。

作为新员工的同事，其他员工是新员工日常接触较多的人，比组织领导更容易帮助新员工减轻新工作带来的压力和紧张。欢迎新员工、帮助他们适应组织的生活也是老员工分内之事。老员工需要给新员工介绍自己的工作，说明自己和新员工的工作关系。这种积极的帮助和接触有利于新员工迅速进入情境。顺利的开始会使组织中的每一个人受益，并且有利于良好人际关系的建立。

社会组织对于岗前培训的重视程度不够,也源于对培训的重视程度不够。这是由社会组织的内部因素决定的。一方面,从社会组织的愿景与战略来看,其愿景与战略远大,就相对重视员工的培训;反之,一些社会组织没有清晰的前景与战略,也较容易忽视员工的培训。另一方面,从社会组织的发展阶段来看,社会组织的发展阶段可以分为初创期、成长期、成熟期、保持期、再创业期,在每个时期对员工培训的重视程度和内容都会有变化。此外,不同领域的社会组织对培训的重视程度也有不同,社会组织往往很注重业务领域的能力建设,但是对于内部工作的能力建设重视不够。

2008年6月21日,国家民间组织管理局下发的《关于加强社会组织培训工作的通知》,将社会组织培训工作作为登记管理工作的一项重要内容,使社会组织培训工作制度化、规范化。具体规定[①]如下:

(一)社会组织培训工作以"加强社会组织建设与管理"为宗旨,注重社会组织的普遍需求,普及法律知识,解读政策法规,沟通相关信息,为社会组织的健康发展服务,为解决实际工作中的重点和难点问题服务。

(二)社会组织培训工作作为社会组织登记管理工作的重要内容,要坚持制度化、规范化。各社会组织要把培训工作作为提高工作人员业务素质,规范业务活动行为,完善治理结构,加强自身能力建设的重要工作,高度重视、统筹安排,认真组织好本单位工作人员积极参加相关培训。

(三)社会组织培训对象包括:社会团体、基金会正、副会长(正、副理事长)、正、副秘书长、分支机构负责人;民办非企业单位负责人;社会团体、基金会、民办非企业单位日常办事机构负责人、财务工作负责人、会计、出纳和其他专职工作人员等。

(四)社会组织人员培训工作实行任职培训制度。

社会组织法定代表人应在任职后六个月内参加任职培训;

社会团体、基金会正、副会长(正、副理事长)、分支机构负责人和民办

---

① 国家民间组织管理局:《关于加强社会组织培训工作的通知》(民管函〔2008〕41号),2008年6月12日。

非企业单位负责人应在任职后一年内参加任职培训；

社会团体、基金会正、副秘书长和社会组织财务工作负责人任职前应参加任职培训，任职前因故未参加培训的应在任职后六个月内参加培训；

社会组织日常办事机构负责人、会计、出纳和其他专职工作人员应在任职后六个月内参加相关培训，且每两年至少参加一次业务培训。

（五）本通知发出前已在社会组织中任职而没有按规定参加过有关培训的以上人员，应在2010年年底前分批参加登记管理机关组织的相关培训。

（六）每年年检时，社会组织应将工作人员的培训情况报登记管理机关备案。培训情况将作为评估社会组织等级的指标。

（七）社会组织培训工作由民政部民间组织服务中心承担。社会组织可以根据业务工作需要提出培训建议和要求，民政部民间组织服务中心应积极了解和研究社会组织的发展情况和培训需求，认真做好各项培训工作。

2015年11月3日印发的《民政部关于加强和改进社会组织教育培训工作的指导意见》进一步提出，要分类开展教育培训。推广社会组织新入职人员教育培训，重点提高适应社会组织工作的能力。开展社会组织负责人任职培训，重点提高胜任领导工作的能力。实施社会组织秘书长培训工程，新任秘书长任职1年内原则上要参加教育培训。加强社会组织法定代表人教育培训。强化社会组织从业人员业务培训，重点提高业务工作能力。推动社会组织从业人员继续教育，借助国家专业技术人才知识更新工程，打造社会组织领军人才队伍。鼓励有条件的院校开设社会组织相关课程，探索建立不同学历层次的社会组织专业教育。[①]

三、试用期

试用期是指包括在劳动合同期限内，但劳动关系处于非正式状态，用人

[①]《民政部关于加强和改进社会组织教育培训工作的指导意见》，载《中国社会组织》2015年第22期。

单位对劳动者是否合格进行考核，劳动者对用人单位是否符合自己要求也进行考核的期限，这是劳动者和用人单位双向选择的表现。劳动合同仅约定试用期的，试用期不成立，该期限为劳动合同期限。

员工通过选拔程序后，要与社会组织签订劳动雇用合同，劳动合同期限在三个月以上的，可以约定试用期，通过试用条款约定试用期的相关事宜。试用条款可以包括以下主要内容：试用的职位，试用的期限，员工在试用期的报酬与福利，员工在试用期的工作绩效目标与考核标准，应承担的义务和责任，员工在试用期应接受的培训，员工在试用期应享受的权利，员工转正的条件，试用期组织解聘员工的条件与承担的义务和责任，员工辞职的条件与义务，员工试用期被延长的条件等。

员工进入组织后，社会组织要为其安排合适的工作环境和对应的职位。一般来说，员工的职位都是按照招聘要求和应聘者意愿完成了双向选择后确定的，人员安排即人员试用的开始。试用是对员工的能力与潜力、个人品质与心理素质的进一步考核。

员工录用应约定试用期，以考察新员工的工作能力。试用期的期限根据相关法律规定确定。约定试用期时，要严格遵守《劳动合同法》，不能超出标准：（1）劳动合同期限不满三个月的，不得约定试用期。（2）劳动合同期限三个月以上不满一年的，试用期不得超过一个月。（3）劳动合同期限一年以上不满三年的，试用期不得超过两个月。（4）三年以上固定期限和无固定期限的劳动合同，试用期不得超过六个月。（5）以完成一定工作任务为期限的劳动合同，不得约定试用期。（6）非全日制用工不得约定试用期。

社会组织管理者在员工的试用期问题上，还需要注意以下几点：

第一，试用期是一个约定的条款，如果双方没有事先约定，用人单位就不能以试用期为由解除劳动合同。劳动合同双方当事人用人单位和劳动者必须就试用期条款充分协商，取得一致，试用期条款才能成立。合同是双方当事人意愿一致的结果，是在互利互惠基础上充分表达各自意见，并就合同条款取得一致后达成的协议。因此，任何一方都不得凌驾于另一方之上，不得把自己的意志强加给另一方，更不得以强迫命令、胁迫等手段签订劳动合同试用期条款。

第二,劳动合同法限定了试用期的约定条件,劳动者在试用期间应当享有全部的劳动权利。这些权利包括取得劳动报酬的权利、休息休假的权利、获得劳动安全卫生保护的权利、接受职业技能培训的权利、享受社会保险和福利的权利、提请劳动争议处理的权利以及法律规定的其他劳动权利。还包括依照法律规定,通过职工大会、职工代表大会或者其他形式,参与民主管理或者就保护劳动者合法权益与用人单位进行平等协商的权利。不能因为试用期而对新员工的劳动权利加以限制,与其他劳动者区别对等。

第三,试用期包括在劳动合同期限内。也就是说,不管劳动合同双方当事人订立的是一年期限的劳动合同,还是三年、五年期限的劳动合同,如果约定了试用期,劳动合同期限的前一段期限(比如可能是三天、五天或者一个星期,可能是一个月或者两个月)是试用期,试用期包括在整个劳动合同期限里。不管试用期之后继续订立劳动合同还是不订立劳动合同,都不允许单独约定试用期。

第四,《劳动合同法》关于试用期的规定体现了劳动合同双方当事人权利义务的大体平等。如关于劳动合同的解除中规定,劳动者在试用期内可以通知用人单位解除劳动合同;劳动者在试用期期间被证明不符合录用条件的,用人单位也可以解除劳动合同。

第五,禁止设定变相试用期。有的用人单位为了规避法律,约定试岗、适应期、实习期,这些都是变相的试用期,其目的无非是为了将劳动者的待遇下调,方便解除劳动合同。为了保护劳动者的合法权益,应当明确这些情形按照试用期对待。

四、正式录用

员工的正式录用即通常所称的"转正",指试用期满且试用合格的员工正式成为该组织的正式员工的过程。员工能否被正式录用关键在于试用部门对其考核结果如何。

试用期满之前,用人部门和人力资源部门应根据试用员工工作表现对其进行评价与考核,若员工在试用期内被证明不符合录用条件,机构可依法与员工解除劳动合同。试用期满前,员工需提前一定时间递交转正申请报告,人事部按审批程序批复是否转正。

如转正申请通过,社会组织与员工签署的雇用合同自动生效,相关待遇按照正式员工对待。

第三节 劳动关系

劳动关系是人力资源管理中的一个法律概念,其基础是我国调整劳动关系的根本法律《中华人民共和国劳动法》(简称《劳动法》),它从法律角度确立和规范了劳动关系。相比劳动关系相对稳定的党政机关和企事业单位来说,社会组织的员工流动性较大,劳动关系不太稳定。因此,处理好劳动关系对于社会组织更加重要。

一、劳动合同

《中华人民共和国劳动合同法》(简称《劳动合同法》)首次将民办非企业单位纳入到劳动法规的适用范围,从此不同形态的社会组织在劳动合同上都有了相应的法律依据,结束了此前可能存在特定类型社会组织劳动关系无法可依的尴尬局面。

劳动合同是劳动者与用人单位确立劳动关系、明确双方权利和义务的协议,也是维护劳动者和用人单位合法权益的法律保障;劳动合同可以对劳动内容和法律未尽事宜做出详细、具体的规定,使双方明了权利和义务,促进双方全面履行合同,防止因一方违约而给另一方带来损失;劳动合同在发生劳动争议时也是解决纠纷的重要证据,使用人单位和劳动者解决纠纷更为便利,降低争议解决成本和社会耗损费用。因此,签订一份完备、公平合理的劳动合同对于社会组织和员工来说都很重要。

依据我国《劳动法》和《劳动合同法》规定,劳动合同应当以书面形式订立。用书面形式订立劳动合同慎重可靠、有据可查,一旦发生争议时,便于梳理事实，确定是非，也有利于主管部门和劳动行政部门进行监督检查。另外，书面劳动合同能够强化合同当事人的责任感，促使合同所规定的各项义务能够全面履行。

劳动合同的内容应当以《劳动法》和《劳动合同法》为准，不得与法律相抵触，需尊重劳动者的基本权利，不得制定和签署侵犯权益的合同。

按照现行劳动法的规定，劳动合同中可以有试用期。但劳动合同是试用期存在的前提条件，试用期只能在劳动合同中约定。如果不签订劳动合同只签订试用期合同的话，那么"试用期合同"是无效的。劳动法对劳动者的保护并不因为"试用期合同"的无效而失效。

合法有效的劳动合同应当以书面形式订立，并具备以下条款：（1）用人单位的名称、住所和法定代表人或者主要负责人；（2）劳动者的姓名、住址和居民身份证或者其他有效身份证明；（3）劳动合同期限；（4）工作内容和工作地点；（5）工作时间和休息休假（指带薪年休假）；（6）劳动报酬与社会保险；（7）劳动合同终止的条件；（8）劳动保护、劳动条件和职业危害防护；（9）法律、法规规定应当纳入劳动合同的其他事项。

劳动合同中，除法律规定要素外，还需要注意劳动合同期限的选择与劳动报酬的确定。劳动合同期限的确定与薪酬标准，应当与机构的活动特征与规划相符合。

需要指出的是，我国的社会组织在采用劳动合同时，可参考以下事项[①]：

1. 适用范围。本劳动合同主要适用于社会组织普通的全日制工作人员，由《劳动法》调整。为了明确合同双方的法律关系，建议该合同的名称采用劳动合同而非雇用合同。

2. 合同期限。合同的期限应当明确规定。这是合同有效的期限。试用期一般最长不得超过 6 个月，但是，6 个月以下的劳动合同的试用期不得超过 15 天，6 个月到 1 年的劳动合同的试用期不得超过 30 天，1 年到 2 年的劳动合同的试用期不得超过 60 天。

---

① 参见温洛克民间组织能力开发项目组织编纂：《中国社会组织人力资源管理指南》，2005 年。

3. 工作内容。需明确规定员工的职位、工作性质、工作范围和工作职责。

4. 劳动保护及工作条件。社会组织应当根据国家及地方标准为员工提供劳动保护及工作条件。

5. 工作报酬、保险和福利。社会组织应当根据《劳动法》第七十三条的规定,向员工提供社会保险。如果社会组织无故不缴纳社会保险费,当地的劳动和社会保障局将会责令其限期缴纳;逾期不缴的,除责令其缴清所欠款项之外,当地劳动和社会保障局还可以根据相关规定加收滞纳金。对社会保险的最低要求是:劳动者退休后享受的养老保险金待遇;劳动者患病或非因工负伤享受的医疗保险金待遇;劳动者因工负伤或患职业病享受的工伤保险待遇;劳动者失业享受的失业保险金待遇;女职工生育享受的生育保险待遇。

6. 工作纪律。社会组织的规章制度,包括工作纪律及劳动安全制度,是劳动合同不可分割的一部分。社会组织应准备一个员工手册,来规定这些规章制度。在员工手册中,规定职业道德准则和组织文化。这不仅可以为员工的行为提供指导,还可以根据劳动合同第七章的规定明确员工违反这些行为准则时的后果。

7. 知识产权及保密义务。知识产权和保密信息是社会组织的重要财产。为了降低在员工违反规定义务时的风险,社会组织在签订劳动合同时,应明确规定一个相对高额的赔偿金,如相当于该员工6个月工资的数额。

8. 合同的变更和解除。《劳动法》规定的权利和义务是法定和不可违背的。

9. 劳动争议的解决。社会组织应当根据相关的国家及地方规定的程序解决争议。

为了更好地贯彻落实《中华人民共和国劳动合同法》,加强劳动用工管理,进一步维护社会组织专职工作人员的合法权益,促进劳动关系和谐稳定,民政部下发了《民政部关于加强社会组织专职工作人员劳动合同管理的通知》(民发〔2011〕155号)。经人力资源和社会保障部同意,民政部依照《劳动合同法》的相关规定,制定了《社会组织劳动合同范本》供各级社会组织与专职工作人员签订劳动合同时使用,如下:

编号：_____

社会组织劳动合同书

甲　　方：_____
乙　　方：_____
签订日期：____年___月___日

国家民间组织管理局监制

根据《中华人民共和国劳动法》、《中华人民共和国劳动合同法》和有关法律、法规，甲乙双方经平等自愿、协商一致签订本合同，共同遵守本合同所列条款。

一、劳动合同双方当事人基本情况

第一条　甲方_____
法定代表人（主要负责人）或委托代理人_____　职务_____
注册地址_____
注册类型(社会团体、基金会、民办非企业单位、社会组织分支机构)

第二条　乙方_____性别_____
户籍类型（非农业、农业）_____
居民身份证号码/护照号_____
或者其他有效证件名称_____证件号码_____
家庭住址_____邮政编码_____
联系地址_____邮政编码_____
户口所在地_____省（市）_____区（县）_____街道（乡镇）

二、劳动合同期限

第三条　本合同为____。
A 固定期限劳动合同：本合同于_____年___月___日生效，其中试用期至_____年____月____日止。本合同于_____年____月____日终止。

B 无固定期限劳动合同：本合同于_____年____月____日生效，其中试用期至_____年____月____日止。

C 以完成一定工作任务为期限劳动合同：本合同于_____年____月____日生效，至_____工作任务完成时止。

第四条 乙方的用工时间为：_____年____月____日

三、工作内容和工作地点

第五条 乙方同意根据甲方工作需要，担任_____岗位工作。

第六条 乙方的工作区域或工作地点为_____

第七条 乙方工作应达到_____标准。

甲乙双方另行签订岗位聘用协议的，按照岗位聘用协议规定执行。

四、工作时间和休息休假

第八条 乙方在甲方工作期间执行____工时制度，实行B、C工时制的需经劳动行政部门批准，自批准之日起按批准文件执行。

A 标准工时工作制，每周休息日为____。

B 综合计算工时工作制度。

C 不定时工作制度。

乙方应遵守甲方的考勤制度。

第九条 甲方对乙方实行的休假制度有_____，乙方病假、事假等请、销假按甲方的规章制度办理。

五、劳动报酬

第十条 甲方每月____日前以货币形式支付乙方工资，月工资为_____元或按_____执行。

乙方在试用期期间的工资每月为_____元。

甲乙双方对工资的其他约定_____

六、社会保险及其他保险福利待遇

第十一条 甲乙双方按国家和_____（社会组织住所所在地）的规定参加社会保险。甲方为乙方办理有关社会保险手续，并承担相应社会保险义务。

第十二条 乙方患病或非因工负伤的医疗待遇按国家、_____（社会组织住所所在地）有关规定执行。甲方按_____支付乙方病假工资。

第十三条 乙方患职业病或因工负伤的待遇按国家和_____（社会组织住所所在地）的有关规定执行。

第十四条 甲方为乙方提供以下福利待遇_____
_____
_____
_____

七、劳动保护、劳动条件和职业危害防护

第十五条 甲方根据生产岗位的需要，按照国家有关劳动安全、卫生的规定为乙方配备必要的安全防护措施，发放必要的劳动保护用品。

第十六条 甲方根据国家有关法律、法规，建立安全生产制度；乙方应当严格遵守甲方的劳动安全制度，防止劳动过程中的事故，减少职业危害。

八、劳动合同的解除、终止和经济补偿

第十七条 甲乙双方解除、终止、续订劳动合同应当依照《中华人民共和国劳动合同法》等有关法律法规执行。

第十八条 甲方应当在解除或者终止本合同时，为乙方出具解除或者终止劳动合同的证明，并在十五日内为乙方办理档案和社会保险关系转移手续。

第十九条 乙方应当按照双方约定，办理工作交接。依法应当支付经济补偿的，甲方在办结工作交接时支付。

九、当事人约定的其他内容

第二十条 甲乙双方约定本合同增加以下内容：
_____
_____
_____

十、合同后附随义务

第二十一条 本合同终止，甲方应当履行以下合同后义务。

甲方应当为乙方在七日内办妥退工登记备案手续。

甲方应为乙方开具离职证明并加盖公章。

第二十二条 乙方应当履行以下合同后义务。

乙方应当按照甲方的有关规定进行工作交接。

本合同终止后，乙方应立即停止以甲方名义从事一切活动。

十一、劳动争议处理及其他

第二十三条 双方因履行本合同发生争议，当事人可以向甲方劳动争议调解委员会申请调解；调解不成的，可以向劳动争议仲裁委员会申请仲裁。

当事人一方也可以直接向劳动争议仲裁委员会申请仲裁。

第二十四条 本合同的附件如下_____

_____

_____

第二十五条 本合同未尽事宜按国家或地方有关政策规定办理。在合同期内，如本合同条款与国家、地方新规定相抵触，按新规定执行。

第二十六条 双方确认本合同第二条所载明的甲方地址和乙方联系地址为双方送达相关书面的有效地址。如若变更，必须及时书面通知对方。否则，按上述地址送达的文件视为有效送达。

第二十七条 本合同一式两份，甲乙双方各执一份。

甲方（公　　章）　　　　　　　　　　　　　乙方（签字或盖章）

法定代表人（主要负责人）或委托代理人
（签字或盖章）

签订日期：　　　年　月　日

劳动合同续订书

甲乙双方经平行协商，同意续订劳动合同。续订劳动合同期限类型为_____期限合同，续订合同生效日期为_____年___月___日，续订合同_____终止。甲乙双方之间的权利义务继续按照双方于_____年___月___日签订的《劳动合同》（合同编号：_____）中的约定执行。

甲方 （公　章）　　　　乙方 （签字或盖章）

法定代表人（主要负责人）或委托代理人（签字或盖章）

年　月　日

本次续订劳动合同期限类型为_____期限合同，续订合同生效日期为_____年___月___日，续订合同_____终止。

甲方 （公　章）　　　　乙方 （签字或盖章）

法定代表人（主要负责人）或委托代理人（签字或盖章）

年　月　日

劳动合同变更书

经甲乙双方平等协商一致，对双方于_____年___月___日签订的《劳动合同》（合同书编号：_____）做以下变更：

以上变更自_____年___月___日生效。

甲方　（公章）　　　　　　乙方　（签字或盖章）

法定代表人（主要负责人）或委托代理人
（签字或盖章）

　　　　　　　　　　　　　　　　　年　月　日

二、劳动关系的法律责任

2014年，上海复恩社会组织法律服务中心针对上海地区社会组织的调查显示：社会组织的用人情况比较特殊，与企业和事业单位不同，社会组织存在多种用工或者用人关系。大多数机构都聘请了全职工作人员，属于比较清晰的劳动关系或者劳务派遣关系，与全职工作人员签订劳动合同方面做得比较好；但是，同时还有大量的临时人员、兼职者或者志愿者参与社会组织的工作，多数没有明确的权利义务安排，并不构成法律上的劳动合同关系，只能依据劳动法之外的民事法律办理。

从上海的调研情况可以推演出,国内社会组织在劳动关系上存在错综复杂的不同形式,并非完全都在法律框架下签署了书面协议。近年来,劳动合同法和有关司法解释对单位在劳动用工方面要求更严格更细致,劳动争议也是用人单位法律风险高发的领域。

国内社会组织劳动关系复杂,机构风险承担能力相对较弱,劳动部门对劳动者的保护也在加强,对社会组织而言,需要格外谨慎地对待劳动关系的法律责任。为此,社会组织负责人与人力资源部门应当熟悉掌握《劳动法》《劳动合同法》的相应内容。

三、常见问题和解决办法

常见问题一是有些社会组织不签订劳动合同即开始使用劳动者。劳动部《关于违反〈劳动法〉有关劳动合同规定的赔偿办法》第二条第(一)项规定:"用人单位故意拖延不订立劳动合同,即招用后故意不按规定订立劳动合同以及劳动合同到期后故意不及时续订劳动合同的",对劳动者造成损害的,用人单位应赔偿劳动者损失。所以为了保护企业以及劳动者双方的合法权益,必须依法签订书面劳动合同。并且根据《劳动合同法》第八十二条规定,用人单位自用工之日起超过一个月不满一年未与劳动者订立书面劳动合同的,应当向劳动者每月支付两倍的工资。根据《劳动合同法》第十四条规定,用人单位自用工之日起满一年不与劳动者订立书面劳动合同的,视为用人单位与劳动者已订立无固定期限劳动合同。

常见问题二是社会组织变更劳动合同的内容,调整劳动者的职位说明,从而引起员工与社会组织之间的矛盾。对于劳动者违反劳动合同规定,单方面要求用人单位变更其劳动岗位、工种或不符合劳动合同约定的上岗条件而要求上岗的,劳动争议处理机关应驳回劳动者的申诉,维持用人单位对此做出的处理决定;对于用人单位擅自决定改变劳动者的劳动岗位、工种的,对于正常的工作调动,应依法确认用人单位的调动有效;对属于非法调动的,要求用人单位改变决定,恢复劳动者的劳动岗位,并补偿劳动者由此而造成的经济损失；对于用人单位违反法定程序变更劳动合同的，劳动争议处理机关应当确认用人单位的变更行为不合法，并促使用人单位和劳动者重新协商具体变更事项。

常见问题三是提前解除劳动合同而发生劳动合同的纠纷。提前解除劳动合同，分为三种情况：双方协商解除劳动合同，在协商过程中，双方不仅就解除劳动合同本身以书面形式达成一致，也对一方或双方提出的解除合同的条件达成一致；用人单位方单方面解除劳动合同；劳动者单方面解除劳动合同。社会组织管理者在面对这些不同情况时应该采取不同的处理方式。

常见问题四是不编造职工名册。《劳动合同法实施条例》第三十三条规定："用人单位违反劳动合同法有关建立职工名册规定的，由劳动行政部门责令限期改正；逾期不改正的，由劳动行政部门处2000元以上2万元以下的罚款。"职工名册的建立实际上对用人单位和劳动者双方都具有重要作用。对那些不辞而别的职工，职工名册就是用人单位向其追索赔偿的重要证据；而从职工方面来说，职工名册是用人单位与其存在劳动关系的最好证明。当然，对劳动行政部门执法检查者来说，职工名册是首先必须检查的资料。

四、档案管理

档案是社会组织历史文化和工作人员个人情况的记录，社会组织应在录用员工之后为其办理档案管理事宜。档案是指企业劳动、人事部门在招用、调配、培训、考核、奖惩和任用等工作中形成的有关员工个人经历、政治思想、业务技术水平、工作表现以及工作变动等情况的文件材料，是历史地、全面地考察职工的依据。员工档案是国家档案的组成部分。用人单位可以根据人事档案中反映的德、能、才以及专业特长，将其安排到适当的工作岗位上。

一般情况下，员工的档案及户口不能分开。凡社会组织录用的具有本市城镇户口的员工，其原始资料由社会组织调入、保管。但就大学毕业生而言，以下特殊情况可以分开：到非生源地工作的毕业生，由于个人原因，需要把户口迁回生源地，经用人单位和生源地户口管理部门同意，其户口可以迁回生源地；在同一个城市户口挂靠到亲戚朋友家中的员工，必须得到接收单位（或人才市场）和挂靠户口所在地的派出所两者同意后，方可迁到亲戚朋友家。

原始人事档案资料的验收、补充、鉴别、归档和保管由人力资源部门负责办理。员工离职后，离职人员持经核准的《离职（调动）交接表》到档案室办理退档手续。已办理离职手续的员工，其人事管理档案保存期为两年，从《离职（调动）交接表》中核准的日期开始计算。未办理离职手续但实际已离开用人单位的人员，其人事管理档案保存期为三年，以当事人所在部门出具的书面报告中标称的离开用人单位时间为依据开始计算。

对社会组织而言，连续地长期地更新人事档案，可以便于管理者了解其员工的能力与结构情况，从而不会基于已经过时的信息或者主观印象做出不精确的判断。对社会组织的员工来说，通过劳动部门集中管理劳动者的档案，一方面是对劳动者将来享受保险待遇的保障，可确定连续工龄的年限。另一方面，可以保证社会组织工作人员以后工作调动时没有遗留问题。劳动者档案中由于过去的流动而遗留的各种问题，都可在集体存档时解决。

第三章　社会组织员工的培训与开发

人力资源被视为社会组织最宝贵的资产,在社会组织治理中居于核心位置。① 社会组织要实现可持续发展,不仅要合理利用这一宝贵资产,还需要通过投资来不断使之保值增值。因此,对社会组织人力资源的培训与开发成为各国社会组织进行战略性投资的重要方式,是促进社会组织人力资本提升,从而不断推动其组织目标实现和自身不断发展的重要途径,也是强化社会组织能力建设的重要组成部分。社会组织的能力建设是指社会组织"为实践其《章程》规定的宗旨、目标有意识进行的自我组织、自我建设、自我发展的活动与过程"②。人力资源管理与开发是加强社会组织自我组织、自我建设和自我发展的重要内容,是促进社会组织能力建设的重要方面。从人力资源管理的角度来看,培训与开发是人力资源管理的重要内容。社会组织的人力资源管理虽然和企业、政府的人力资源管理存在相似之处,但是人力资源管理在社会组织中发挥功能的方式和环境却大不相同。③ 对社会组织而言,人力资源培训与开发是一个新的课题,缺乏相应的经验,而企业在人力资源培训与开发方面有着较为丰富的经验积累,社会组织的人力资源培训与开发应该借鉴企业的人力资源培训与开发方式、方法和途径,结合自身的特点,开发出适

---

① Akingbola, Kunle, *Managing Human Resources for Nonprofits*, Routledge, 2015, p.145.
② 高成运:《民间组织能力建设的视角与路径》,载《学会》2006 年第 5 期。
③ Ahmed, Shamima, *Effective Non-profit Management: Context, Concepts, and Competencies*, CRC Press, 2012, p.133.

合我国社会组织发展的人力资源培训与开发模式。

由于我国学校教育中缺乏社会组织的教学内容，专业培训才刚刚起步，这导致社会组织专业人才匮乏，成为困扰社会组织发展的重要难题。党的十八大以来，党中央、国务院对社会组织改革发展做出新部署，各地都将推进专业人才建设，作为培育和发展社会组织的重要抓手。2012年以来民政部中央财政社会组织扶持专项资金中设置D类项目，鼓励开展社会组织人才培训。2013年民政部、人社部首次将社会组织人才培训纳入国家专业技术人才知识更新工程。2014年中组部委托民政部承办首届全国地方党政领导干部社会组织管理工作专题研究班。2015年11月3日，民政部印发《关于加强和改进社会组织教育培训工作的指导意见》（民发〔2015〕206号），围绕社会组织教育培训的教材、师资、教学方式方法、工作保障制度、组织领导工作等做出了全面部署。这为引导和规范全国范围内的社会组织教育培训提供了依据，也是国家从促进社会组织整体发展的角度做出的战略部署，对于促进社会组织的人才队伍建设具有重要的意义。然而，从国外的经验来看，社会组织专业人才的教育培训往往会通过相应的资格认证来规范和检验，但是，我国至今未实施社会组织从业人员职业资格认证制度。这导致社会组织的人力资源培训缺乏必要的外部约束，难以真正检验社会组织从业人员的专业水平，从而导致社会组织从业人员的业务水平良莠不齐，还导致大量社会组织从业人员缺乏系统的专业教育培训，工作手段和方法比较落后，难以提供个性化、多样化、系统化服务。在此背景下，通过培训与开发，加快建立一支结构合理、素质优良的社会组织人才队伍成为当务之急。

在人力资源管理中，培训与开发往往被作为一个整体看待，尽管二者有着一定的区分：培训主要是为员工提供完成其目前工作所必需的技能；开发则是一种长期的培训，其目的是为组织发展或解决某些组织问题而可能出现的某些未来的工作，开发现在的或潜在的管理人员。① 但是，由于培训与开发

---

① ［美］加里·德斯勒：《人力资源管理（第六版）》，刘昕、吴雯芳等译，中国人民大学出版社1999年版，第238页。

所使用的技术和方法是相通的,对它们进行泾渭分明的区分不但显得武断而且也没有必要。因此,本书中统一使用社会组织员工的培训与开发,而不再进行细微的区分。

第一节 社会组织员工培训与开发概述

经济学的研究发现,人力资源是企业保持长久竞争优势的关键[1],而在企业的人力资源管理中,最为重要的因素是学习与开发[2]。对于社会组织而言,人力资源的培训与开发同样具有十分重要的意义,它是影响社会组织能否保持持续健康发展的最重要因素。与企业的人力资源培训与开发相比,社会组织的人力资源培训有着自身的特征,这些特征既凸显了社会组织人力资源培训与开发的重要性,也反映了社会组织与其他组织的差异。随着社会组织的发展,社会组织员工的培训与开发也呈现一些新的趋势,对社会组织员工的培训与开发,也应该审时度势地进行一些创新,以不断推动其自身的发展。

一、社会组织员工培训与开发的意义

社会组织员工培训与开发是人力资源管理的一个重要方面,它虽然是人力资源管理系统的一个组成部分,但是它本身也是一个完整的培训与开发系统。构成人力资源培训与开发系统的内容不仅包括对新入职员工的培训,还包括对处于不同职业发展阶段、不同职位的员工的培训和潜能开发。这些培训与开发组成的综合的培训与开发系统,一方面使得社会组织培训与开发能够成为一个完善的系统,与社会组织员工的职业生涯规划联系起来,另一方

---

[1] Lado, Augustine A., Mary C. Wilson, "Human Resource Systems and Sustained Competitive Advantage: A Competency-based Perspective," *Academy of Management Review*, 1994, Vol. 19, No. 4: 699–727.

[2] Wright, Patrick M., Gary C. McMahan and Abagail McWilliams, "Human Resources and Sustained Competitive Advantage: A Resource-based Perspective," *International Journal of Hhuman Resource Management*, 1994, Vol. 5, No. 2: 301–326.

面通过对人力资源的不断培训与开发,能够持续提升人力资源的水平,更好地促进社会组织的发展。总体而言,社会组织的人力资源培训与开发具有以下意义:

第一,帮助新入职员工快速适应社会组织的工作环境。社会组织的人力资源培训首先是针对新入职员工的培训,它通常被称为入职引导(employee orientation),是通过向新入职员工介绍最基本的工作信息以使员工迅速适应工作环境的最有效方式。在我国,对新入职员工的培训还有更为重要的意义。就我国当前的社会组织教育和培训状况而言,新入职员工在进入社会组织之前接受了系统的社会组织教育、具备社会组织一般知识和相应服务技能的比例非常低。这与我国当前社会组织教育尚未真正纳入到学校的教育体系之中不无关系。在这种情况下,社会组织对新入职员工的培训能够及时弥补学校教育的不足,使新入职员工迅速建立起对社会组织的基本认识,熟悉社会组织的工作环境、工作内容、服务方式和方法,初步掌握在社会组织工作的技能,逐渐建立对社会组织价值理念、服务理念等的认知。对社会组织新入职员工的培训是社会组织帮助员工迅速融入工作环境的重要方法,而在具体的操作过程中,这种新入职员工的培训既可以通过专家学者的专题讲座,也可以通过老员工带新员工的方法开展。专题讲座能够使新员工尽可能地全面了解社会组织的权威信息,而老员工带新员工能够使其在尽可能短的时间内掌握社会组织的工作方法,并且能够通过与老员工的接触来建立对社会组织价值理念的认同。

第二,提升员工的工作技能,提高工作绩效,促进社会组织的专业化发展。社会组织员工培训与开发的核心内容是围绕提升员工的工作技能展开的。研究发现,对员工的职业技能培训能够显著提升员工的工作能力和工作水平,提高工作效率,从而促进工作绩效的提升。[①] 社会组织的员工培训与开发,尤其是围绕某项技能展开的培训与开发,能够直接提升社会组织员工的工作技

[①] Delaney, John T., Mark A. Huselid,"The Impact of Human Resource Management Practices on Perceptions of Organizational Performance," *Academy of Management Journal*, 1996, Vol. 39, No. 4: 949 – 969.

能，提高其应对问题和处理问题的能力，从而使其在工作的过程中更为游刃有余地处理问题，提高工作效率，提升社会组织整体的工作绩效，进而提高社会组织自身的能力。

社会组织的工作千头万绪，针对社会组织员工的培训与开发也灵活多样，不同方面的培训与开发对于提升员工处理问题的综合能力助益颇多。员工综合工作能力的提升能够使员工在面对突发问题时更为灵活机动地予以应对，提升组织绩效。对一些技能较为熟练的员工进行的人力资源开发，能够更好地培养他们综合处理问题的能力和应对突发事件的能力，从而有助于将其提升到更好的工作岗位，促进员工职业生涯的发展。

专业化是近年来席卷全球社会组织的一场革命，它不仅反映了随着后工业社会的来临知识和专业在社会生活中的重要性，而且反映了后现代社会需求多样化和精细化的要求。从国外社会组织的发展来看，它们都经历了一个从职业化到专业化的过程。社会组织涉及领域广泛、行业众多，需要的专业人才也必须满足社会组织发展的需要，比如社会组织要形成公信力，必须建立公开透明的财务制度，这需要熟悉社会组织财务和税收的专业财会人员；当前社会组织多采取项目化运作的方式开展社会服务，项目的运作需要专门的项目策划人员；随着社会组织的发展壮大，社会组织要实现管理的科学化，需要引入职业经理人。这些都是社会组织普遍需要的人才，而对于一些专业性较强的社会组织而言，还需要更为专业的人才，比如体育类社会组织需要熟悉体育事务的指导员或顾问，艺术类社会组织需要懂得艺术鉴赏和艺术才能的工作人员，针对特殊群体服务的社会组织需要专门的服务人才……这些更为具体的对社会组织发展的要求对社会组织的人才队伍建设提出了更高的要求。社会组织的员工培训与开发通过分级分类管理，能够逐步加强对各类专业人才的培养，使社会组织能够吸引专业人才、发挥他们的专长，促进社会组织的专业化发展。

第三，建立员工对社会组织文化的认同。社会组织既不同于政府拥有普遍约束力的公权力，又不同于企业旨在追逐个人利益最大化，它是在"公民文化"的滋养和促发下诞生的。现代社会组织发源于基于契约精神建立起来的西方社会，在这样的制度背景下人们通过让渡自己的一部分权力来实现公共利益。而我国长期以来是基于血缘、地缘而建立的等级森严的宗法社会，长幼有序、尊卑有别，社会秩序并不是建立在契约的基础之上的。在这种情况下建立的是拟亲属关系，而非公民之间的权利和义务关系。公民文化的缺失，不仅使我国社会组织在孕育上缺乏文化基因，造成了我国社会组织发育上的先天困境，而且导致了社会组织在后天发展过程中文化认同的困难。对社会组织文化认同上的不足，直接导致了社会组织在社会资源分配上的不利地位，更在深层次上造成了社会组织制度建构上的滞后和不足。而实际上社会组织比其他组织更为强调组织文化建设，因为社会组织更为注重价值的传递。组织文化对任何一个组织而言都十分重要，对社会组织而言，文化建设更为重要。在工资薪酬和社会地位无法与企业和党政机关相提并论的情况下，社会组织更多的是依靠其价值理念来吸引员工。

培育社会组织文化有多种方式，教育与培训是根本之举。教育与培训能够从思想上引导人们建立对社会组织文化的认同，并且通过相应的案例教学、实践体验等，使人们切实领悟到社会组织的文化和价值。同时，教育培训过程中学员的相互讨论和交流，能够以彼此的认知和感知来丰富社会组织的文化内容和文化形式，从而使学员更为全面地把握社会组织的文化。实践证明，培训能够显著提升员工的留职态度，增进员工的组织承诺。[①] 同时，价值观的建立往往需要一个长期的过程，也需要理论与实践的结合。而社会组织的培训与开发的长期性与持续性决定了社会组织培训与开发和社会组织工作实践的结合，能够使员工在从理论上接受社会组织价值理念的同时，在实践中逐渐体悟到社会组织的价值理念。

第四，将员工的职业生涯发展与社会组织宗旨有机结合起来。 社会组织要保持基业长青，就需要有一帮认同社会组织价值理念的人为实现社会组织的宗旨而不懈奋斗，而真正能够激发社会组织员工为了这一宗旨而努力的，

---

① 凌玲、卿涛：《培训能提升员工组织承诺吗——可雇佣性和期望符合度的影响》，载《南开管理评论》2013 年第 3 期。

莫过于社会组织员工能够将社会组织的宗旨内化为自己的价值追求。人虽然有利他的倾向，但是人不可能在一直舍弃自身追求的前提下持续利他。社会组织的员工培训与开发就是要通过培训与开发，使社会组织员工的职业生涯能够与社会组织自身的发展结合起来，使员工在社会组织的发展中实现自身的价值，在追求自身目标实现的过程中促进社会组织宗旨的达成。因此，社会组织分层分级设置的培训与开发系统就要满足处于不同职业生涯阶段的员工的职业需求，使不同职业层级的人都能够得到相应的培训，从而更好地提升自身的水平，向更好的职业生涯迈进。在追求职业生涯发展的过程中，社会组织的员工培训既能使员工更好地掌握符合职业生涯发展的知识、技术和技能，还能因员工掌握的这些知识、技术和技能而更好地为社会组织服务，从而实现个人目标和社会组织目标协同共进的双赢局面。

二、社会组织员工培训与开发的特征

近年来社会组织注重自身能力建设，通过多种渠道提升员工专业化水平，使其在服务经济、扶贫济困、防灾减灾、促进就业、化解社会矛盾、创新社会治理等方面发挥了积极作用。对员工的培训与开发是任何组织都需要进行的一项人力资本投资，但是与其他组织的培训与开发相比，社会组织的员工培训与开发更具人性化、更注重价值导向、更具备服务精神。

第一，社会组织的员工培训与开发更能满足员工的人性化需求。 培训与开发是针对需求展开的，社会组织员工培训与开发也是如此。但是，与其他组织的培训与开发相比，社会组织的培训与开发更为注重人性化需求的满足。这是因为，与其他组织相比，社会组织主要是提供社会服务，要使提供社会服务的员工能够为服务对象提供人性化的服务，就必须首先使社会组织员工享受到人性化的培训。具体而言，社会组织的培训与开发往往通过多样化的组织形式使员工能够更为自如地参与到培训与开发过程中，如社会组织培训与开发经常采用个案工作方法、小组讨论方法。这样的培训与开发能够使员工更为直接和真切地融入到培训与开发的环境中，而且能够更为主动地参与到培训与开发过程中,从而使参与培训与开发的员工变被动接受为主动参与。其次,行业协会商会、基金会擅长以沙龙形式开展员工培训与开发,这样的培训与开发方式能够使参与培训与开发的员工以平等的主体身份来阐述自己的观点和认知,增进彼此的交流,并且通过别人分享的经验来提升自身应对问题的能力。近年来随着网络技术的发展,网络化学习方式应运而生。考虑到社会组织员工的工作时间和工作负荷,一些社会组织开始采用网络教学的形式开展培训与开发。网络培训与开发更好地考虑了员工的工作安排,给予了员工更大的自由度,同时网络上生动的教学方式,也更能为员工所接受。这也是社会组织满足员工人性化需求的一种体现。

第二,社会组织的员工培训与开发更为注重价值导向。企业是以营利为目的的组织,企业的员工培训与开发也更为注重通过提升员工的工作技能,以此为企业创造更多的利润;政府的职员培训与开发虽然不以营利为目的,但是政府的科层制体制使得体制内的职员自身就有追求地位升迁的动力,从而使其培训与开发具有较强的功利性。与这两者不同,社会组织更为强调其自身的价值导向[①],这也使得社会组织的培训与开发更为注重价值理念的传输。社会组织要能够留得住人才,就需要使人才认同社会组织的价值理念,并且能够自觉践行社会组织的价值理念。因此,在社会组织的培训与开发过程中,促进社会组织员工逐渐建立起对社会组织价值理念的认同,并且能够促使他们逐渐将这些价值理念内化为自身的理想信念是终极目标。正是这样的社会现实,使得社会组织的培训与开发更为注重价值理念的传递。

第三,社会组织的员工培训与开发更强调服务精神。社会组织的主要职责是提供社会服务,社会组织员工的服务精神直接影响社会组织服务的质量,因此,社会组织的培训与开发更加强调服务精神。在我国当前条件下,社会组织培训对服务精神的强调还与社会组织所处的尴尬的社会地位有关。从一定程度上来说,社会组织在我国属于新生事物,由于发展的时间不长,人们

---

① Marcussen, Henrik Secher, "NGOs, the State and Civil Society," *Review of African Political Economy*, 1996, Vol. 23, No. 69: 405 – 423.

对社会组织的认可度亟待提高,在社会组织工作往往意味着较低的社会地位、较差的收入水平和较弱的职业声望。在这种情况下,社会组织只有开展有效的社会服务,才能提升社会认可度。而要开展有效的社会服务就需要社会组织员工更为注重自身的服务意识的提升和服务水平的改善。只有社会组织员工以更为专业的服务精神为社会公众提供相应的服务,才能改变人们对社会组织的认知偏见,建立对社会组织的正确认知。因此,社会组织的培训与开发担负着提升社会组织员工的服务意识、服务水平和服务态度的重要使命。

三、社会组织员工培训与开发的趋势

近年来,我国社会组织发展呈持续快速增长趋势,对社会组织人才专业化的需求进一步扩大。可以预见的是,未来专注于能力建设的社会组织数量将进一步增加,社会组织人才培训与开发的竞争格局将逐渐形成,这势必会推动形成一批品牌化的专业社会组织能力建设机构。整体来看,随着社会需求的提升和社会组织的发展,未来一段时间我国社会组织员工培训与开发将呈现出以下趋势:

趋势一:培训运作移动化。移动学习(mobile learning)是进入21世纪后出现的新概念,它指的是学习者不必拘泥于特定的空间(通常指教室)进行学习,而是随时随地都可以进行学习。[①] 随着移动互联网技术的发展、智能移动设备的普及,移动学习已经成为一种风尚而逐渐流行起来。它也逐渐影响到社会组织的教育培训与人力资源开发,并将成为社会组织培训与开发在未来的发展趋势。[②] 事实上,移动化的培训方式已经开始在我国出现,如2015年联合国开发计划署在北京发布了"中国民间组织能力建设入门"的在线课程,设立了"慕课"奖学金,为致力于公益事业的民间组织从业者和青年学

[①] Kukulska-Hulme, Agnes, "*Mobile Learning: A Handbook for Educators and Trainers*," Psychology Press, 2005, p. 1.

[②] Prugsamatz, Raphaella, "Factors that Influence Organization Learning Sustainability in Non-profit Organizations," *The Learning Organization*, 2010, Vol. 17, No. 3: 243–267.

子提供免费的、量身定制的专家辅导，并提供学习证书。由福特基金会资助的网易"公益慈善网络公开课"是由中国公益研究院实施的项目，它面向广大有志于进入公益慈善行业的志愿者、社会组织从业者，提供实用参考。一些枢纽型社会组织将培训资料放到网站上，社会组织员工可以便捷地进行下载和学习。这些网络化、移动化培训与开发模式的探索，将为未来大规模地普及社会组织员工培训与开发的网络化模式提供经验积累，也必将促进社会组织员工培训与开发的网络化发展。

趋势二：培训内容精细化。专业化已经成为社会组织的发展方向，专业分工的精细化会促进社会组织有的放矢地开展培训与开发。同时，随着社会组织行业竞争的加剧，为提升培训与开发质量，培训与开发内容也将根据受训对象进一步细分。从社会组织类型上来分，将有社会团体、民办非企业单位、基金会的专题培训与开发；社会团体又有多种分类，如行业协会商会类、学术类、专业类和联合类。从员工级别来说，将有秘书长、项目总监、会员管理员、募捐员以及项目官员的培训与开发等。从社会组织发展阶段来说，将有初创型、发展型和成熟型的培训与开发。从机构运作流程角度讲，将有战略规划、项目设计、项目管理、项目评估、品牌传播、财务管理等内容。未来社会组织员工高端培训与开发课程将进一步丰富，处于不同发展阶段的社会组织将根据其需求选择合适的培训与开发课程，社会组织对于培训与开发的目的将更加清晰明了，不会仅仅因为免费而参加培训。

趋势三：培训方式操作化。培训与开发是要为社会组织培养具有实践能力的员工，而不是培养纸上谈兵的员工，因此培训与开发最终要落脚到操作层面。通过梳理2012年以来中央财政扶持社会组织的培训项目、各地财政专项扶持资金项目发现，这些培训与开发项目在培训安排中都十分注重对基层登记管理机关、社区社会组织人才的培训力度，在课程设置上也追求实操化，有的设计了实地考察交流，有的设计了现场教学、情景教学等，这些都促进了培训内容的可操作性。近年来，各级登记管理机关重视社会组织人才培训基地建设，通过这些人才培训基地，将理论教学和实践操作融为一体，在实践中促进社会组织员工积累实操经验,强化社会组织从业人员的实践能力。当前我国学历教育中缺乏社会组织教育,很多社会组织从业人员没有接受过相关专业培养,导致专业学历与职业经历之间的脱节,使中国社会组织服务工作陷入尴尬境地。面对学校教育与职业需求相脱节的情况,未来的社会组织员工培训与开发将更注重落地转化,更多强调技能培养和"工本位"思想。

趋势四:培训与开发趋向职业化。无论从促进社会组织自身的专业化发展来看,还是从提升社会组织的社会地位来看,促进社会组织的职业化发展都是吸引人才进入社会组织、推动社会组织更好发展的重要方式,也是社会组织在未来的发展方向。社会组织从业人员职业资格认证制度是推进社会组织从业人员职业化、专业化的重要制度支撑。[①] 2003年,民政部下发了《关于加强社会工作队伍建设的通知》,倡导有条件的省市开展社会工作职业化制度建设试点工作。上海、江苏、浙江等地先后在社会工作者职业资格制度方面进行试点建设,为在全国推行社会工作者职业水平评价制度积累了宝贵的实践经验。2004年6月,原国家劳动保障部颁布了《社会工作者国家职业标准》,并在上海试点,标志着社会工作者职业地位得以确认,随后"社会工作者"列入了《中华人民共和国职业分类大典》,社会工作人才培训走上职业化道路;与之相比,社会团体、基金会从业人员的职业资格认证制度建设则略显滞后。2015年7月29日颁布的2015版《中华人民共和国职业分类大典》,社会组织专业人员、社团会员管理员和劝募员被纳入到职业分类体系中。这标志着国家层面对社会组织职业的认可,它必将推动社会组织进一步走向职业化的发展方向。在社会组织日益职业化的背景下,随着社会组织人才建设工作的不断推进,社会组织从业人员培训与开发将更加凸显职业化的特点。

---

① 何平:《我国社会组织从业人员职业资格认证制度设计研究》,载《社会工作》2013年第2期。

四、社会组织员工培训与开发的创新

社会团体、民办非企业单位和基金会的持续快速发展对社会组织的员工培训与开发提出了新的要求:一方面,不同类型的社会组织对培训与开发提出的需求不尽相同,甚至千差万别;另一方面,在职参加培训与开发的社会组织员工大多具有一定的实战操作经验,在培训中,他们更强调经验性、实用性、问题导向性,他们提出的培训与开发需求与新入职员工,特别是80后、90后员工的需求差别较大。在此背景下要提高员工培训与开发的针对性和有效性,就必须进行创新,注重将理论总结与实际工作结合起来。

一是员工培训与开发理念上的创新。分析现有的社会组织员工培训与开发课程体系可以发现,各类培训都明确界定社会组织在职员工培训不是学历教育,而是搭建平台,汇聚专家资源、行业资源甚至包括政府资源,通过交流探讨等方式来审视自己现有的工作方法,学习和借鉴先进的经验。在一定程度上,对基层员工而言培训成为掌握一套行之有效的方法和技能、开阔眼界的途径;对管理层而言,则成为扩展圈层资源、提升运营管理能力的渠道。这虽然并不违背社会组织员工培训与开发的宗旨,但是易使员工培训与开发沦为人们逐利的渠道,从而使其陡增功利色彩。而实际上,社会组织员工培训与开发的最终目的是要使员工建立对社会组织价值理念的认同,并自觉地为实现这些价值理念而奋斗,因此,社会组织员工培训与开发要注重理念的创新,使更多的介绍培训与开发的员工能够从理念上接纳社会组织。

二是员工培训与开发方式上的创新。社会组织员工培训与开发首先要注重以需求为导向,一方面要深入了解潜在接受培训员工的情况,包括他们所在的社会组织类别、工作岗位、工作经验、对培训与开发内容的需求情况等,做到有的放矢;另一方面在师资配备上,要尽可能地配备多元化的师资力量,既应该包括理论研究者,也应该包括实务界从业人员,如知名行业协会商会秘书长、基金会秘书长、会计事务所注册会计师、经验丰富的社会组织员工等，还应该包括从事社会组织管理工作的政府官员等。他们从不同层面为社会组织员工提供有针对性的培训。在授课中要以解决问题为导向，不是照本宣科式地讲解，着力于解决学员在工作中遇到的实际问题，避免单一的理论灌输，使培训更有针对性；与此同时，要更加注重互动教学，将世界咖啡屋、参与式、实地考察等方法更多地运用到实际教学中来，通过讨论、游戏、案例分享等方式增强学员对培训与开发内容的理解度，提高培训与开发的质量。此外，面对互联网技术的进步和电子移动终端的发展，社会组织员工培训与开发也应该在利用网络技术上有所突破，充分将新技术应用到员工培训与开发的过程中来，不断创新培训与开发形式，使其更能与时俱进、更能接地气。

三是员工培训与开发管理上的创新。社会组织员工培训与开发要注重引入培训与开发管理，对培训与开发的各个环节进行有效监督和管理。过去由于对社会组织员工培训与开发的管理关注不足，这方面的建设存在短板。随着社会组织培训与开发日益专业化、规范化，在员工的培训与开发管理过程中要更为注重规范员工培训与开发的内容、环节和程序，确立完整的工作流程，总结、评估培训与开发效果，提高培训与开发质量。因此，必须设计良好的培训与开发管理流程，建立学习型组织培训与开发模式。

如图3-1所示，社会组织员工培训与开发管理创新模型的起点是社会组织的共同愿景，即社会组织员工培训与开发活动必须围绕组织的愿景进行，而后对组织现阶段员工技能掌握情况、培训与开发内容需求情况进行评估，从而确定培训与开发的需求和目标，在此基础上设计培训与开发课程，制订培训与开发计划，寻求对应的培训与开发机构并开展培训与开发活动。培训与开发活动结束后，对培训与开发的效果进行评估，为下一阶段的需求评估提供基础素材，整个过程也是社会组织职业化、专业化发展，不断丰富和完善自身知识库的建立，不断推进培训与开发工作的深化和提升的过程。在具体实施管理的过程中，每个环节都可以创新管理形式，如培训与开发需求分析可以改变以往的信息采集方式，采用更为灵活多样的方式在员工的工作场景中收集信息，更为真实地从多个方面了解员工对培训与开发的需求。

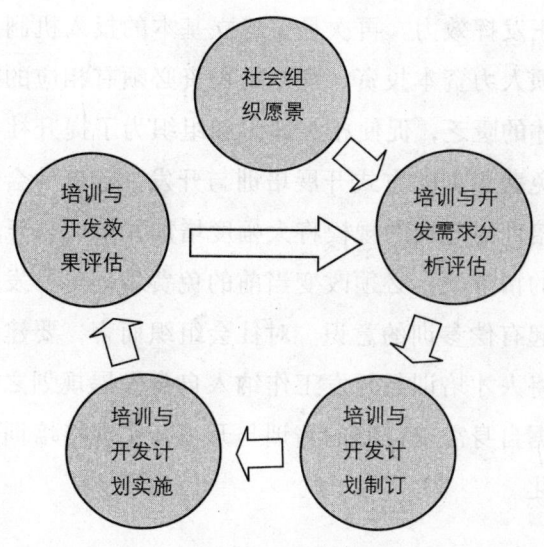

图3-1 社会组织员工培训与开发管理创新模型

四是培训与开发机制的创新。当前社会组织员工培训以参加免费培训为主,绝大多数社会组织尚未建立培训激励机制、约束机制和投入机制,尚未把培训与人力资源管理结合起来,未体现出培训的价值,导致员工参与培训的积极性不强,或接受了培训但实际效果不佳。为此,首先要设立培训激励机制,把培训效果与员工的奖惩、晋升、职业生涯发展相挂钩,以调动员工参加培训的积极性,提高培训的效果和成果转化率。一般的激励机制主要包括岗位晋升激励和薪酬福利激励,而对社会组织员工而言,更应该注重精神激励,以使其更好地领悟社会组织的价值理念。社会组织应该充分利用自身的优势资源来确立精神激励的方式和方法,将社会组织的价值理念充分糅合到精神激励中。其次要建立合理的约束机制。社会组织发展中面临的重要挑战之一就是员工流动性大,建立合理的培训与开发的约束机制是对人才流失的一种防范。约束机制可以是法律约束,也可以是制度约束,但关键是要使员工建立契约精神。传统中国社会是人情社会,维持社会秩序的是关系而不是契约,在从传统社会向现代社会转型的过程中,契约精神虽然在逐渐渗透到人们的生活中,但是人们尚未真正建立起契约精神。社会组织的员工培训与开发应该引导人们建立现代契约精神,自己遵守契约,从而使社会组织建立的约束机制真正发挥效力。再次是要建立基本的投入机制。社会组织员工培训与开发是一项人力资本投资，既然是投资必须有相应的投入机制。我国社会组织专业人才的匮乏，促使相关部门和组织为了提升社会组织员工职业水平，纷纷采取免费培训的方式开展培训与开发。随着社会组织的发展，社会组织员工参与培训与开发的规模将大幅度增加，培训与开发的成本也将成倍增长。在这样的情况下，必须改变当前的免费培训与开发模式，使社会组织及其员工建立起有偿参训的意识。对社会组织而言，要建立基本的培训与开发投入经费，将人才培训与开发工作纳入自身发展规划之中，确保员工能够有机会参加根据自身需求订制的培训与开发，实现将培训与开发成本向组织福利的有效转化。

第二节 社会组织员工培训与开发的定位

作为社会组织对人力资本投资的一种重要方式，员工培训与开发承载着社会组织的厚望。无论从社会组织发展的角度，还是从社会组织员工的职业生涯规划的角度来看，社会组织的员工培训与开发都有着若干层级的定位。这些定位既可以从社会组织员工培训要实现的目标来看，也可以从培训与开发的内容来看，还可以从培训与开发的开展形式来看。社会组织员工培训与开发的目标定位可以分为基本目标和高级目标，基本目标是要使员工熟悉社会组织的工作环境，提升自身的专业技能，更为熟练地从事社会组织工作；高级目标是要使社会组织员工认同社会组织的价值理念，通过内外兼修将组织目标内化为自身的目标，实现个人追求与组织宗旨相结合。社会组织培训与开发的内容定位是与社会组织培训与开发的目标定位相一致的，不同层级的目标定位决定了社会组织培训与开发的不同内容。从社会组织人力资源的可持续发展来看，社会组织的员工培训与开发仅是一环，要形成社会组织的人力资源队伍，还必须加强学校教育，为社会组织培养潜在的员工，同时，通过学习教育和培训与开发的结合，实现理论与实践的相互驱动，从而促进社会组织人力资源的持续发展。

一、社会组织员工培训与开发的目标定位

社会组织要开展有效的人力资源培训与开发,必须首先明确人力资源培训与开发要实现怎样的目标。著名的人力资源管理专家加里·德斯勒(Gary Dessler)曾经将企业的人力资源培训与开发的目标界定为两个方面:一是培养企业雇员解决问题的技能、沟通技能和团队建设的技能等,二是强化雇员的献身精神。[①] 从这两个方面的目标定位来看,培养雇员的各方面技能是技术层面的,而强化雇员的献身精神则涉及价值层面。这样的目标定位为我们思考社会组织员工培训与开发的目标定位提供了借鉴,从社会组织自身对价值的追求而言,社会组织员工培训与开发应该实现更高层次的价值追求,但是也不能忽视技术层面的目标。而社会组织要实现将人力资源优势充分发挥并且能够留住有用人才,还应该通过培训与开发实现将个人的职业生涯规划与社会组织的宗旨结合起来,实现组织目标的个人内化,使个人目标与组织目标合二为一,从而真正实现社会组织的可持续发展。

我们可以分两个层次来分析社会组织员工培训与开发的目标定位。从最基础的层面来讲,社会组织的员工培训与开发是要通过知识、技术和技能的培训,使员工掌握处理社会组织事务必需的知识、技术和技能,从而使新员工尽快适应社会组织工作,熟悉社会组织工作;使老员工能够不断地提升应对问题的能力,更为妥善和高效地从事社会组织的工作。因此,社会组织员工培训与开发的基本目标就是提升员工的工作技能,提高社会组织的工作绩效。如果社会组织员工培训与开发仅以此为目标,那么,社会组织不过是其员工谋生的一个职业,在这种情况下,在社会组织工作与在其他组织工作并无多大差异,只是工作的内容有区别而已。与企业相比,社会组织的工作待遇要低一些;与政府相比,社会组织的职业声望和社会地位要低一些,在这

---

① [美]加里·德斯勒:《人力资源管理(第六版)》,刘昕、吴雯芳等译,中国人民大学出版社1999年版,第238页。

种情况下,社会组织是难以留住优秀人才的。社会组织无法与企业在薪资水平上展开竞争,也无法与政府部门在社会地位上展开竞争,要留住优秀人才,就需要借助其自身的价值优势。社会组织的员工培训与开发承载着传递社会组织价值的功能,通过社会组织培训与开发,要使社会组织员工能够真正了解社会组织的价值理念。社会组织培训与开发向员工传递的价值理念是一种外在的传递,员工要真正地认同这些价值理念,需要经历一个内化的过程。在这个过程中社会组织员工培训与开发如果能够将个人的职业生涯规划与社会组织的价值目标联系起来,让员工在追求个人价值的过程中了解组织的价值追求,那么,员工将更容易将组织目标转变为个人目标,从而更为顺利地实现从外在到内在的过程转变。从这个角度来看,社会组织员工培训的高级目标是使社会组织员工认可社会组织的价值目标,能够为了这一价值目标而奉献,在奉献的过程中也实现个人的价值追求,从而实现个人目标与组织目标的完美结合。

从社会组织员工培训与开发的过程来看,其基础目标和高级目标是密切相连的,而不是截然分开的。员工在参与培训与潜能开发的过程中,伴随着自身参与社会组织事务的能力的提升和深度参与社会组织事务,将逐渐能够从理论和实践两个层面全面而深入地了解社会组织的价值理念,从而更为通透地认可社会组织的宗旨,并进而将其内化。员工将社会组织的价值目标内化为自身的目标追求只是员工更好地参与社会组织服务的一个过程,而真正投入到服务过程中还需要员工自身掌握较好的技术、技巧和技能,因此,社会组织员工培训与开发的两个目标相互关联、密不可分。

二、社会组织员工培训与开发的内容分析

建立完善的社会组织员工培训与开发内容体系是开展社会组织员工培训的前提,社会组织员工培训与开发的内容要以能够实现社会组织员工培训与开发的目标定位为依据,通过多方面的内容建构,促进社会组织人力资本的提升。从以往我国社会组织的培训与开发来看,各级登记管理机关、各社会

组织通过开发系列课程，建立校社、校政合作机制，加强内部培训机制建设等方法努力建构新的社会组织人才培养机制，推动社会组织人才专业化建设，取得了较好的效果。但是，培训与开发的强度、广度，培训与开发内容的深度等还远远不能适应我国社会组织的发展。在当前社会组织的职业分类已经纳入到国家职业分类体系的情况下，更要条理清晰、有的放矢地开展针对不同类型的社会组织职业、针对不同岗位的社会组织职务的培训与开发，使社会组织的培训能够与社会组织的发展需求相契合。

目前有关社会组织从业人员的培训与开发根据其岗位级别分为三大类，如针对普通员工的项目运作，中层管理者的团队管理、项目设计及高层管理者的政策解读、组织管理等；根据内容类别可以分为政策解读、内部治理（理事会运作、财务管理等）、资源整合（筹款等）、项目运作、组织运营（品牌建设、社会企业等）、信息化与传播等内容。社会组织员工的培训与开发主要根据经济社会发展需要，结合社会组织类别、岗位职责要求和不同岗位层次等特点，以党建、政策法规、业务知识、文化素养和技能训练等为基本内容，综合运用多种方式，促进社会组织素质和能力的全面提高。结合社会组织员工的职业生涯发展规划，可以大致从四个方面来分析社会组织员工培训与开发的内容体系。

（一）新员工入职培训

新员工入职培训是通过社会组织培训使其熟悉组织环境，了解工作职责，与社会组织相互认识、相互适应的过程。新员工入职培训通常以脱产的方式进行，也就是说让新员工不在实际的工作岗位上，而是专门地进行培训。这样可以尽可能地减少风险，也可以使新员工通过系统培训更快地适应工作。新员工入职培训的主要内容包括以下几个方面。

机构文化：机构概况、部门设置、服务内容、发展前景、使命与宗旨等。

机构管理制度：作息时间，休假、请假制度，晋升制度，培训制度，财务管理制度，档案管理制度，项目管理制度，保密制度等。

薪酬福利：工资结构，发薪日、加班工资、支薪方式、社会保险的代扣、个人调节税的代扣等,是否缴纳"五险一金",有无其他福利,如工作午餐、交通补贴等。

岗位培训:由部门负责人告知办公地点、讲解岗位职责说明书、发放部门联系表,并确定试用期的工作职责、考核标准,安排具体工作内容,提供熟悉岗位工作内容的基本资料,在试用期间讲解项目执行操作方法等。

基本礼仪:机构同事、上级称呼方式,电话礼仪,工作汇报程序,着装与化妆等。

(二)任职培训

社会组织虽然不一定像政府机关那样有着严格的科层制体系的划分,但是它内部也存在着分工,有着一定的层级划分。具体而言,社会组织也有着自己的管理层,根据其职责可以分为高级管理层、中级管理层和基层管理层。管理层与普通员工的工作存在差异,管理层的级别越高,与普通员工的工作差异越大。为了能够使员工在进入相应的管理层后迅速投入到相应的工作中,需要对晋升领导职务的员工在任职前或者任职后一年内进行任职培训。任职培训的内容根据不同的岗位确定,对高层管理者应该开展全面培训,使其能够全面了解社会组织如何运作,快速适应社会组织的领导职务。对中层管理者,应该针对其负责的部门或事务开展相应的培训,使其能够熟练地管理自己所负责的部门和领域;同时还应该对中层管理者进行沟通能力的培训,以使不同部门的管理人员能够实现有效沟通。对基层管理者,应该根据其负责的岗位来开展培训,要注重对他们加强团队能力建设的培训,使其能够以身作则地领导团队开展相应的事务。

(三)专门业务培训与开发

专门业务培训与开发是针对社会组织中从事不同类型的职业、处于不同岗位上的员工专门进行的培训与开发,它也包括针对某个方面的内容对所有员工进行的培训与开发,旨在提升员工某方面的专项技能以开展相应的专项业务或增强某方面的专门知识。当前针对社会组织员工开展的专门业务培训与开发主要包括以下几个方面。

战略管理：涉及帮助社会组织确定切实可行的使命、愿景，制定明确的战略规划及实现关键目标的营销战略、评估方法等，WISPAD 咨询（北京）有限公司、北京彼得·德鲁克社会组织学习中心等培训机构都开设了相关课程。战略管理主要是针对社会组织中高层管理人员而进行的培训与开发，通过培训使社会组织领导层能够从战略发展的角度思考社会组织未来的发展，在制定社会组织发展规划和进行相应的组织决策时，能够更为高瞻远瞩。

财务管理：主要涵盖社会组织会计实务和税务实务，如会计制度、专项资金预算编制、票据使用、固定资产管理、净资产管理等内容。主要针对社会组织财务工作人员展开培训与开发，通过系统的培训与开发和相互交流，使财会人员能够更好地处理社会组织的财务工作、进行财务管理。

档案管理：主要是结合社会组织规范化建设评估标准要求具备的档案资料入手进行，涉及如何有效收集、整理社会组织基本条件、内部治理、公益活动与诚信建设、社会评价的档案资料，并予以有效归类。随着电子化办公的实现，档案管理将越来越借助电子平台来完成，因此档案管理培训与开发中应该包含如何通过电子化办公更为便捷地实现档案管理。

筹款策略：主要涉及组织公信力建设、设计筹款方案、信息披露制度建设、如何寻找筹款引领者、如何挖掘潜在的捐赠者及如何设计筹款计划等。[①] 在劝募员成为社会组织特有职业的情况下[②]，针对劝募员进行此类培训与开发不但必要，而且十分重要。通过对劝募员的不断培训与开发，要使其在劝募的过程中铭记责任，更好地引导人们对社会组织进行捐赠。

品牌传播策略：主要涉及社会组织服务品牌的定位、品牌传播方法和工具的选用、微信微博等新媒体运营攻略等内容。

此外，社会组织的财税制度、社会组织评估制度、社会组织项目管理、

[①] 褚莹：《什么是职业筹款人》，载《公益时报》2014 年 3 月 25 日第 15 版。

[②] 石国亮认为，劝募员这一职业名称不准确，建议改成劝募师。参见石国亮：《建议国家职业分类大典中的"劝募员"改名为"募捐师"》，载《中国社会组织》2015 年第 10 期。

社会组织资金及筹资管理、社会工作方法在社会组织工作中的运用、社会组织能力建设、社会组织有关专项工作等与社会组织发展密切相关的内容，可以根据社会组织自身的发展状况来考虑是否纳入到社会组织员工培训与开发的内容体系中。

（四）在职培训与开发

在终身学习的理念日益为人们所接受的时代，开展在职培训与开发已经蔚然成风。要对全体社会组织员工进行适时的在职培训与开发，以更新其自身掌握的知识、提高其工作能力。除了要对专业技术服务员工进行继续教育和专业技术培训与开发外，对全体社会组织员工都要加强政策法规解读、宏观经济形势研判与分析、社会组织价值理念教育等方面的培训与开发。

政策法规解读：社会组织的发展离不开国家的政策支持和法律保障，社会组织员工应该对国家的政策法规有基本的认识。对员工的在职培训与开发应该围绕国家针对社会组织的法律法规深入解读，主要涉及登记管理、人才建设、购买服务、职能转移、税收优惠、党建等内容，使员工对社会组织发展的整体社会政策环境有深入了解，并且能够熟练地予以运用。

宏观经济形势研判与分析：经济基础决定上层建筑，国家的宏观经济形势不仅构成社会组织发展的外部环境，而且直接影响到社会组织自身参与社会事务的能力。只有对国家的宏观经济形势有清晰的认知，才能更好地预见社会组织的发展，实现未雨绸缪。因此，社会组织员工培训与开发应该将国家宏观经济形势的内容纳入其中。

价值理念教育：这是一项旨在促进社会组织员工将社会组织的价值理念内化为自身的价值理念的过程。近年来企业也在积极地开展价值理念培训与开发，使员工建立对企业的价值认同。社会组织的价值理念培训与开发首先是要向社会组织员工阐述社会组织的价值理念是什么。价值理念是抽象的概念，社会组织的员工培训与开发应该借助丰富的案例来阐述其价值理念，也可以通过员工的先进事例来阐述，还可以通过列举一些具体的规范和要求来实现。价值理念体现在社会组织的方方面面，而社会组织管理层的示范作用尤为重要。这就要求社会组织的员工培训与开发应该注重加强对管理层的价值理念培训，使管理层首先建立起对社会组织价值理念的认同，管理层的以身作则能够起到率先垂范的作用，同时也能够使员工更为真切地体会到社会组织的价值理念。需要强调的是，价值理念的培训不是一蹴而就的，价值观的改变往往是一个长期的过程，因此，价值理念培训应该贯彻于社会组织培训与开发的始终，潜移默化地改变社会组织员工的价值理念，促进其将社会组织的价值理念内化为自己的价值观念。

三、社会组织员工培训与开发和学校教育的有机结合

社会组织对员工的培训与开发是社会组织进行人力资本投资的重要方面，本章前面部分也对社会组织员工培训与开发的意义进行了分析，但是无论社会组织员工培训与开发对于社会组织本身的发展和社会组织员工的职业生涯发展有怎样的意义，社会组织员工培训与开发的定位仍然是在进入社会组织之后才开始的。这意味着，社会组织的员工培训与开发不是一个贯彻人的发展过程始终的过程，而是在人们进入工作领域之后才发生的。这决定了社会组织员工培训与开发具有很强的排他性，即它是针对已经成为社会组织员工的人进行的培训与开发。社会组织的培训与开发最重要的是要培养员工认同社会组织的价值理念，并且能够将这些价值理念内化为自身的价值追求。价值观的形成和巩固是一个长期的过程，随着人的年龄的增长，价值观容易固化而不容易被改变。因此，社会组织对员工进行价值理念的培训与开发效果如何，很大程度上和接受培训与开发的人已有的价值观有很大关系。

教育是培养人们价值观的重要途径，人们在进入学校接受系统的教育之后，学校教育就成为型塑人的价值观的最重要力量。学校教育对型塑人的价值观的重要性，决定了要使人们建立对社会组织价值理念的认同，就应该在学校教育中增加社会组织的教育内容，使人们在学校阶段就能够接触社会组织的价值理念，并且能够在社会实践的过程中逐渐领悟到这些价值理念的真谛，从而逐渐建立认同。因此，要使人们建立对社会组织价值理念的认同，

就必须在人们进入社会组织之前就进行相应的教育。

从教育的连续性看,将社会组织员工培训与开发和学校教育有机结合起来,是使人们接受系统的社会组织价值观教育的有效方式。人们在学校教育中接受的与社会组织相关的教育内容,多是来源于课本,而鲜有实践的体验。当人们进入到社会组织真正开始从事社会组织工作时,人们在社会组织中的实践能够使其真正了解到社会组织价值理念的内核,此时的社会组织员工培训与开发则能够将人们的切身体验升华到更高的价值层面,从而使人们将在学校接受的价值观教育与工作体验、员工培训与开发联系起来,实现从知识到实践再到知识的过渡,逐渐建立起对社会组织价值理念的认同。

从我国的社会现实来看,高校社会组织专业建设尚处于起步阶段。据不完全统计,目前全国招收公益慈善管理方向学生或设置了公益慈善专业的院校有8家,有学者研究发现,全国113个高校公共管理学院中,只有39个学校有社会组织方面的课程。[1] 而美国已有242所大专院校提供非营利管理课程。[2] 目前国内设立社会组织相关研究机构或开设相关专业的高校,更多侧重于培养学术人才,如清华大学公益慈善研究院和NGO研究所、北京师范大学中国公益研究院、中山大学中国公益慈善研究院、中国人民大学非营利组织研究所等,而培养应用型人才的屈指可数。但随着社会组织改革发展的推进,人才专业化成为各地推进社会组织改革发展的重要抓手,与政校合作建立培训基地或举办培训班成为各地加强社会组织人才建设的主要做法之一。2014年"上海交通大学—静安区社会组织人才培养高级研修班"由静安区社建办与上海交通大学第三部门研究中心合作,历时22周;2015年洛阳市社会组织培训基地在洛阳理工学院挂牌成立,依托高校师资力量培养社会组织人才;陕西省民政厅与西安交通大学联合共建"陕西省社会组织高级管理人才培训基地"等,这些探索都为建立职业培训与学历教育的结合提供了有益的尝试,随着这些探索的成熟,我国将逐渐摸索出适合我国国情的社会组织员工培训

---

[1] 邓国胜:《中国民办非企业单位的特质与价值分析》,载《中国软科学》2006年第9期。
[2] 郁建兴:《美国社会组织的人才培养模式和经验》,载《中国社会组织》2013年第2期。

与教育相结合的模式。

第三节　社会组织员工培训与开发的实施

在对社会组织的员工培训与开发进行了定位之后，我们需要了解当前社会组织的培训与开发处于一种什么样的状态，它是否满足了社会组织员工培训与开发的目标定位。社会组织的员工培训与开发在我国已经有一定的经验积累，也形成了一定的培训与开发模式，这对建设社会组织人力资源队伍、促进社会组织的发展起到了重要作用。但是，整体上社会组织的员工培训与开发缺乏系统性和连贯性，不能实现有效地培育社会组织专业人才、满足社会组织发展需要的目的。因此，必须通过深入的需求分析，建立社会组织员工培训与开发的计划，选择合适的培训与开发模式和实施方式，有步骤地逐渐建立起社会组织员工培训与开发的管理系统，并通过对培训与开发效果的评估来不断完善这一系统。

一、社会组织员工培训与开发的需求分析

要开展员工培训首先应该清楚需要什么样的培训与开发，即进行培训与开发的需求分析（training needs analysis）。培训与开发需求分析是要找出员工实际具备的技能与达成组织目标需要的技能之间的差距，它是培训与开发的起点。[1] 对社会组织而言，培训与开发需求分析就是要通过对社会组织及其员工的目标、技能、知识等方面进行系统的调查与分析，探讨员工现有能力与岗位需求的差距，以确定是否需要培训与开发及如何设置培训与开发课程的一系列活动过程。培训与开发需求分析有多种模型，最著名的莫过于Goldstein 的三层次培训需求分析模型，根据这一模型要分别进行组织分析

---

[1] Moore, Michael L., Philip Dutton, "Training Needs Analysis: Review and Critique," *Academy of Management Review*, 1978, Vol. 3, No. 3: 532 – 545.

(organizational analysis)、任务分析（task analysis）和人员分析（person analysis）。社会组织要进行培训与开发需求分析，也应该从这三个方面入手。组织分析是要根据社会组织自身发展所需的知识、技能状况等同现有状况的差距的分析，来确定组织的培训与开发需要及培训与开发内容。任务分析是要根据社会组织内部设置的岗位来确定各项培训与开发任务，精细定义各项任务的重要性、实际工作中发生的频次和掌握的困难程度，是设计和研发相关培训与开发课程的重要依据。人员分析主要是从三个方面进行，一是从社会组织员工实际状况的角度出发，分析现有情况与完成任务的要求之间的差距，以此为依据来决定谁需要参加培训与开发及其内容；二是通过绩效评估的方式进行，以发现员工绩效水平的高低，从而进一步寻找绩效水平低的原因，以确定如何通过培训与开发来解决问题，近而求得绩效水平有一定的提高。三是通过问卷调查、座谈讨论等灵活多样的形式，结合个人培训与开发档案记录，来确定员工的培训与开发需求。

当前我国的社会组织在进行员工培训与开发时，已经开始意识到需要进行需求分析，并且身体力行对社会组织员工培训与开发需求进行实证研究。如，有研究从行业协会与政府关系、与社会关系维度提出能力建设的需求方向，如加强行业规制、公共协商、行业代表及行业形象塑造能力建设等。[①] 在实际操作层面，2014年中山市社会组织管理办公室的调查显示，在机构运作方面，79.31%的社会组织员工需要战略规划培训；在内部管理方面，72.41%的社会组织员工需要团队建设与管理培训；在项目实施方面，67.24%的社会组织员工需要项目实施培训。2014年成都2000万专项财政资金扶持社会组织项目评估结果显示，94.23%的社会组织希望加强财务管理培训，特别是围绕财政项目的预算编制、支出等方面为财务人员和项目管理人员进行系统讲解。[②]

[①] 于蜀：《多维度下的行业协会能力建设研究——基于政府、社会与行业协会互动发展的视角》，载《社团管理研究》2012年第10期。

[②] 中山市社会组织培训需求调查，见http://www.sojump.com/jq/3704401.aspx。

员工培训与开发需求分析作为社会组织员工培训与开发的首要和必经环节，是其他培训与开发活动的前提和基础，在培训与开发全部过程中具有重要作用。具体表现在两个方面，一是确认差距，明确目标。培训与开发需求分析的基本任务之一是寻找个体或组织现有状况与应有状况之间的差距，包括绩效差距，专业知识、实际技能存在的差距等，为做好员工培训与开发工作确立目标。二是选择参训对象及课程，解决存在问题。在差距明确之后，以此为依据来决定谁参加培训与开发及其内容，有利于提高培训与开发的针对性，避免资源浪费。

社会组织要精准掌握员工培训与开发需求，就必须采用科学合理有效的方法，常见的员工培训与开发需求分析方法包括观察法、问卷法、访谈法、测验法以及关键事件法。

观察法是指社会组织内部分管或主管人事的管理者通过与员工一起工作或在员工工作的过程中从旁观察，对员工的工作态度、工作技能、工作悟性等予以了解，把握他们在工作中遇到的问题。使用观察法的时候，调查者应对员工工作内容和要求非常熟悉，此外要避免在正式的场合下进行，造成被观察人员的紧张及不适应从而降低观察结果的准确性。

问卷法是最常用的方法，也是最便于分析的一种社会科学研究方法。它是由人力资源管理部门针对员工开展的一项调查，直接询问员工对培训与开发的需求。使用问卷法虽然可以直接获得所需信息，但是要注意问卷内容编制的合理性和科学性，以及后期问卷处理的正当性和准确性。使用问卷法进行培训与开发需求调查时问卷设计的质量非常关键，因此问卷设计者必须是对岗位工作职责、内容及相关培训与开发课程非常熟悉的人。问卷法的好处在于它可以一次性的收集大多数人的意见，从而形成较为全面的需求分析。

访谈法是通过访谈的方式了解员工的培训与开发需求的一种方法，也是最快捷的获取员工培训需求的一种方式。在访谈之前要先确定访谈方向、准备访谈提纲。访谈的问题设置可以是封闭性的，也可以是开放性的。在访谈过程中，要注意引导员工通过具体的案例来说明自己对培训与开发的需求，不要先入为主地诱导员工说出访谈者自己想要的答案。

胜任能力（competence）是个人具备从事某项工作所需要的知识、技术和技能等方面的能力。[1] 胜任能力分析法是指对员工是否具备胜任某一工作所应具备的知识、技能、态度和价值观等的方法。胜任能力分析法被广泛应用于员工招聘、甄选、晋升考核、绩效评估乃至组织战略规划。[2] 胜任能力分析法在人力资源管理中应用广泛，建立了多种分析模型，最典型的是冰山模型和洋葱模型。冰山模型认为胜任能力由冰山的上部和下部组成，上部是表露在外面的知识和技能，下部是不显露在外面的自我概念、特性、动机等；洋葱模型则认为胜任能力由洋葱的内部和外部组成，外部是容易被改变的个人特征，内部是不容易被改变的个人的核心特征。冰山的下部和洋葱的内部才是觉得个人胜任能力的内驱力。

以上几种方法各有特点，采用哪种方法进行培训需求分析主要还是根据社会组织对于培训本身的要求。一般情况下最好避免采用单一方法，挑选两种或者多种方法，以某种分析方式的优点弥补另一种方法的缺点，提高培训与开发需求分析的准确性。

社会组织员工培训与开发需求分析流程主要分为三个步骤：

第一步：制订年度培训与开发计划。年度培训与开发计划是在每年年初根据社会组织年度发展目标及相关行业规范予以制订。年度培训与开发计划的主要内容包括本年度计划参与培训与开发的员工人数及其职位分布状况、本年度用于培训与开发的预算经费、可能会涉及的培训与开发课程内容、需要达到的培训与开发目标等。社会组织参与年度培训与开发计划制订的主要是高层管理者及人事或行政部门负责人。

第二步：收集培训与开发需求。社会组织培训与开发需求的收集主要是采用员工自愿申报的方式进行，各部门员工根据自身情况，在规定的时间内将自己的培训与开发需求书面提交给部门负责人，然后由部门负责人进行整

---

[1] Sandberg, Jorgen, "Understanding Competence at Work," *Harvard Business Review*, 2001, Vol. 79, No. 3: 24 - 28.

[2] Rodriguez, Donna, et al., "Developing Competency Models to Promote Integrated Human Resource Practices," *Human Resource Management*, 2002, Vol. 41, No. 3: 309 - 324.

理后提交给人事或行政部，部门负责人以及其他高层管理者的培训与开发需求则直接提交给人事或行政部。也有社会组织先采用问卷调查、头脑风暴等形式掌握培训与开发需求信息。

第三步：审查培训与开发需求。社会组织根据对于上一步骤提交的需求，筛选出有效需求。筛选的标准主要是看该需求是否符合社会组织年度培训与开发计划。

二、社会组织员工培训与开发的计划制订

在确定了最终的培训与开发需求后，应该根据筛选出的培训与开发需求建立培训与开发目标。这个目标应该是具体的、可以测量的，并且是通过培训与开发可以实现的，而不应该是模糊的、笼统的、好高骛远的。培训与开发目标的设立为社会组织员工和实施培训者提出了共同努力的目标，是引导二者共同努力的方向。

在确定了明确的培训与开发目标后，需要制订培训与开发的详细计划。应该以社会组织的年度培训与开发计划作为指导，将通过审查后的培训与开发需求作为重要参考，以能够实现培训与开发的目标为宗旨，进行培训与开发方案的编制。年度培训与开发计划主要是从宏观角度对社会组织的培训与开发工作提出指导，而培训与开发方案则包括培训与开发实施的具体信息，如培训与开发的内容、时间、地点、方法、培训师来源、所需经费等。

针对不同类型的培训与开发，应该制订不同的培训与开发计划，为了使培训与开发计划能够形成完整的系统，并且能够与社会组织员工的职业生涯规划联系起来，应该建立培训与开发计划的连续统，使不同层级的培训与开发形成循序渐进、由基层到高层的递进系统，使处于不同职业发展阶段、不同岗位的社会组织员工都能够参与其中。要形成社会组织培训与开发计划的连续统，就需要策划社会组织员工培训与开发的部门员工全力合作，同时要与其他部门之间建立良好的沟通机制，以便能够尽可能地协调各部门之间的时间、精力，从而形成妥善的培训与开发计划。而具体到某个项目的培训与

开发，也需要人力资源部门与参与培训的相关部门协调和沟通，以实现最优化处理。

在制订了详细的培训与开发计划后，要进行相应的报审。社会组织人事或行政部门将编制好的培训与开发方案上报至组织负责人，等待审批。负责人根据组织自身发展现状、培训与开发计划必要性以及培训资金使用状况，对培训与开发方案的可行性进行审查，并予以批复。经过负责人批准的培训与开发方案回传给人事或行政部后，根据批复，按照培训与开发方案的要求，组织相关部门人员进行培训与开发项目的实施。

三、社会组织员工培训与开发的模式和方式选择

社会组织员工培训与开发的模式和方式有很多种。培训与开发模式和方式的选择直接影响到培训与开发的效果。因此，应该根据培训与开发的需求、目标、实施难度、师资力量等来选择合适的培训与开发模式和方式。

（一）培训与开发模式的选择

从目前开展的各类社会组织能力建设、培训与开发项目来看，社会组织从业人员的培训与开发模式主要有行业培训与开发、岗位实践及委托培训与开发等模式，各类培训与开发模式优劣势如下：

1. 行业培训与开发模式

行业培训与开发模式是由党政管理部门、枢纽型社会组织或者行业协会等围绕推进社会组织机构建设、优化社会组织内部管理、提升社会组织工作能力等展开行业培训。培训内容既可以是综合性的，如党建、政治、经济、管理、技能、文化、哲学等多个方面，也可以是专业性的，比如社会组织的税收优惠政策、社会组织的登记管理等。行业培训与开发模式能够有效提升社会组织员工综合业务素养和履职能力。行业培训与开发一般规模比较大，培训成本比较高。培训与开发的组织方（党政管理部门、枢纽型社会组织、行业协会等）按照政策要求对社会组织员工开展培训与开发，培训与开发针

对某类别、某区域社会组织开展，培训与开发社会组织员工数量较多，有些大型培训甚至会一次性培训上千人，需要培训与开发主体投入较多人力、物力和财力。同时，为适应加强对社会组织管理和服务的要求，培训与开发组织方也需要持续投入各类资源建设社会组织员工培训与开发平台。行业培训与开发的质量不易控制，培训与开发组织方对社会组织员工开展行业培训与开发工作量大、面广，培训与开发社会组织员工数量众多，相关工作受到培训与开发工作机制、培训与开发工作载体、培训与开发平台软件硬件条件、受训人员政策法规基础和业务素养等多种因素影响，技术性、细节性业务的相关培训与开发工作质量难以完全把握。

当前在国家大力倡导激发社会组织活力的背景下，各级登记管理机关为进一步提升社会组织能力建设水平，充分发挥财政支持社会组织参与社会服务项目的示范作用，制订了各类培训计划，积极引进各类专业从事社会组织能力建设的组织开展培训，如广州市 2015 年计划培训登记管理机关工作者、社会组织从业者 6000 人次。政府推动的社会组织培训对于整体推进社会组织从业人员的水平起到了重要作用。同时，社会组织也踊跃参与人才队伍建设，如 2013 年在中国慈善联合会指导下，中民慈善捐助信息中心和老牛基金会共同发起了"慈善千人计划"，意图在五年内培养 1000 名慈善组织领军人物，最大限度地改善慈善行业的人才生态。"老牛学院"作为该计划的启航项目，由老牛基金会出资 1000 万元，计划在三年内培养 200 名左右的慈善专业人才。

2. 岗位实践模式

岗位实践模式是指社会组织员工在自己的岗位上在工作的过程中逐渐接受培训与开发，这种培训与开发比较灵活，既可以是专门的技术指导，也可以是经验丰富的员工进行的技术传授，还可以采用员工之间相互交流切磋的方式。对社会组织而言，岗位实践模式的培训与开发综合成本较低。岗位实践模式建立在员工日常工作的基础上，机构用于培训与开发的人财物等方面成本较低，适合资源有限的社会组织培训与开发员工，特别是新进员工。同时，岗位实践模式能够在增强员工实践技能的过程中优化机构员工管理。岗位实践能够让员工对于工作目标、工作性质、工作职责、工作程序、工作方法等产生较为直观的认识，促进员工业务理论与工作实践的结合，能让员工在一定时间内熟悉业务工作，开展具体工作。员工也能通过工作实践客观认识到自身在理论、技能、经验等方面的不足，有利于员工针对性地学习提高以补齐"短板"。岗位实践能深化社会组织对新进员工的认识，便于考察员工的实际工作绩效，利于根据员工的特点特长，为其提供适宜的岗位，促进社会组织人力资源的优化配置，提升社会组织的工作效能。

由于岗位实践模式是在岗位实践的过程中开展的，因此它的效果因岗而异。社会组织作为推进经济社会发展的重要主体，既需要实用技能型人才开展一线服务工作，也需要具备较高水准的理论型人才开展业务调研、课题研究等理论性工作。岗位实践模式偏重应用教学，着眼于促进新进人员短期内尽快熟悉工作岗位、开展一线工作，对于培养实践型、应用型人才效果明显，但由于往往缺乏系统深入的理论学习与之配套，对于培养理论型人才效果则相对较差。岗位实践模式还受到机构资源的制约，作为社会组织内部的培训与开发，培训与开发基于社会组织实际工作展开，培训与开发指导人员、设施设备等主要来自社会组织本身，即培训与开发师资条件、员工培训与开发质量等方面的状况在相当大程度上受到社会组织人财物等资源状况影响。对于社会组织亟须员工掌握的一些新技能，岗位实践模式未必能够及时有效地实现。

3. 委托培训与开发模式

委托培训与开发模式是指社会组织委托第三方对其员工进行相应的培训与开发，如社会组织委托高校开展员工培训与开发。接受委托方往往是对社会组织业务非常熟悉或者拥有较好社会组织知识储备的单位，因此，委托培训与开发能够有效提升员工综合素养。首先，委托培训与开发针对提升员工业务工作能力、推进"人岗相适"，培训与开发内容往往涉及经济、管理、技能、文化、哲学等多个方面，力促员工在工作理念、工作态度、工作技能等多个方面的提高，在针对性地促进员工提升业务能力、适应工作需要的同时，能在一定程度上满足员工全方位提升自我的需要，被视为机构给予员工的一种重要福利。其次,委托培训与开发能够促进专业支持机构发展。社会组织根据开发人力资源、促进自身发展的需要,委托专业机构开展培训与开发工作,能在增强员工工作能力的同时,增进员工对于机构文化、价值观念的认同,不断强化机构内部的凝聚力、向心力,从而进一步增强机构的核心竞争力。

然而,不容忽视的是,采取委托培训与开发的模式对社会组织而言意味着较高的委托成本。首先表现在培训与开发的综合成本。员工培训与开发是一项长期性的系统工程,需要社会组织持续投资,而委托专业机构定期培训与开发一定数量的员工则需要一定的人力、财力、物力,特别是选择委托大专院校开展学历教育、委托培训公司开展深度培训与开发等项目往往需要较高花费,这便在一定程度上限制了经费有限的社会组织委托培训与开发员工的数量、时间与科目。其次表现在培训与开发的质量难以把控。接受委托培训机构制订的培训与开发目标、培训与开发计划、培训与开发内容、培训与开发方式、培训与开发时间等必须与社会组织和员工发展的实际需要紧密结合,培训与开发工作受到社会组织领导观念、培训与开发机制、工作岗位、活动经费以及培训机构师资力量、培训与开发能力、课程设置等多种因素影响,需要社会组织、培训机构、员工各方密切配合、动态调适才能取得良好的效果,如果相关任何一个环节出了问题,都容易导致培训效果打折扣且流于形式。

当前虽然委托培训与开发模式并不是社会组织员工培训与开发的主要方式,但是已经有了一些探索,如北京德鲁克社会组织学习中心面向社会组织从业人员、登记管理机关及企业社会责任部门开设"非营利组织的管理""非营利组织的基本管理技能"等公开课,还根据社会组织自身需求开展订制内训课程。

总体而言,三种培训与开发模式各有侧重,也各有利弊,在社会组织开展员工培训与开发的过程中,这三种模式发挥着不同的功效,共同促进了社会组织的员工培训与开发。

（二）培训与开发方式的选择

目前，国家学历教育高职、本科及以上专业目录里尚未设置"社会组织"相关专业，社会组织从业人员专业结构多样，与实际工作直接相关性不大，为此入职培训及岗位专题培训成为提升员工能力的主要通道，《2014中国公益行业人才发展现状调查报告》显示，83.1%的公益机构为员工提供或购买过提升岗位技能的培训。[①] 目前社会组织员工培训与开发的方式有若干种，主要的培训方式有五种类型：

1. 课堂讲授/讲座

课堂授课是使用最为广泛的社会组织从业人员培训与开发方式，也是最为传统的培训与开发方式。课堂授课既包括系统性的一门课程或技能，也包括讲座。课堂传授式的培训与开发方式比较适合进行政策解读、专业知识传授。采用课堂授课的形式进行培训与开发，一方面便于组织，有利于降低组织和管理成本，另一方面也能够较为系统地向接受培训与开发的社会组织员工进行专业知识传授。如各级登记管理机关组织的社会组织人员培训示范项目，部分社会组织开设的能力提升项目等均采用这一模式。部分社会组织内部培训也采用该模式，或是人事行政部门做新员工入职培训，或是业务带头人开展相关技能培训，或是聘请外部专家不定期交流学习。

2. 岗位培训

社会组织的工作内容实践性强，岗位培训能有效提升社会组织员工的共识，有利于员工快速掌握岗位规范、专业知识和专业技能。常见的岗位培训有部门互动式培训、岗位复训等。部门互动式培训通常是在设置培训主题后，根据部门员工特点，将培训内容分解到部门各工作人员，各自进行学习，随后共同参与讨论，每位员工都是老师，各自负责主讲部分内容。部门互动式培训能够调动员工学习的积极性，发掘每个员工的优势，从而能够更好地发

---

① 王会贤：《〈2014中国公益行业人才发展现状调查〉发布》，载《公益时报》2014年9月23日第9版。

挥个人的专长。

岗位复训是对在某一岗位工作一段时间后的在岗员工进行的培训，往往是根据员工需求施教，根据实际工作中出现的问题和需要设置培训主题和内容。岗位复训带有很强的问题导向，因此它更具有针对性。

3. 内部"导师制"

限于社会组织外部培训与开发还处于起步阶段和社会组织自身资金并不雄厚等原因，内部培训与开发成为社会组织员工培训与开发的主要方式，以社会组织内部比较有经验的老员工带领新员工熟悉工作为主。这是一种工作指导培训（job instruction training）。这种培训与开发方式往往以非正式的形式在工作过程中开展，组织文化、专业技能等都在潜移默化中形成。内部"导师制"以"导师"的言传身教来影响和带动"学员"，并且由于"导师"和"学员"在工作中关系密切，"导师"可以及时地为"学员"解决突发问题，从而使员工迅速融入到工作环境之中。这种方法主要适应于新员工和员工晋升、岗位轮换，员工缺乏岗位经历等情况，它有助于员工获取实践经验，尽快达到岗位要求，也能够有效地节约培训与开发的成本。

4. 视听技术

利用电影、电视、录像带、录音带等媒介对员工进行培训也是一种有效的方式。这些视听手段的好处在于培训内容的精确性，视频或录音能够尽可能地将培训内容以最佳的方式呈现出来，从而使接受培训的员工更为准确地接触到相关信息。从成本来看，虽然它的购买成本可能会相对较高，但是鉴于这些视听资源可以多次利用，整体成本则相对较低。采用视听技术进行培训能够有效地弥补课堂教学的不足，使课堂教学中无法表达的内容通过视频的形式呈现出来，从而使员工更好地了解教学内容。一些社会组织还可以自己录制相应的培训视频，这样能够很好地结合自身的优势开展员工培训与开发。

5. 网络培训与开发

网络培训与开发方式是近年来才发展起来的，它既包括通过网络上提供的相关课程对员工进行培训,也包括利用网络上的相关学习文件来开展培训。网络培训与开发不但节省社会组织培训与开发的成本,方便社会组织员工随时随地接受培训,而且网络内容的无所不包也使得网络培训与开发的容量巨大,能够满足社会组织员工培训与开发的多元化需求。但是,相对于其他类型的培训与开发方式来说,网络培训与开发比较难以受社会组织控制,培训与开发的效果也难以把握。

社会组织培训与开发的方式多种多样,上述五种方式是在现实的社会组织培训与开发中使用较为频繁的方式。随着技术的发展和社会组织员工培训与开发的成熟,培训与开发的方式也将更为多样化,而要达到社会组织员工培训与开发的目的,关键是要选择适合实现培训与开发目标的方式。

四、社会组织员工培训与开发的效果评估

作为社会组织的一项人力资本投资,社会组织员工培训与开发的效果甚至超过能够达到预期目标是最理想的状态,而如何评估培训与开发的效果,则是社会组织在策划培训与开发时就应该考虑的。一般而言可以从四个方面来衡量社会组织培训与开发的效果,即反应、知识、行为和成效。

反应是指接受培训与开发的员工对已经接受的培训与开发的反应,如认为培训与开发是否有用、有哪些方面在作用、是否喜欢、有哪些需要改进的地方等。员工的反应可以通过访谈或问卷来收集,也可以通过观察来收集。对知识的测量则往往通过相应的知识测试来进行,比如培训与开发结束后进行相应的知识测试,以摸清接受培训的员工的知识获得情况。行为则表现在多个方面,比如接受培训与开发后员工的工作态度是否发生了变化、是否更为投入、处理问题的能力是否有提高等,主要通过在日常的社会组织工作中体现出来,也可以通过进行相应的行为测试来观察。成效主要是指是否达到了预期的效果,相对而言成效是一个综合的测试过程,社会组织员工的态度的改变、知识的增加和行为的改变都能够引起成效的改善。一般情况下应该制定可以量化的标准来测量成效,比如通过时间管理来测量成效、通过服务

对象反馈的服务质量的变化来测量成效等。

　　对培训与开发效果的评估既是对已经完成的培训与开发项目的总结，也包含成本—收益的计算，同时能够为改善社会组织的员工培训与开发提供经验借鉴，从而促进社会组织员工培训与开发的完善。

　　社会组织员工培训与开发是一项系统工程，它需要经过系统的需求分析、确立明确的目标、制订详细的计划、在认真实施后进行详细的评估，以便更好地予以完善。随着社会组织的发展和对专业人才队伍建设的重视，在国家政策的支持下，未来社会组织员工的培训与开发将逐渐走向规范化、程序化和系统化。

第四章 社会组织员工的职业资格与职业发展

社会组织的发展关键在人才,只有建立起社会组织的人才队伍,才能促进社会组织的可持续发展。而在社会组织的发展日益专业化的今天,要实现社会组织专业化发展,必须首先使社会组织成为一种职业。新修订的国家职业分类大典明确列出了社会组织的特有职业,这是从国家层面对社会组织的认可,也是促进社会组织专业化发展的重要举措。在政府简政放权、推动实施政府职能转移的过程中,社会组织要顺势而上,积极谋求建立社会组织从业人员职业资格认定制度,促进社会组织从业人员资格认定的规范化、制度化。社会组织从业人员的职业资格认定要遵循整体性、规范性、实用性、可操作性的原则,又要充分考虑社会组织自身的特点,设定考核的内容,建立符合我国国情的社会组织从业人员职业水平评价标准。具体到社会设计层面,应该建立全国性的社会组织从业人员职业资格评价机构、考试系统、培训系统和资格证书保障系统,多管齐下,促进社会组织从业人员职业水平的提升。

第一节 社会组织员工职业化的方向

社会组织的专业化发展方向对社会组织的人才建设提出了新的要求,只有加强人才队伍建设,才能为社会组织的发展提供不竭的动力。我国社会组织的专业人才队伍建设一直落后于社会组织的发展,这影响着社会组织的现代转型。只有通过多方面的努力,提升社会组织从业人员的素质和水平,才能更好地促进社会组织的职业化、专业化和科学化发展，从而真正激发社会组织活力，促进社会组织的长远发展。

一、推动社会组织健康有序发展关键在人才

党的十八大以来我国对社会组织的发展提出了新的要求，出台了政府向社会组织购买服务、行业协会商会与行政机关脱钩、改革社会组织管理制度等意见，特别是颁布了《慈善法》，为社会组织的健康有序发展创造了良好的社会环境。良好的外部环境是社会组织发展的外部因素，而真正推动社会组织发展的因素是内部因素，即社会组织自身的力量，主要是指社会组织自身的治理。社会组织的治理离不开人，人才队伍建设成为社会组织面临的重要任务。实际上，从我国社会组织的发展历程来看，改革开放后社会组织的恢复重建所取得的成绩离不开社会组织人才的共同努力。党的十八届三中全会以来，政府简政放权改革不断深化，社会组织作为承接政府职能转移的重要承接主体，在社会事务中发挥的作用日益凸显，而社会组织要能够承担起承接政府职能转移的职责，就必须有相应的专业人才来承担相应的工作。但是，从我国的就业状况来看，社会组织的从业人员较少，根据国家统计局发布的数据，2015年底全国就业人员77451万人[1]；而根据民政部的统计，截至2015年底，全国社会组织吸纳社会各类就业人员734.8万人[2]，社会组织从业人员数量占就业人口的比例不足1%，这与发达国家社会组织吸纳就业的情况存在显著差异。相关研究显示，国外社会组织就业的平均规模占非农就业人口的5%[3]，而一些发达国家的社会组织就业人口占经济活跃人口的比例能够

---

[1] 中华人民共和国国家统计局：《中华人民共和国2015年国民经济和社会发展统计公报》，载《人民日报》2016年3月1日第10版。

[2] 《2015年社会服务发展统计公报》，见 http://www.mca.gov.cn/article/zwgk/mzyw/201607/20160700001136.shtml。

[3] 周学锋、高猛：《社会组织促进就业的功能与制度路径》，载《中国行政管理》2012年第11期。

达到8%以上，如英国社会组织从业人员占经济活跃人口的比例达到8.5%，美国则达到9.8%。①

社会组织在我国恢复重建时间并不长，近年来随着社会组织的发展、社会工作专业的兴起和志愿服务等的推广，人们对社会组织的接受度在逐渐提升。如前所述，新修订的《中华人民共和国职业分类大典》已将社会组织专业人员、社团会员管理员和劝募员列入其中。在这些职业之外，社会组织还需要更多的专业人才，比如社会组织要形成公信力，必须建立公开透明的财务制度，这需要熟悉社会组织财务和税收的专业财会人员；当前社会组织多采取项目化运作的方式开展社会服务，项目的运作需要专门的项目策划人员；随着社会组织的发展壮大，社会组织要实现管理的科学化，需要引入职业经理人。② 这些都是社会组织普遍需要的人才，而对于一些专业性较强的社会组织而言，还需要更为专业的人才，比如体育类社会组织需要熟悉体育事务的指导员或顾问，艺术类社会组织需要懂得艺术鉴赏和艺术才能的工作人员，针对特殊群体服务的社会组织需要专门的服务人才……这些更为具体的对社会组织发展的要求对社会组织的人才队伍建设提出了更高的要求，而社会组织的专业化发展必须逐步加强对专业人才的培养，使社会组织能够吸引专业人才、发挥他们的专长，并且能够对社会组织建立认同感，长期从事社会组织工作。

二、职业声望、社会地位和薪酬水平是社会组织从业人员反映最突出的问题

社会组织从业人员的专业化水平直接影响着社会组织的专业化水平和社会组织的发展方向，近年来国家也通过多种方式推动着社会组织的人才队伍建设，如建立相应的职业准入制度，包括社会工作师资格认证等，但是，整

---

① 李贤柏：《社会组织带动就业的效应研究》，载《中国行政管理》2013年第6期。
② 田光兴、秦祖富、付华：《中国非营利组织需要职业经理人》，载《天府论坛》2005年第6期。

体上我国社会组织的专业人才缺口非常大,社会组织的人才队伍建设才刚刚起步。这一方面与我国社会组织的发展相对较晚有关,但更关键的是人们对社会组织的认可度不高,在社会组织工作的职业声望、社会地位和薪酬水平均不高。而职业声望、社会地位和薪酬水平是社会组织能够吸引人才前来就业并且留住人才的最重要因素。

长期以来受官本位思想的影响,中国人的信念中"学而优则仕",能够加入公务员的行列不但意味着较高的社会地位,往往也能够有较好的社会福利。而随着改革开放以来市场经济的发展,进入企业,尤其大型的外资企业、国企和民企,通常能够带来较好的经济回报;进入事业单位虽然在社会地位和经济回报上与进入机关和企业稍有差异,但是一般比较稳定,收入尚可,社会地位较高。但是,进入社会组织工作,常常既不能带来较高的职业地位,也不能带来较好的职业收入。一些在社会组织工作的人往往背负着较大的生活压力,特别是对于年轻人来说,面对城市生活的高额成本,选择在社会组织工作并非明智之举。北京恩友财务中心的一项调查显示,在北京、广州和成都,大多数公益组织负责人月薪在5000元以上,与当地社会平均工资相当,而普通员工(项目人员、会计或行政人员)的月薪,基本处在2000至4000元之间,而这大多低于当地社会平均工资水平。[1] 这导致社会组织工作人员一旦拥有较好的工作机会,就会选择跳槽,从而使社会组织工作人员的流动性很大。[2] 而这样的社会声望和职业前景又进一步降低了在校大学生选择以社会组织为职业的可能性,从而导致社会组织人才队伍建设输在起跑线上。

三、社会组织从业人员的职业化是专业化的基础

专业化是近年来席卷全球社会组织的一场革命,它不仅反映了随着后工

---

[1] 王辉:《公益组织人员薪资低于社会平均水平》,载《京华时报》2013年12月16日第C04版。
[2] 王川、徐荔:《待遇不高、职业前景不明致社工大量流失》,载《上海法治报》2012年12月4日第A02版。

业社会的来临，知识和专业在社会生活中的重要性，而且反映了后现代社会需求多样化和精细化的要求。从社会组织的发展来看，职业化是专业化的基础，只有建立了相应的职业，才能在此基础上进行深化，形成专业。在没有职业的基础上谈专业，是无稽之谈。从国外社会组织的发展来看，它们都经历了一个从职业化到专业化的过程。如劝募师一直在国外社会组织中担任着重要的角色，因为社会组织发展的资金来源主要是社会捐赠，因此社会组织都会千方百计地吸引最具劝募能力的人才进入社会组织，为社会组织吸纳社会资源而努力，在一些国家还设有专门的劝募师协会。劝募的职业化使得劝募员能够更为投入地从事劝募，广泛收集与募集资源相关的信息，从而使劝募更为专业化。其实，这也与现代社会的专业分工有关，社会分工的精细化使得人们不得不把有限的精力放在更为具体的专业分工上，而不是致力于将自己培养成为面面俱到的通才，也就是说在现代社会术业有专攻是人们的发展方向。对社会组织而言，职业化发展是实现术业有专攻的基础，根据社会组织发展的需要开发其特有职业，是保证社会组织更为专业化发展的前提。

第二节　社会组织特有职业开发与社会组织员工的职业化

　　社会组织与政府机关、企业、事业单位有着鲜明的差异，这也决定了社会组织的职业和岗位与它们的不同，必然有一些属于社会组织的专有职业，如劝募师、社团会员管理员、社会组织从业人员等。对这些不同的社会组织特有职业，有着不同的要求，也应该设立不同的准入机制和评价标准。

一、《国家分类职业大典（修订版）》的发布与社会组织特有职业的设立

　　2006年10月，党的十六届六中全会做出《中共中央关于构建社会主义和谐社会若干重大问题的决定》，提出要"建设宏大的社会工作人才队伍，造就一支结构合理、素质优良的社会工作人才队伍，是构建社会主义和谐社会的迫切需要。建立健全以培养、评价、使用、激励为主要内容的政策措施和制

度保障，确定职业规范和从业标准，加强专业培训，提高社会工作人员职业素质和专业水平。制定人才培养规划，加快高等院校社会工作人才培养和体系建设，抓紧培养大批社会工作急需的各类专门人才。充实公共服务和社会管理部门，配备社会工作专门人员，完善社会工作岗位设置，通过多种驱动吸纳社会工作人才，提高专业化服务水平"①。2008年6月28日至29日，首次全国社会工作者职业水平考试举行，这标志着我国社会工作人才评价制度建设进入实施阶段。从一定程度上看，社会工作师的职业资格认证和职业发展规划可视为我国社会组织员工职业资格与职业发展制度建设的先导。2012年3月，民政部民间组织服务中心承担《国家职业分类大典》社会组织职业修订工作，首次提出了社会组织管理师（社会组织工作师）、劝募师、社团会员管理师等三个社会组织专业人员新增职业。2015年7月29日，国家职业分类大典修订工作委员会召开全体会议审议、表决通过并颁布了新修订的2015版《中华人民共和国职业分类大典》，将社会组织从业人员、社团会员管理员和劝募员纳入其中。这是与社会组织有关的职业第一次出现在国家职业分类大典中，标志着从国家层面对社会组织职业化的认可，这本身显示了国家对社会组织人才队伍建设的支持，也是对社会组织发展的支持。这三类社会组织特有职业的出现，使与社会组织相关的职业成为一种重要的职业选择，能够起到为社会组织工作人员的职业身份"正名"的作用，从而有助于扭转当前人们对社会组织职业认同度低的现状，提高社会组织的职业声望，进而提高社会组织工作人员的社会地位，也为社会组织提升专业化水平提供了可能。另一方面，从发达国家社会组织的发展来看，设立特有职业是促进社会组织与政府机关、企业取得同等社会主体地位的重要措施，能够有效吸引人才进入社会组织工作，从而真正使社会组织成为人们就业的选项。同时，通过相应的薪酬指导意见等的出台和实施，能够提高社会组织工作人员的薪酬水平，从而从职业声望、社会地位和薪酬水平等多方面改善社会组织对人们就业的吸引力。

---

① 《中共中央关于构建社会主义和谐社会若干重大问题的决定》，载《求是》2006年第20期。

二、新一届政府的简政放权与职业资格制度改革

职业资格制度作为目前国际上通行的一种专业技术人员管理制度，一般分为从业资格和执业资格两种类型。从业资格是由各种协会向公众提供的服务型资格认定，这种资格认定是单纯技能型的，不具有强制性；执业资格是政府根据相应的法律、法规，针对某些关系人民生命财产安全的职业而建立的准入资格认定制度，有严格的法律规定和完善的管理措施，如统一考试、注册和颁发执照管理等，不允许没有资格的人从事规定的职业，因而具有强制性。[①] 我国从1994年开始实行职业资格制度，从人员范围来讲包括专业技术人员和技能人员；从职业资格性质来讲包括准入类和水平评价类。我国的职业资格许可和认定既包括协会认定的，也包括政府机构认定的。到2013年底，国务院部门共设置各类职业资格618项，其中，专业技术人员职业资格219项，技能人员资格399项。地方自行设置的有1875项，其中，专业技术人员职业资格389项，技能人员职业资格1486项。[②] 在新一届政府大力推动政府简政放权的过程中，减少职业资格许可和认定工作是简政放权的一个重要内容。减少职业资格许可和认定并不意味着降低对职业资格的监管，相反这恰恰是更为强调通过减少政府的过多干预，使专业的机构和部门承担职业资格认定，通过更为专业的职业资格制度的施行来推动专业能力和技能水平的提高。

具体到社会组织的特有职业资格认定，作为职业资格制度的重要组成部分，它是不可或缺的。社会组织的职业资格认定能够有效起到提高社会组织工作人员的职业水平、提升专业化程度、促进社会组织更为科学地管理和运作的作用，从而促进社会组织的健康发展。对社会组织相关职业的职业资格

---

① 道水：《国外职业资格制度》，载《中国人才》2003年第6期。
② 《人力资源和社会保障部副部长汤涛谈职业资格改革》，见http：//www.gov.cn/wenzheng/talking03/20150609ft113/。

认证也能够使社会公众更为全面地了解社会组织的职业特点,使更多的人熟悉社会组织,认可社会组织职业,而逐渐建立的职业资格认定与职称相挂钩的制度,将意味着社会组织的职业声望和社会地位的提升,进而能够使社会组织更好地吸引人才。同时,职业资格认定也是对职业进行规范化和制度化的过程,它能够推动社会组织更为规范和健康地发展。

三、社会组织特有职业的专业技术标准和技能标准

设立社会组织特有职业的职业资格认定,就必须确定一定的标准。根据国家职业资格证书制度的有关规定,针对社会团体、民办非企业及基金会三大类社会组织发展对专业人才的需求,建立社会组织从业人员职业水平评价制度,纳入全国专业技术人员及办事人员职业资格证书制度统一规划。通过职业水平评价,取得社会组织从业人员职业水平证书的人员,表明其已具备在相应专业技术岗位工作的水平和能力。人社部、民政部共同负责社会组织从业人员职业水平评价制度的组织实施工作,并按职责分工对该制度的实施进行指导、监督和检查。

社会组织从业人员职业水平评价是一项实践性强、涉及面广、工作量大的活动,涉及多学科、多部门、多领域,为提高评价的科学性、合理性和可靠性,在组织实施中应注意遵守以下原则:

1. 整体性原则

社会组织从业人员的职业技术标准和技能标准应反映社会组织活动在我国的整体状况和水平,不仅要突出社会组织相关职业当前对从业人员主流技术、主要技能的要求,反映职业活动的一般状况和水平,而且还应兼顾不同地域或行业间可能存在的差异,同时还应考虑其发展趋势。这一原则是技能标准的定位原则,一般应定位于全国平均先进水平上,且是多数人经过努力能够达到的水平。职业水平评价应该对不同岗位劳动具有普遍的适用性和代表性,而不是仅仅适用或反映个别的特殊劳动。因此,要结合不同类型社会组织中不同职业分类的实际情况,来设计评价方法及考试内容。

2. 规范性原则

针对社会组织特有职业的技能标准中的文体和术语应保持一致；内容结构、表述方法应符合要求；文字描述应简洁、明确且无歧义；所用技术术语与文字符号应符合国家最新技术标准。

3. 实用性原则

社会组织从业人员职业资格认定的技能标准不仅应全面、客观地反映工作现场对从业人员的理论知识和操作技能的要求，而且应符合职业教育培训、职业技能鉴定和企业人力资源管理工作的需要。必须从各类社会组织管理的实际出发，选择能促进社会组织健康发展的评价要素，特别是选择不同岗位推动社会组织发展必备能力的评价因素，使评价结果能直接应用于社会组织管理实践中，以提高职业评价的应用价值。

4. 可操作性

社会组织特有职业的技能标准的内容应力求具体化、可度量和可检验，便于实施，易于理解，要根据社会组织的特点来设定标准，保证考核内容能够实现考核目标。

国家职业标准是在职业分类的基础上，根据职业（工种）的活动内容，对从业人员工作能力水平的规范性要求。它是从业人员从事职业活动，接受职业教育培训和职业技能鉴定以及用人单位录用、使用人员的基本依据。国家职业标准由劳动和社会保障部组织编制并颁发。制定国家职业标准的工作流程如下：

1. 成立国家职业标准制定专家工作组

专家工作组由7—15名专家组成，包括方法专家、内容专家和实际工作专家。方法专家由熟悉《国家职业标准制定技术规程》和技能标准编制方法的专家担任，方法专家要接受过项目主持人训练；内容专家由较长时间从事该职业理论研究和教学工作的专家担任；实际工作专家则由较长时间实际从事该职业活动的管理或操作人员担任。为确保标准符合生产和工作的实际，通常要求实际工作专家应占专家小组总人数的一半以上。专家工作组成立时应确定组长和标准主笔人。

2. 开展职业调查和职业分析

要在全国范围内调查了解该职业的活动目标、工作领域、发展状况、从业人群数量、层次、薪酬水平和社会地位，以及从业者必备能力、知识和技能等。职业调查可以由专家工作组承担，也可以委托专门工作机构承担。在职业调查获得资料的基础上，由专家工作组进行职业分析，为标准制定做好前期准备。

3. 召开职业标准制定工作研讨会

要采用目标导向项目规划方法，实行项目主持人制。与会方法专家、内容专家和实际工作专家（必要时还可从专家工作组以外特邀部分专家）通过充分研讨，确定本职业标准制定的具体工作程序和本职业标准的基本框架结构，并编制本标准制定的时间进度计划。

4. 编写国家职业标准初稿

按照工作研讨会确定的程序、框架，以及时间进度计划，结合职业调查和职业分析的结果，同时结合专家长期积累的工作经验，编写国家职业标准初稿。

5. 审定和发布

标准初稿完成后，由劳动和社会保障部职业技能鉴定中心进行技术初审，专家工作组将根据初审意见做进一步修订。标准初稿经技术审定通过后，由劳动和社会保障部培训就业司召开标准终审会议，组织业内权威人士对标准进行最后审定。专家工作组根据审定意见做好最后修订后，报劳动和社会保障部审批。审批通过后，由劳动和社会保障部颁布。

从职业资格认定的内容来看，技能标准包括：职业概况、基本要求、工作要求和比重表四部分。这既要从全国范围内考虑社会组织的普遍情况，又要充分考虑区域之间、行业之间和不同社会组织之间的差异性，使考核内容既具有普适性，又能反映社会组织的特色。根据新颁布的国家职业分类大典，对社会组织特有职业的职业能力考核应该满足以下基本条件。

社会组织专业人员的职业能力：（1）制定社会组织发展战略；（2）指导并建立分支代表机构、办事机构等管理机构；（3）研究、制定非营利市场营销策略；（4）创建、维护由捐赠者和志愿者组成的社会组织支持群体；（5）制定社会组织预决算实施细则；（6）制定、应用行业标准和规范；（7）监督社会组织活动执行情况；（8）制定志愿者招募、培训、激励、使用及评估方案。

社团会员管理员会的职业能力：（1）根据社会团体章程或会员管理办法，组织发展会员；（2）受理入会申请，审查资格，履行报批手续，反馈审批结果；（3）发放会员证书，讲解会员权利与义务；（4）收缴会费，提出会费使用办法并监督会费票据的使用；（5）收集归档资料，建立、维护档案，使用会员管理系统软件；（6）反映会员需求，组织会员活动，评估反馈服务信息；（7）根据章程，筹办会员（代表）大会、理事会及常务理事会会议；（8）办理入（退）会手续。

劝募员的职业能力：（1）宣讲公益慈善理念，研究公益市场需求；（2）制定募集方案；（3）与捐赠主体联合拟定捐赠协议；（4）跟踪确保捐赠到位；（5）向捐赠主体报告公益项目执行进展情况；（6）组织捐赠主体等合作伙伴，参与考察公益项目实施情况；（7）撰写公益项目总结报告。

第三节 社会组织特有职业资格水平评价设计

社会组织特有职业的设立需要有一定的准入要求或水平评价制度，根据当前我国职业资格制度的整体设计，在政府简政放权和进行职业资格制度改革的时代背景下，要加强对社会组织的人才队伍建设，必须审时度势地建立健全社会组织特有职业资格水平评价制度，使社会组织特有职业的资格认定逐渐走上制度化、规范化和科学化的管理模式，促进社会组织人才队伍建设的有序开展。在政府简政放权、转移自身职能的前提下，首先要通过引入市场机制和第三方评估机制，建立专业的社会组织从业人员资格水平评价机构，使其以客观、公正、科学、专业的姿态管理社会组织从业人员资格水平评价，同时也以其自身的独立性和专业性来建立社会公信力,提升社会组织的职业声望;其次,要建立相应的考核系统和职业培训系统,实现以考促学,促进社会组织从业人员不断提升自身的技能;再次,要为社会组织从业人员资格认定建立相应的保障机制,创造良好的外部条件,促进其顺利实施。

一、建立专业的社会组织从业人员职业资格水平评价机构

社会组织从业人员职业资格认证体系必须拥有公信力,这样才能够得到社会的认可。对于职业技能的认定,要建立公信力必须有专业性和权威性,因此,首先需要有一个专业而又有权威性的管理机构,尽管政府的简政放权要求政府下发权力,但是考虑到政府的权威性和在社会管理中的职责,要提高人们对社会组织从业人员职业资格认定的认可度,应该在国家层面设立社会组织从业人员职业资格认证管理中心,它的性质既可以是国家机关,也可以是国家机关下设的事业单位,还可以是社会组织。它的具体职责包括:建立社会组织从业人员职业资格认证专家队伍;组织专家建立考试题库;对社会组织从业人员职业资格认证的考评员进行培训和考核;建立社会组织从业人员职业资格认证工作的计算机网络和信息网络;参与制定社会组织从业人员职业资格认证制度的有关文件和规定;制定各分中心的标准和条件;组织并实施社会组织从业人员职业资格的认证工作。原则上,管理中心应隶属于民政部,接受民政部的工作指导与监督。[1]

社会组织从业人员职业资格认证中心负责全国范围内的社会组织从业人员职业资格认定,在各地可以设立分支机构,负责各地区的具体工作,同时起到上情下达的作用。同时,为了保证该组织的专业性,可以聘请社会组织领域的专家学者、从事社会组织管理的实务界资深人士作为顾问团,为机构的运作提供专业的咨询和指导。

---

[1] 何平:《我国社会组织从业人员职业资格认证制度设计研究》,载《社会工作》2013年第2期。

二、社会组织从业人员职业资格水平评价的考试系统

社会组织从业人员职业资格水平评价应该选择合适的考核来实现,对社会组织的从业人员资格虽然更为强调其实践性,但是也需要一定的理论基础,因此,考试系统应该坚持理论与实践并重的原则,充分考虑到社会组织工作的性质,设计符合其职业特点的考核方式和内容。考核的内容还要考虑到从业人员的认可度,在难易程度上应该有所取舍,既不能选择过高难度的考核,导致通过率过低,使考核者产生畏难情绪,望而却步,也不能过于简单,使其失去筛选的功能,要坚持难易适中,既能够实现考核和筛选的目的,又能够保证一定的通过率。

社会组织的工作领域几乎涵盖了社会生活的方方面面,这就使对社会组织从业人员的考核面临一个十分现实的问题,即考试内容的选取应该考虑怎样的深度和广度。要体现社会组织特有职业的职业性和专业化,就需要有一定的深度,而要考虑到社会组织涵盖领域的广泛性,就要考虑广度的问题。考试系统是针对所有社会组织从业人员的,因此在考核的过程中还要同时考虑到接受考核者的接受能力和认可程度。在这方面应该借鉴国外对社会组织从业人员进行职业资格认定的方法,同时充分将我国的国情考虑在内,使考核的内容能够真正体现我国社会组织发展的需要,又能够适应社会组织的未来发展趋势。

三、社会组织从业人员的职业培训系统

社会组织人才的培养有多种模式,考试模式只是其中的一种,随着社会组织的不断发展,对社会组织的从业人员提出的要求也在不断提高,而且在社会组织的发展过程中出现的新问题、遇到的新情况也需要社会组织从业人员能够有相应的能力去研究和应对,这就需要社会组织从业人员不断学习。当前我国从事社会组织工作的从业人员中,绝大多数没有接受过专门的社会组织学位教育,职业资格考核只是以外在的形式督促其不断学习的一种方式,

而要真正使社会组织从业人员能够自如地应对工作中遇到的各类问题,还需要通过建立相应的培训系统来促进其后续的学习和交流。

要根据社会组织特有职业的特点,设计职业培训系统。从职业生涯规划的角度来看,职业培训是一个伴随职业发展而终身存在的过程,而不只是参加资格考核前的突击行为。为此,不仅国家应该从顶层设计的角度建立相应的培训要求,社会组织也应该从自身发展的角度建立行业性的、地域性的、专业化的培训系统。培训的内容既应该包括社会组织的专业内容,如社会组织财务、社会组织项目策划,也应该包括与社会组织相关的内容,如相关法律法规的修订。

在培训的方式上要充分考虑便捷性,在不影响社会组织从业人员的正常工作的情况下开展培训。考虑到网络技术的发展,培训可以采取远程教育的形式,也可以采取在职培训的方式。为了避免灌输式培训可能导致的学习积极性不高的情况,应该考虑灵活多样的培训形式,使接受培训者能够真正参与其中,在互动中实现学习。

四、社会组织从业人员的职业资格保障系统

社会组织的治理是一个动态的过程,社会组织的发展也时刻处于变动之中,这就对社会组织从业人员提出了一个基本的要求,即实现社会组织从业人员的动态管理,时刻掌握社会组织发展的动态信息。要实现这一目的,就必须建立社会组织从业人员的职业资格保障系统。

对社会组织而言,职业资格保障系统主要是要保障社会组织从业人员能够始终保持较好的工作状态,促进社会组织项目的顺利开展。首先,应建立恰当的薪酬制度和绩效考核制度,使薪酬和绩效考核紧密联系起来,从而充分调动社会组织从业人员工作的积极性和主动性。其次,建立对职业资格认定的定期审查机制,对于审查不合格的,可以依法取消其职业资格。第三,利用社会信用体系建设的契机,建立社会组织从业人员的信用记录,对于出现不诚信行为的社会组织从业人员,依法进行处罚并记入个人诚信档案。

第五章　社会组织员工的绩效管理

所谓绩效管理，就是以客观的事实为依据，对员工成绩、能力和努力程度等各方面有组织地观察、分析和评价。绩效管理的主要内容一般包括德行、能力、业绩和勤劳程度四方面，但在实际工作中可以有不同的侧重点。我国社会组织到底要不要实施绩效管理体系、如何实施绩效管理、如何解决在实施绩效管理时的种种问题等，都是摆在我们面前的现实难题，也是社会组织目前急需解决的问题。社会组织的管理模式不同于企业管理，社会组织员工的绩效管理也有其自身的特点，甚至在社会组织发展的不同阶段，绩效管理也呈现不同的特点。因此，在社会组织中实施有效的绩效管理，需要建立一套适合本组织的绩效管理体系。

第一节　绩效精神和绩效

激励可以挖掘人的潜力，提高人力资源质量。对于社会组织来说，激励是激发社会组织员工活力的关键一环。这是由于社会组织区别于企业和政府，具有自身的特殊性。从员工构成看，以志愿者居多。此外，社会组织员工工资较低，社会地位不高等造成了员工的积极性不高。从这个意义上看，社会组织也要激励员工。而有效的激励需要社会组织管理者多关注员工的需求、动机与积极性的内在关系，并结合激励的一般理论来指导和促进社会组织员工积极性的提高，不断激发社会组织员工的活力。

一、什么是社会组织的绩效

国际货币基金组织在最近发布的报告中称，中国购买力 GDP 实际上已经超过美国。这不禁让人想起肯尼迪 1968 年的演讲："即使我们消除了物质的贫困，我们还面临一个更大的任务，那就是——满足的贫困，目标的贫困，尊严的贫困——还困扰着我们每一个人。在很长一段时间里，我们太注重物质的积累，而忽视（忽视或者把美德与社会价值排在后面、放弃，好像有点完全没有了）了个人的美德和社会的价值。我们的国民生产总值现在已经超过 10 万亿美元，但这个国民生产总值——如果我们用它来衡量美国——包括了空气污染和香烟广告，以及为交通事故而奔忙的救护车。它包括了我们装在门上的特种锁和关撬锁的人的监狱，包括了我们对红木森林的破坏和因城市无序蔓延而消失的自然奇观。它包括了凝固汽油弹，包括了核弹头，包括了警察用来应付城市骚乱的装甲车，包括了惠特曼步枪和斯佩克刀，包括了为了向孩子推销玩具而美化暴力的电视节目。然而，这个国民生产总值不包括我们孩子的健康，他们教育的质量和游戏的快乐。不包括我们诗歌的美丽，我们婚姻的坚强，我们公众辩论中的智慧和我们官员的正直。它不包括我们的机智和勇气，不包括我们的智慧和学问，不包括我们的同情心，不包括我们对国家的热爱。总之，它衡量一切，却把那些令人生有价值的东西排除在外。它告诉我们美国的方方面面，却不能告诉我们为什么为她自豪。"半个世纪过去了，这段演讲放在今天的中国同样发人深省。中国是否可以因前车之鉴而有后发优势？

孩子的健康，美丽的诗歌，教育的公平和质量，婚姻的稳定，爱、力量、勇气和智慧，所有这些关乎美好生活乃至生命意义的东西，由谁来担当？个人？家庭？企业？社会？政府？管理大师彼得·德鲁克在《非营利组织的管理》的前言部分开篇给出了明确答案："40 年前，当我刚开始与非营利组织打交道时，在美国社会中政府机构和大型企业占据主导地位，而非营利组织通常被认为处于边缘地带。事实上，非营利组织自身也普遍认同这种观点。当时我们都相信，政府理应有能力承担所有主要的社会责任，而非营利组织的角色只是弥补政府计划的不足或使其锦上添花。如今，我们对此已有了更为深入的了解，知道了非营利组织处于美国社会的中心位置，并且这确实是美国社会一个最显著的特征。"①

企业为社会提供必要的产品和服务，政府负责制定游戏规则并监控，那社会组织承载什么？如何衡量其对社会的贡献和价值？换言之，什么是社会组织的绩效？要回答这一问题，我们应首先回到社会组织的使命和客户。

社会组织的使命根本而言是某个社会问题的解决，如消除贫困，帮助残障人士就业，保护自然环境，改善流动儿童成长环境，帮助贫困母亲自强自立等。社会组织的相关利益方一般包括受益人、捐赠者、基金会、政府、志愿者、员工等。社会组织需要让所有利益相关方就组织的长期目标达成共识，否则任何成果都可能是短期的、暂时的，因而没有长远价值和意义。例如，大部分社会组织大量使用志愿者，如果其提供的服务只是满足受益对象的需求，而不能满足志愿者的某种需求，那么志愿者就会逐步流失，从而社会组织的工作也就无法长期持续开展下去。因此在开始建立志愿者招募、使用和保留的时候，就要充分考虑志愿者在从事志愿活动中其个人的诉求是否得到满足。仅此一点就能看出社会组织绩效的衡量需要考虑除财务以外更加多维的因素。这些因素往往是人的问题，关乎尊重、成长、价值和意义等深入和复杂的方面。因此理解社会组织绩效，首先要明确使命。组织所有活动的展开，项目的设计等均需要从使命出发，在实施过程中不断询问："这一活动对于我们达成使命确有价值吗？如果价值不明确，我们为什么要投入人力物力？"最终需要再次回到使命。在这样的循环往复中不断推动组织使命的达成。明确了使命，才能依此来确定形成组织战略和关键绩效的领域。"非营利组织是改造人类的机构，因此其结果不外是引起人类的改变——行为、环境、见识、健康、希望的改变，当然最重要的是能力和潜能的改变。"②

---

① [美] 彼得·德鲁克：《非营利组织的管理》，吴振阳等译，机械工业出版社2009年版，前言。
② [美] 彼得·德鲁克：《非营利组织的管理》，吴振阳等译，机械工业出版社2009年版，第84页。

2008年汶川地震和随即席卷全球的金融风暴，促使中国这个以经济建设为中心飞速发展的东方巨人开始反思。自然和人为灾难的双重夹击向人们昭示，发展的轨迹并非不断上升的线性形态，而是循环往复螺旋上升的。伴随少数人的觉醒并付诸些许行动的是社会组织的涌现和蓬勃发展。时至今日，这一群体在整个社会中寥若晨星，但生命力已经显现。社会组织的创立往往伴随着巨大的精神诉求，其使命即存在的目的是期望通过自身的服务对人类社会有所改变。因此，社会组织虽然不以营利为目的，财务和经济指标不是其主要诉求，但对于一个靠使命和愿景驱动的组织，价值和意义何其重要。如果不是为了让生活更美好，那又是为了什么呢？我经常听到公益圈的朋友这样说："不赚钱可以，搭钱也可以，但总要有点意义，否则为什么不歇歇？当今如此奔波劳碌的社会，谁又不需要多些休息放松呢？如果是为了那点工资和报酬（社会组织员工的收入水平目前还处于一个相当低的水平），干吗不干脆去打工或做生意，这样更加简单直白些。"在当今中国，愿意在非营利性机构工作的人，不论是员工还是志愿者，往往是那些在物质需求方面比较容易满足（不一定是物质财富的富有者），但对于精神生活追求很高的人。因此，我这样认为："公益不简单是工作或职业，而是一种生活方式。"对此类性质的组织和群体，进行绩效管理并衡量其产出的效率似乎天生存在悖论。

二、绩效精神之于社会组织的重要性

20世纪80年代前，中国社会组织的使命主要侧重在输血式的传统物质救助和帮扶，工作成果相对易于衡量，如受救助人员的数量，救助物资的数量、金额等。1996年世界妇女大会后，中国引入NGO（非政府组织）的理念，从传统物质帮扶发展为关注广泛的社会领域和环境的变化，从而形成自下而上参与式的、以能力提升为主、以人为本的新型模式。在这种背景下，以使命感为驱动力的社会组织往往会不断追问自身的使命以及如何衡量使命的达成，同时，来自于社会资助方的要求也越来越高，不仅关心钱去了哪里，帮了多少人，而且开始关心钱的使用效果，与此同时，中国政府开始购买社会组织的服务，并建立了问责制。

对于商业组织来说，通过为客户创造价值而获得相应的经济收益，其他方面如使命是否达成，利益相关者是否兼顾虽不明显，起码财务方面的指标和生产力效率是显而易见的。即便如此，对于商业组织来讲，有效的绩效管理也非易事。美丽中国——一家致力于解决中国教育资源不均衡的非营利组织人力资源工作人员最近在《公益机构是否需要绩效管理》一文中提到："绩效管理，其实在哪里都是一个难点，都是人们不太愿意接受的一个情况，其实更多的原因不是因为非营利组织，而是对绩效的抗拒，尤其是以前没有正式的绩效管理系统，现在却要实施。"是的，提起绩效管理，人们脑海中即刻闪现的是考核、评价、利益挂钩、奖惩等，而人们天生是不愿意被控制和驱使的，所以抗拒是自然的。

社会组织主要通过政府、基金会、企业和社会各方捐赠等方式获得运转所需资金，同时有大量志愿者的时间精力投入，投入的不是股东的钱，而是社会资源。如何有效运用这些社会资源以解决相应的社会问题，达成使命，也是一个投入产出和效率效益的问题。因此公开有监督的"绩效衡量与管理"是政府购买社会组织服务时的需要，是捐赠人的需要，也是社会组织诚信建设的需要，否则社会组织不仅面临公信力的挑战，而且也面临自身有关意义和价值的拷问。如果说有些商业组织在没有使命，也没有卓有成效的管理的情况下还能存活，非营利性机构几乎很难。彼得·德鲁克在其《非营利组织的管理》中曾讲过："非营利组织似乎并不太重视绩效和成果。然而相对企业而言，非营利组织的绩效和成果其实更加重要，但也更难测评和控制。"[1]

随着社会的发展，公益机构越来越重视绩效管理，但由于各种原因，其绩效管理仍存在一定问题。主要有：（1）物质资源有限，因此绩效评价的结果和工资奖金等很难挂钩，目前主要用于员工能力提升，学习成长和工作改进。在这种情况下，有些员工会说，"反正不论评价高低，也就半个月或一个月的工资差异，而工资基数又比较低，干好干坏一个样"，根本不在乎。（2）社会组织

---

[1] ［美］彼得·德鲁克：《非营利组织的管理》，吴振阳等译，机械工业出版社2009年版，第80页。

的管理者和员工普遍存在公益心态，公益行业羞于谈钱，这种情况比较普遍，也不太接受绩效评价这种方式，侧重于鼓励合作协作。另外，社会组织基本以项目制为核心，工资是固定的，捐助方也不太接受变动员工奖金的方式。(3)社会组织的绩效指标不好量化，项目和项目之间不易比较。(4)没有专业的人力资源人员进行制度和体系建设，基本都是负责人根据自己的想法进行操作实施，因此专业化和系统性不足。

　　基于社会组织绩效管理出现的各种问题，究其原因，主要为：(1)机构人数比较少，十几个人属于可控的管理幅度和范围。(2)组织架构是以项目为主的扁平化结构，项目经理和团队成员是伙伴关系，而非上下级关系，每个人工作上的自主性很强。(3)员工具有很强的社会公民意识，因此对项目和机构的主人翁责任感和使命感强烈，在工作中能够充分体会到成就感。比如在机构预算有限的情况下，有一位员工在年度调工资的时候主动提出放弃涨薪机会，让给更需要的同事调两级。这种境界非常高。(4)在招募全职员工的时候非常慎重，往往是宁可用实习生，实在不行，确认有足够饱满的工作量再招全职人员，因此每个员工的项目充分，任务饱满。

　　小机构的一面是易于管理，另一面就是没有专业的支持部门；物质激励不足的另一面是本来我们就注重精神追求，这是我们的主动选择；不易量化管理的另一面是我们的工作可以在过程中不断优化，并充满创新。至于物质资源的有限性以及绩效结果与物质激励挂钩的程度是认知和理解问题，而非社会组织特殊存在的管理问题。因为对于任何组织和个人，资源都是有限的，因此如何有效利用有限的资源才是关键。而物质激励的强度，是管理理念问题，而非物质有限问题。对于一个从业者普遍具有很强的社会公民意识和责任感，组织结构扁平化，业务开展以项目为主体的小型社会组织（这可能也是目前中国比较典型的一类社会组织），只要充分发挥员工的自主性，倡导绩效精神就可以了吗？社会组织是否因为其规模小，人员少，衡量指标难以量化就不需要系统的绩效管理？答案是否定的。为了回答这一问题，我们首先需要了解什么是绩效管理。

三、绩效管理是什么

绩效管理是一个在各类组织中普遍提及并使用的管理概念，是组织用来确定绩效目标、评估绩效表现、识别绩效结果和发展需求，从而实现组织战略的系统。该系统既是监督和发展员工的过程，同时，它还将员工的贡献和组织的优先发展顺序结合起来，并鼓励员工参与对自己和组织绩效的管理，建立各层次的绩效责任。我们可以这样进一步理解绩效管理：

"战略管理的工具"：绩效管理可以帮助组织分析其愿景与战略目标，并澄清实现战略目标所必须完成的工作重点。以此为基础，将组织的战略分解到部门和每一个岗位，并且通过辅导、考核、激励等方式来加以落实。因而绩效管理关注的是未来，而不是过去。

"一个过程"：绩效管理不只是一套需要定期填写的表格或者每年一度的考核，也不是一项奖金分配计划，它关注的是员工为了提高自我绩效水平，并协助他人提高绩效水平所表现出来的日常行为。

"达成共识"：绩效管理解决的问题是"要达到什么目标以及如何达到这些目标"。为了提高绩效水平，每个员工都应该非常清楚岗位对其绩效的要求，怎样才算成功地完成了工作。对员工的绩效要求既包括结果，又包括行为表现。

"管理人的一种方法"：绩效管理的重点是"人"以及"如何对人来进行管理"，它关注的是人和人之间、团队和团队之间如何并肩作战、互相支持来完成共同的目标。管理层的工作即在于如何有效地带领所属的团队完成既定的目标，就此而言，管理层的工作就是进行绩效管理。

"它增加了成功完成工作的可能性"：每位管理者都有自己的管理风格，绩效管理体系实际上是将管理方法系统化，以完成团队的工作目标。影响员工绩效的因素包括内因与外因，每个员工自身的素质能力是其内因，而其所处团队的气氛即是外因。管理者的作用，在于建立良好的团队气氛，以塑造员工的行为，创造高绩效。绩效管理的流程正是为提升组织气氛而设计出来的管理工具和管理方法。

绩效管理越来越多地被用作一种管理员工和组织绩效的战略性整合工具。事实上，绩效管理在人力资源管理体系中处于非常重要的地位，对人力资源管理的许多功能提供支持：职位分析与职位设计；培训需求分析与培训实施；员工个人发展和职业生涯规划；人力资源规划和招募；薪酬激励；人才盘点和继任计划；组织和员工沟通。

第二节 绩效管理系统和方法

随着经济全球化的步伐越来越快，志愿者及志愿服务的社会转型，社会组织的管理面临诸多机遇和挑战。在这种现状中，一个社会组织要想有效提高服务质量，必须不断提高组织的整体效能和绩效。针对社会组织绩效管理的现状，绩效管理系统就如同为社会组织的各种管理系统搭建了一个管理平台，它也是各种管理系统的纽带，透过它来验证社会组织管理系统的运作效果。如何建立科学有效的绩效管理系统和方法，已成为社会组织管理者普遍关注的问题。在引进和开发绩效管理系统和方法的过程中，有些社会组织已经积累一定的经验，但不同组织的发展状况、组织文化、组织氛围、组织结构和管理风格是不同的，在建立绩效管理系统和采用绩效管理方法上，应当建立适合自己组织的绩效管理系统和方法。

一、绩效管理系统

绩效管理系统主要由绩效计划、绩效辅导、绩效评价、绩效反馈四个环节组成，形成一个完整的闭环，可见图5-1。

绩效计划是由管理者与员工根据既定的绩效标准共同制定并修正绩效目标以实现目标的过程。其前提是，一要了解组织的使命和战略；二要了解员工所承担的职位本身。

绩效辅导是整个绩效管理循环中持续时间最长的一个阶段。绩效辅导过程的重点主要为：（1）主要责任承担者是员工，作为工作任务完成的主体，

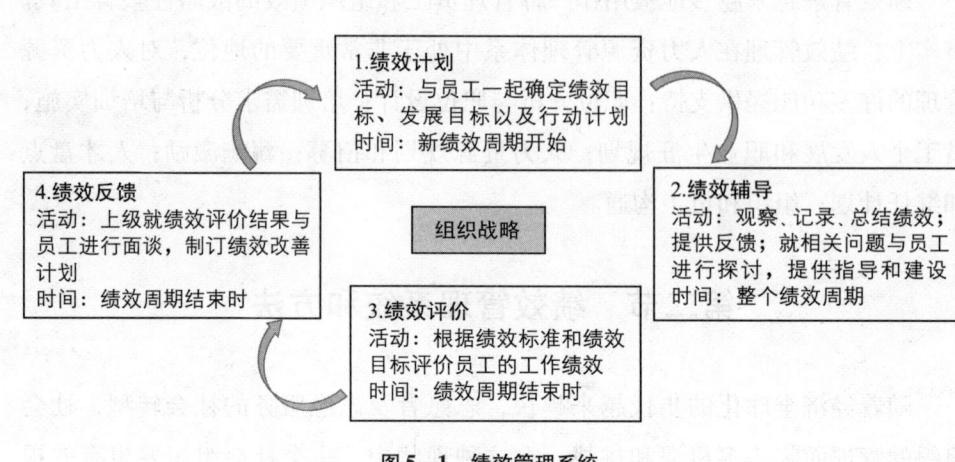

图 5-1 绩效管理系统

必须通过自己的努力达成对绩效的承诺;(2)员工的直接上级承担重要的管理责任,通过监控、协调、指导等活动推动或激励所属员工实现预定的绩效目标。在绩效辅导中,要进行积极沟通,主要原因有三:(1)对绩效计划做出适时调整;(2)员工在绩效计划执行过程中需要了解相关信息,同时获得必要的资源支持,需要上级的支持;(3)管理人员需要了解员工工作进展,了解进度与计划的差距,了解执行过程中的困难,适时辅导和调整。

绩效评价又称绩效考评、绩效考核、绩效评估等,是指将战略转化成一整套可执行的绩效衡量标准与体系,并对照绩效标准,采用科学的考核方法,评定员工的工作目标完成情况、员工的工作职责履行程度、员工的发展情况等等。绩效评估无疑是以绩效为导向,但是绩效导向并不意味着只关注结果(绩效本身包含"绩"和"效"),它也关注取得这些结果的过程。

绩效反馈的重要环节是绩效考核结果应用,绩效考核结果应用必须与有效的人力资源管理决策挂钩,才能真正发挥作用。绩效结果的主要应用有:薪酬调整;绩效工资或奖金发放;奖惩或评优;晋升、调职、降级或淘汰(如试用期考核);培训提升(为培训提升提供需求信息,同时也提供培训与开发有效性的建议)。

二、平衡计分卡的绩效管理思想

在单纯的目标管理方式下，由于缺乏对组织整体战略目标的了解和有效的绩效管理工具，使得部门与部门间，甚至部门内个人与个人之间各自为战，绩效考核反而起了负面作用，甚至破坏了员工间和部门间的合作。例如：以项目筹资为例，如果绩效考核指标就是筹资的金额，并和奖金挂钩，就会导致有关信息不共享，从而破坏组织内部共享和协作的气氛和文化，而且社会也可能不接受这种作法。因此社会组织绩效管理关注的焦点也在于怎样提高不同领域的工作绩效，使它们能够协同工作，共同为组织的战略目标服务。平衡计分卡的管理思想非常值得社会组织借鉴。

平衡计分卡（Balanced Score Card，简称BSC）在商业领域经过20年的发展，已经发展为组织战略管理的工具，在战略规划与执行管理方面发挥非常重要的作用。平衡计分卡的出现，使得领导者拥有了全面统筹战略、人员、流程和执行四个关键因素的管理工具。所谓平衡，是其反映了财务、非财务衡量方法的平衡，长期目标与短期目标的平衡，外部和内部的平衡，结果和过程的平衡，管理业绩和经营业绩的平衡等多个方面，所以能有效反映组织综合经营状况，使业绩评价趋于平衡和完善，利于组织长期发展。

组织的使命往往是激动人心的。但作为一名普通员工，一定会有这样的疑问："我现在和服务对象在一起，我在执行项目，我每天应该做些什么？怎么做才能实现我们组织的使命？"使命与员工的日常行动之间有很大的距离。平衡计分卡把使命和战略转变为目标和指标，形成四个不同的层面：财务、客户、内部业务流程、学习和成长。计分卡提供一个框架、一种语言，以传播使命和战略，它利用衡量指标来告诉员工当前和未来成功的驱动因素。管理层通过计分卡阐述组织渴望获得的结果和这些结果的驱动因素，借此凝聚员工的精力、能力和知识来实现长期目标。很多人把绩效管理和衡量更多方面看作控制和评价，但实际上衡量指标应该有不同的用途，可以用于阐明组织目标，沟通和促使个人、组织、不同部门的行动方案一致，以实现一个共同目标。它不会试图控制个人和部门严守一个事先制订的计划,而应该是一个沟通、告知和学习系统,而不是控制系统。[①]

平衡计分卡在企业管理当中所展示的逻辑关系见图5-2。

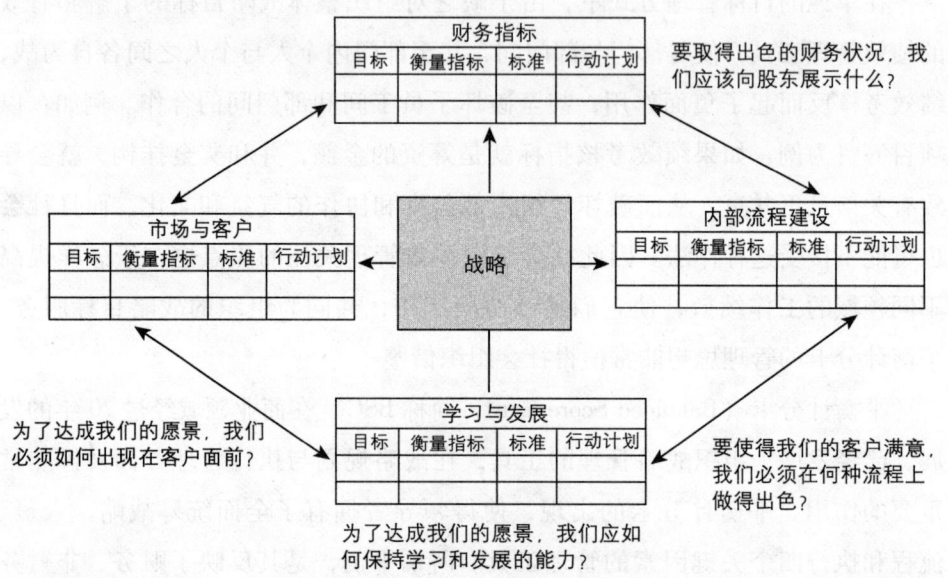

图5-2 平衡计分卡在企业管理中的逻辑关系

那么在社会组织当中,这一逻辑是否依然成立?如果成立,如何呈现?

财务层面:社会组织中人们往往羞于谈钱,然而没有钱是万万不行的。对于商业组织而言,财务目标通常与获利能力有关,其衡量指标有营业收入、投资回报率、销售额增长率、利润率等。社会组织不以营利为目的,但衡量财务资源的投入产出效率,进而优化,才是体现绩效精神的做法,也是实现使命的前提。指标方面,可以采用成本费用类和投入产出类,如组织的运营成本、人力成本、资助一个儿童的管理成本和费用、建立一个社区图书馆的费用、服务一个卧床老人的成本等等。

客户层面:社会组织的客户包括首要客户(是指那些生活通过社会组织

---

① [美]罗伯特·卡普兰、大卫·诺顿:《平衡计分卡:化战略为行动》,刘俊勇译,广东经济出版社2004年版,第20页。

的工作有所改变的人或事物）和支持客户（对使命的推进有一定的兴趣和作用，他们有说"是"与"否"的选择。可能包括合作伙伴、捐助人、志愿者等其他需要满足的人）。类似的指标包括：服务对象的数量、志愿者的数量和服务时间、服务对象和志愿者的保持率、服务对象和志愿者的满意度、新增的服务对象数量和志愿者数量等。

商业组织经常采用"神秘客户"查访机制，即请专人扮演客户，进行产品或服务体验来评估客户满意度，此类方法社会组织也可借鉴。例如，在公立医院的社会组织，可以让员工定期以假名住院，换位体验，来增强客户服务意识并改进有关管理和服务水平。

内部业务流程层面：需要首先确认组织要想实现财务和客户目标，必须擅长和采用的关键流程。关键流程从大的方面包括创新流程（发现客户需求并满足需求）和运营流程（提供既有的服务给现有的客户），如项目管理流程和有效性、财务管理规范和透明度、人力资源体系建设和完善性等。

学习与成长层面：主要基于组织能否持续提升并创造价值。主要目标是规范与提升组织的创新能力、学习能力，衡量组织是否为长远发展营造了积极健康的工作环境和组织文化，是否培养和维持了组织中的人员竞争力。类似的指标有员工满意度、员工保有率、员工培训和技能提升、专业资质人才（如社工师、心理咨询师等）数量和等级。

平衡计分卡不仅是一种管理手段，也体现了一种管理思想，组织愿景的达成需要考量多方面的指标，除财务要素外，还应包括客户、业务流程、学习与成长。这样的绩效管理思想对于社会组织来讲是非常有意义的。对于刚刚起步发展的社会组织，普遍存在员工缺乏相关经验和技能的状况，在这种情况下，如何有效开展辅导和培训，提升员工的工作能力是非常重要的，如果仅仅关注被服务对象的满意度、服务的产出数量和质量、服务过程记录的完整性等方面无疑是偏颇的，因此平衡计分卡的思想就显得很重要。在具体设计时，社会组织在不牺牲有效性的前提下，可以尽量使其简化、易于操作，降低管理成本。

图5-3是领英会（一家致力于女性学习成长的民办非营利性机构）的平衡计分卡示例。

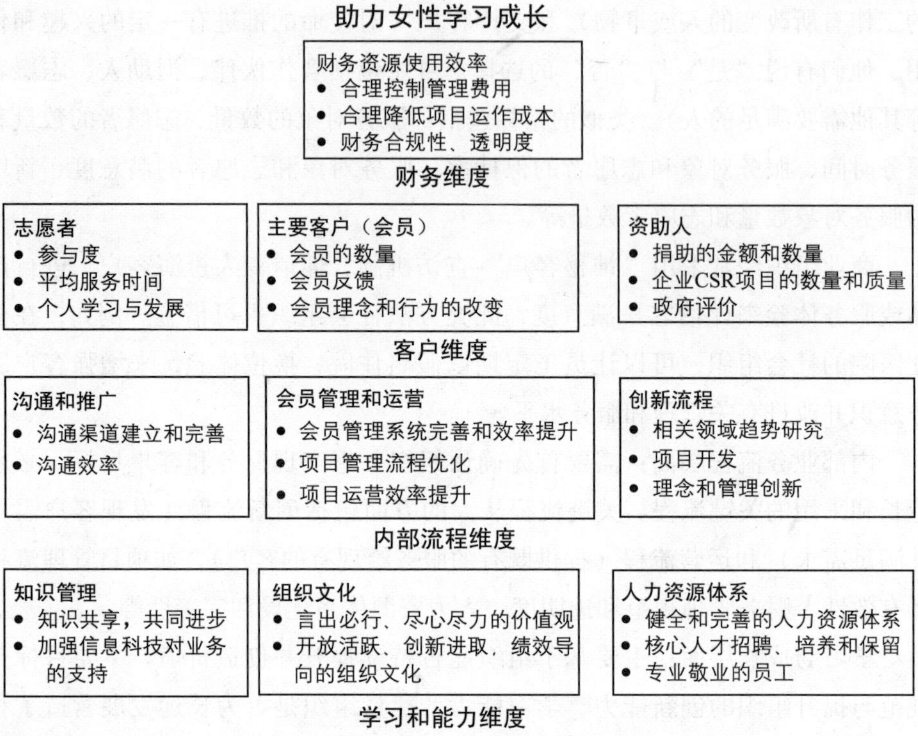

助力女性学习成长

财务资源使用效率
- 合理控制管理费用
- 合理降低项目运作成本
- 财务合规性、透明度

财务维度

志愿者
- 参与度
- 平均服务时间
- 个人学习与发展

主要客户（会员）
- 会员的数量
- 会员反馈
- 会员理念和行为的改变

资助人
- 捐助的金额和数量
- 企业CSR项目的数量和质量
- 政府评价

客户维度

沟通和推广
- 沟通渠道建立和完善
- 沟通效率

会员管理和运营
- 会员管理系统完善和效率提升
- 项目管理流程优化
- 项目运营效率提升

创新流程
- 相关领域趋势研究
- 项目开发
- 理念和管理创新

内部流程维度

知识管理
- 知识共享，共同进步
- 加强信息科技对业务的支持

组织文化
- 言出必行、尽心尽力的价值观
- 开放活跃、创新进取，绩效导向的组织文化

人力资源体系
- 健全和完善的人力资源体系
- 核心人才招聘、培养和保留
- 专业敬业的员工

学习和能力维度

图 5-3　领英会的平衡计分卡示例

第三节　绩效目标的设定

绩效目标是指给评估者和被评估者提供所需要的评价标准，以便客观地讨论、监督和衡量员工绩效。从管理学上说，绩效目标的确定有助于保证绩效考核的客观性，因此，绩效目标是社会组织有效管理的基础。在社会组织中，绩效目标主要指社会组织所期望达到的结果，以及为达到这一结果所应采取的方式、方法，通常是管理者（上级评估者）与社会组织员工（被评估者）一起来共同制定、完成一个绩效目标。组织绩效目标的实现应在各部门绩效或个人绩效实现的基础上，如果组织的绩效按一定的逻辑关系被层层分解到每一个职能部门、每一个工作岗位以及每一个员工，只要每一环节都达成了组织的要求，组织的绩效就实现了。通过明确的绩效目标，社会组织员

工在对自我进行监控的同时，可以明确自己在完成对工作单位和组织有重要意义的事情时的重要角色，即每一个岗位、每一个人、所做的每一件事情，对组织最终的经营发展，都有巨大的帮助。

绩效目标的设定本身也是一个环环相扣的流程，见图5－4。

战略	关键成功要素	关键绩效指标	目标值和权重	实际完成情况
什么是关键的战略要点？	要想成功，哪些领域你必须做好？	如何确定你是否成功？	目标或绩效标准是什么？	实际完成情况如何？
• 当前 • 长期	A. 财务 B. 客户 C. 内部流程 D. 学习和能力	A. 财务 B. 客户 C. 内部流程 D. 学习和能力	A. 财务 B. 客户 C. 内部 D. 创新学习	A. 财务 B. 客户 C. 内部 D. 学习和能力
↑	↑	↑	↑	↑
目标应该清晰地表达出愿景	确定关键成功要素间的逻辑关系	超前与滞后指标应该结合在一起	每个指标的目标应该被清晰设定	评估实际结果

图5－4　绩效目标设定的流程

一、战略目标分解

任何绩效管理的体系都应该为战略服务，缺乏战略指挥棒的绩效管理体系可能会让组织在失败的道路上死得更快。组织的核心人员一定要对"在哪个领域提供服务、利益相关方是谁、其核心诉求是什么、如何满足"等核心问题进行分析辩论，并达成共识。这种自上而下的战略澄清、目标分解过程，就是确保战略能够通过落实到人的目标、指标和行动计划并彻底锁定，从而确保落实。在和公益行业从业人员接触的过程中，大家普遍提到公益行业的人员编制"一个萝卜，一个坑"，因为是项目制的，捐赠人对于人员和工资是有预算控制的，因此人手非常紧张，大家都很忙。在这样的背景下，清晰的目标和行动路线也许不失为提升效率，适当降低大家繁忙程度的一个方法。如果脱离了战略导向，这些"忙"可能是无用功，或起到了反作用。忙不一定意味着成果、价值创造或使命达成。

绩效管理体系的使用，需要设定绩效指标，组织每一层面均要有一套自己的绩效指标，将下层的绩效指标汇总即为上一层领导的绩效指标，通过清晰明白的绩效指标管控，容易发现问题所在，以业绩管理代替"人管人"的情况，使组织和个人的目标达到和谐的统一。无目标则无考核或叫假考核。对于社会组织来讲，财务指标可能不是重点，但也会用到，如收入、成本费用等，另外还有客户、内部管理和发展的指标，可以说纷繁复杂，在选择上就颇费思量，至关重要的指标不会太多，也不能太多，不需要面面俱到，否则就会失去焦点和重点，反而不能有效执行，偏离甚至失去了业绩管理的真正目的。

二、关键绩效指标（KPI）和工作目标（GS）

绩效指标通常分为关键绩效指标和工作目标两大类，见图5-5。

	关键绩效指标（KPI）	工作目标（GS）
定义	关键绩效指标即用来衡量评估员工工作绩效表现的具体量化指标，是对工作结果最直接的衡量方式	工作目标是由上级经理与员工在绩效计划时共同商议确定，员工在考核期内应完成的主要工作及其效果，考核期结束由上级领导根据所设定的目标打分的方式
共同点	• 针对目标岗位的工作职责与工作性质设定 • 由对公司战略目标分解得出，基于关键价值驱动因素 • 反映关键经营活动的效果，而非全部操作过程 • 由上级经理设定，并经员工认同	
特点	• 定量衡量经营活动量化结果 • 由客观计算公式得出 • 侧重考察当期业绩 • 侧重考察最终成果 • 侧重考察对经营成果有直接控制力的工作	• 定性衡量主要工作不易量化的效果 • 由上级经理评分得出 • 可以考察长期性工作 • 可以考察工作的过程 • 可以考察对经营成果无直接控制力的工作

图5-5 绩效指标分类

图 5-6 根据平衡计分卡列出了部分关键绩效指标：

财务维度衡量指标举例
- 收入/总资产
- 新客户或新业务带来的收入
- 资本充足率
- 投入/收入，或者边际投入
- 现金流
- 投资回报率
- 总成本
- 行政管理支出/总收入

客户维度衡量指标举例
- 客户数量
- 重复项目数量
- 新客户数量/总客户
- 留住的客户数量
- 客户满意度
- 客户忠诚度
- 投诉的数量
- 客户评定

内部流程维度衡量指标举例
- 项目经营周期
- 经营流程有效性
- 运营流程质量
- 服务的质量
- 项目的质量
- 安全性
- 及时提交产品与服务
- 新产品和项目占比
- 研发资本

能力发展维度衡量指标举例
- 胜任能力的提高/人
- 能力发展成本/员工
- 满意的员工的数量
- 员工主动流失率
- 员工敬业度（指标）

图 5-6 部分关键绩效指标

三、什么是好的目标（SMART 原则）

在制定目标时必须要遵循非常经典的 SMART 原则，既清晰可衡量，又具有一定的挑战性。我们可以在不同组织看到这种普遍的现象，由于领导在和下属制定目标的时候没有很好地掌握这个原则和方法，导致考核困难，甚至产生不公平现象。

SMART 原则：

明确具体（S-Specific）：工作目标应该尽量具体，如明确目标任务的细化描述、完成任务的评判特征等。最后选定的工作目标不宜过多，一般以不超过 6 个为宜。

可衡量性（M-Measurable）：可以用质量、时间或成本等指标对目标的完成效果进行描述，或能够通过定性的等级划分进行转化。

可达成性（A-Attainable）：工作目标既不要高高在上遥不可及，也不要轻易就能达成，员工必须付出一定的努力才可以达到。

相关性（R-Relevant）：工作目标应该与岗位职责、部门、企业目标直接相关，并能够满足工作伙伴和顾客的需要。

时限性（T-Time bound）：工作目标应包含完成目标的可衡量的时间表，即完成目标有时间限制标准。

SMART 工作目标是包括一个主动动词、工作成果或结果、情境及完成的时间安排四项主要因素的完整句子，在设定工作目标时应按照此原则来描述，具体的模型如下：

表 5-1 SMART 工作目标

不佳的工作目标	SMART 工作目标			
	时间安排	情境	主动动词	工作成果或结果
制订职业生涯计划	在 2014 年底前	对本部门	制订	所有员工职业生涯计划
引入各种培训课程	在年内	对学校老师	提供	至少 10 种不同类型的培训课程并达到 90% 的满意度

通过回答以下的问题对工作目标进行分解，可以用 SMART 原则指导设定工作目标。

明确具体（S-Specific）：根据客户的需求、企业战略目标及部门目标等，我最需要完成哪些工作？根据岗位职责，我希望和需要完成哪些工作？我是否知晓做哪些工作才能完成以上的工作目标？受我的工作目标影响的其他人对我的工作是否与我有相同的理解与认识？我是否与主要的工作伙伴就工作目标达成共识并相互认可？对其他人来说，我试图完成的工作目标是否清晰明确？

可衡量性（M-Measurable）：我要完成的具体绩效目标是什么？我如何知

道工作目标已经达到?哪些描述性指标可以帮助我及我所在或所领导的工作小组明确地知道我们期望的工作目标已经达成?这些指标是否足够清晰?我如何检验或证实工作的进展程度?哪些绩效指标不够清晰,可能会引发歧义,如错误的时间期限、质量等?

可达成性(A-Attainable):为达成工作目标,我需要付出哪些努力?为达成工作目标,我需要获取哪些资源?我是否很有信心能够最终达成工作目标?哪些因素会阻止我达成工作目标,主要障碍在哪里?

相关性(R-Relevant):我的工作目标是否强调了来自客户以及主要工作伙伴的需求?我的工作目标是否与组织整体目标直接相关?我的工作目标是否依据我的工作职责?

时限性(T-Time bound):为达到工作目标需要多少时间?我期望工作目标在何时完成?是否需要设定时间表对工作目标进展程度进行评估?我的工作安排是否能满足那些以我的工作结果来实现工作目标的人们的需求?

四、确定绩效目标

在制订计划的过程中,不仅要与员工确认绩效年度当期的关键绩效指标(KPI)和工作目标(GS),还要向员工明确具体指标的目标值,即员工达到何种程度的指标目标值即会被认可为完成计划,同时,也要与员工就组织所希望的胜任素质、工作过程及行为等进行明确的传达,以便员工在工作中避免组织不鼓励的行为和工作方法。

(一)确定关键绩效指标的目标值和权重

绩效指标的目标值用来考核被评估者工作是否达到组织期望的标准,是保证绩效管理体系客观性和公平性的关键,也是员工绩效年度努力方向的重要指导。设定各绩效指标的目标值时,要综合考虑以下因素:每个考核指标都需事先设定目标值,并设定相应的评分标准,即不同的实际完成值对应不同分数的规则,以便评估双方对目标和评估标准有共同的认识,在评估时有据可依；目标值与衡量标准必须是评估人与被评估人共同认可、达成一致的，以便在整个考核年度中被评估人对努力的目标有明确清晰的了解；目标值与衡量标准每年核定一次，原则上一经设定就在考核周期内不做改动，但如遇不可抗因素等特殊情况可予调整，但必须由被评估人向评估人书面申请，并按规定程序审批。

绩效指标的目标值设定的难点是争取各个部门、各个岗位在设定标准的时候尽可能保证一致性和公平性，即被评估人在达成绩效目标时所付出的努力程度相当。为此，在具体设定各绩效指标的目标值时需遵循以下原则：关键业绩指标（KPI）往往包含组织或部门的重要业绩成果，其目标值的设定直接关系到组织目标的实现，涉及组织整体计划和预算过程，因此需经过正式的测算予以慎重确定；实践证明具体的和富有挑战性的目标能创造出最好的结果，要避免设定模糊的目标及衡量标准，同时又避免设定太容易实现的目标；对于波动性较强的指标，应设定较高的挑战目标值；绩效目标及衡量标准的设定需要各级主管检查一致性，如在横向上检查相近类型部门／岗位的标准设定是否维持统一的标准，在纵向上检查绩效目标的达成难度与任职资格的对应关系是否一致；对于同类型岗位，其目标值可以因自然条件、业务环境或所得资源等客观原因而有所不同，但不能由于个人能力以及过去的业绩水平不同而产生差异，否则会造成不公平对待。

权重是绩效指标体系的重要组成部分，通过对被评估者的工作性质、特点及对经营业务的控制和影响等因素的分析，确定每项指标在所有关键绩效指标中的重要程度，赋予相应的权重，以达到考核的科学合理。各项关键绩效指标的权重之和为100%，一般而言各岗位的关键绩效指标均应在6—8项以内，权重的分配应突出工作重点，将权重在不同指标类别中进行分配。权重确定的一般原则为：对战略目标的重要程度越高的关键绩效指标权重越大；被评估人影响直接且影响较大的关键绩效指标权重越大；单个关键绩效指标的权重不应低于平均权值太多，也不应高于平均权值太多；一些通用的指标，如部门费用控制率、部门员工平均培训时间，在各部门所占权重应该保持统一。

（二）确定工作目标和权重

第一，以 SMART 原则设定个人工作目标。根据岗位说明书，归纳合并工作活动内容，写出工作职责描述，结合组织、部门及所在小组的工作目标，利用相关帮助工具，确定符合 SMART 原则的个人工作目标。

第二，与直接上级就设定的工作目标进行会谈。会谈不仅为了确定具体的工作目标，而且要检查所设定工作目标的内、外部一致性，即检查所设的目标是否明确具体和可衡量，所设的衡量标准是否共同认可，所设的目标是否既有挑战性又可实现，所衡量的区域是否与企业目标密切相关，最后检查所设的工作目标与其他职位工作目标的关联性及一致性，使该职位目标与其他职位目标间保持一致性及相互支持性。

第三，根据与直接上级会谈结果，必要时对工作目标进行修改。需要修改工作目标的情况包括：工作目标设定时的关键假设条件错误，如预算或下属员工人数假设错误；组织整体战略重点或目标轻重缓急发生变化；个人工作职责发生变化，如承担全新的职责或增加相关工作职责。确定工作目标的权重：对组织战略目标的重要程度越高的工作目标权重越大；被评估人影响直接且影响较大的工作目标权重越大；单个工作目标的权重不应小于 5%；一些通用的工作目标，如内部审计满意度、外部检查合格率等，在各部门所占权重应该保持统一。

（三）关键绩效指标与工作目标之间的权重分配

将关键绩效指标和工作目标同时作为对工作结果的考核内容时，则需要确定各自在工作结果绩效成绩中所占的权重。两者之间权重分配的原则是：岗位等级越高，关键业绩指标（KPI）的权重越高；对于不同的岗位性质而言，业务类岗位的关键业绩指标（KPI）所占的权重高，而职能支持类岗位的工作目标可能占相当大的权重；通常业务类岗位的财务、市场客户类指标所占的权重高，而职能支持类岗位在内部运营类指标的权重较高。

根据各指标的权重，加权汇总每个指标的 KPI 得分或工作目标得分，得到绩效总分,见表 5 - 2。

表 5 - 2 关键绩效指标的绩效总分

关键绩效指标	权重	门槛值	目标者	挑战者	达成值	KPI 得分	绩效总分
KPI 1	15%	×××	×××	×××	×××	102.0	15.3
KPI 2	10%	×××	×××	×××	×××	85.0	8.5
KPI 3	5%	×××	×××	×××	×××	—	—
KPI 4	15%	×××	×××	×××	×××	64.0	9.6
KPI 5	25%	×××	×××	×××	×××	120.0	30.0
工作目标	权重	衡量标准			达成情况	工作目标得分	绩效总分
目标 1	15%	××××××××××			×××	80.0	12.0
目标 2	10%	××××××××××			×××	100.0	10.0
目标 3	5%	××××××××××			×××	120.0	6.0
总计	100%						91.4

社会组织的从业者普遍认为社会组织的 KPI 很难设定,无法界定,没有可比性,无法区分,工作量难以衡量等。社会组织基本以项目制为主,无论是否设立 KPI,每个项目从申请到执行到评估其实本身一定有明确的衡量目标。只是说除项目本身的指标以外,在组织层面、部门层面、员工层面是否需要一个系统绩效管理的问题。KPI 似乎是一把"永远的双刃剑",在明确目标,调动组织整个节奏方面非常有效,但如果为了把 KPI 搞得好看,实际上背离组织使命的做法也是可能出现的。因此,对于社会组织,尤其是处于创业和发展阶段的小型社会机构如何既要进行方便有效的管理,保持成果的产出和使命的达成,同时又充满活力和创新,需要拿捏一个度。

五、注重设定目标的过程与双向沟通

在运行有效的绩效管理系统中,员工并不是处于被管理和监控的地位,而是参与整个绩效管理体系的建立和运行,真正参与到组织管理工作中。这种绩效管理体系是向前看的系统,进行绩效管理的目的是共同提高和进步,不是对历史的审核和算账,它要求的是通过绩效管理体系的运作,使组织和员工个人在企业发展过程中，能够紧盯组织目标，及时发现问题，找出原因并提出解决问题的办法，在员工取得不断进步的同时，提升其工作满意度，并最终使组织绩效不断提高。绩效管理的过程是一个经理和员工就绩效问题进行充分沟通并达成一致理解的过程。在这个过程中，经理要与员工一起确立目标，一起清除障碍，一起完成并超越目标，而要做到这一切，绩效沟通必须做好。所以，我们来对一个企业的绩效管理体系进行评价的时候，不能仅仅看它的硬件是否具备，更要看软件，比如绩效沟通的环境是否良好，绩效沟通的渠道是否顺畅，绩效沟通的习惯是否已经建立等等，具体见表5-3。

表5-3 绩效计划的流程

步骤	上级的角色	下属的角色	要点
1. 沟通	● 对组织愿景和中长期战略目标进行沟通 ● 对本部门或团队下一年度的工作目标与员工进行沟通、明确	● 保证理解组织的愿景和中长期战略目标，不清楚时可以要求澄清 ● 团队的工作目标	● 保证所有的员工理解组织的目标和下一年度的工作重点
2. 准备	● 仔细考虑下属可能达成的目标和相应的能力、技能、态度 ● 安排充裕的时间和恰当的地点	● 准备个人岗位说明书、工作计划	● 相互对应匹配
3. 计划沟通	● 明确组织年度计划和相应的部门绩效计划 ● 将部门计划分解到岗位，并与员工讨论确认，最终形成员工的年度个人业绩计划 ● 向员工解释绩效结果如何应用	● 根据岗位具体职责，就目标设定进行讨论	● 保证对每一项内容都进行了讨论 ● 保证目标设定满足SMART标准
4. 目标确认	● 根据每个员工提交的计划表，检查他们的目标设定是否大体一致，并且检查这些目标的达成是否能保证组织、部门或团队总体目标的实现		
5. 签字确认	● 在所管辖员工的绩效管理合同上签字	● 在自己的绩效管理合同上签字	● 以绩效合同的方式明确个人年度绩效计划
6. 提交备案	● 复印一套员工绩效管理合同，并提交给上层主管审核（需要的时候也可以向他征询建议） ● 保管好绩效管理合同原件	● 保存好一套自己的绩效管理合同复印件	
7. 修订目标	● 当每个考核期末进行绩效辅导和反馈时，由经理与员工讨论确定是否有必要调整季度个人业绩表现计划；如双方确认有必要调整，则须有关负责人审批	● 根据讨论的结果，就绩效计划需要调整部分形成书面文件，并与上级领导沟通	

第四节 绩效反馈与成长辅导

绩效管理是一个连续的过程,制订员工的绩效计划只是第一步,下一步所要做的就是真正落实并完成所制订的绩效计划。在此过程中,虽然各级人员均对自己所计划的绩效指标或工作目标负责,但是上级人员对下级人员在日常工作中的跟踪指导,帮助他们完成或超越所制定的绩效目标仍是绩效管理中不可或缺的关键步骤,这个步骤被称为绩效辅导。

在组织内部,上级的绩效目标是通过所有下级人员协同完成他们的绩效目标来实现的,保证下级人员按时保质保量地完成绩效目标直接影响到组织整体目标的实现与达成,而绩效辅导对于帮助员工按时高效完成目标具有重要意义。

主管人员通过绩效辅导,对下属人员的绩效完成情况不断跟踪,适时提供积极的反馈,鼓励产生优良绩效的行为及工作方法,并及时提供建设性的反馈以纠正不良的工作方法,以此提高个体绩效,进而提升组织整体的经营效果,避免因平时疏于指导,造成到年底结束时才知道下属人员不能完成绩效指标计划或工作目标而带来负面影响。

一、反馈和有效反馈的原则

人们行为最大的动力来自于结果的反馈,绩效反馈主要是指绩效管理过程中随时的动态反馈,即告诉员工他"干得如何"。通常很多组织这项工作开展得不好,要么不反馈,要么只是简单地签字交差,没有中间的过程。这既是对绩效管理制度的忽视,也是对员工的不负责。

反馈分为定期正式和不定期非正式的反馈。定期正式反馈通常出现在一阶段绩效评价结束后,直线经理将评价结果通过正式面谈的方式告诉员工,与员工就评价结果达成一致理解,并真诚地指出员工存在的不足,提出建设性的改进意见。不定期非正式反馈出现在日常管理中任何适合反馈的时间和场合,及时表扬、指出不足,往往取得最具"现场感"的反馈作用,员工如能清晰、具体、及时地接收到信息，反馈效果会很好。如果组织没有做这项工作，我们就不能认为这个组织的绩效管理体系是有效的。

提供反馈可以帮助员工工作得更好。员工知道自己表现如何，可提高积极主动性，引导其关注不足的地方，增强意识，激励优点的发挥和缺点的改进。

最有益的反馈应该是具体的、描述性的、客观的和有启发的。反馈不是批评，反馈是以积极的方式改变员工行为，批评是告诉员工应该如何做，由愤怒驱使，是笼统的、评价性的、针对人的、模糊的、注重过去的，以责备为目的。反馈的原则是具体的、叙述性的、对事不对人、明确的、注重将来，以寻求解决方案为目的。

二、辅导

在反馈的过程中给员工以辅导，是领导者的一项关键职责。作为管理者，能够运用辅导来熟练地影响他人，提升他们的绩效。辅导是由某人（教练/辅导者）提供并与被辅导者创建的一种有效关系，使他人能学习并持续提升绩效的过程。辅导着眼于与一名员工的长期承诺，而不仅仅是短期的服从。当发现绩效差距或被要求提供辅导时，团队领导与员工进行的有目的的谈话，旨在以可衡量的方式提升员工的绩效和能力，因此辅导是一个协作性的、注重解决方案、以结果为导向的系统过程，在这个过程中辅导者促进了他人的绩效提升、自主学习与个人成长。绩效辅导可以采取非正式与正式两种方式进行。

非正式辅导主要是指日常的绩效辅导，是主管人员通过在日常工作中提供反馈意见、方向指示来帮助下属人员完成绩效指标的一种方法。根据管理幅度和下属人员的绩效表现差异，管理人员采用的指导方式有具体指示型、方向引导型和鼓励型。

为了确保上级主管与下属人员能有机会共同讨论，回顾跟踪绩效计划完成情况，绩效管理还需要正式辅导。其目的是采用正式会谈的形式来确保上下级之间讨论和确认绩效计划完成情况，遇到的问题，应做何种调整等。正式辅导可以在中期与年终进行。

三、持续不断地辅导

成功建立上下级关系并推动绩效提高的关键在于保证开诚布公的沟通渠道。沟通必须是双向的：上司要对下属进行辅导，对他的绩效状况提供有建设性的反馈并对他进行鼓励；下属也应当主动就工作中的问题同他们的上司进行讨论和沟通。

当有需要时，上述一对一的沟通可以由上司或下属中的任何一方主动提出。一般来说，辅导是持续性的、非正式的，体现在上司和下属的日常沟通当中。当然，有时候进行正式的辅导也是必要的，特别当下列情况出现时：

当有必要对员工重申绩效计划的重要性时（例如：当员工变得日渐松散或当额外的推动能够增加员工达成目标的可能性时）；

当员工的绩效情况不错，需要同他进行正式的辅导沟通，对他的成绩和进步给予认可，并对他良好的工作行为予以称赞和强化，以激发他的积极性时；

当绩效目标需要根据组织或部门计划的变动而重新确定时，或者员工个人的工作内容发生变化时。

在进行辅导时，正面和负面的反馈都是必要的，而且二者之间应当平衡。绩效管理体系一般要求上级对下属每年要进行不少于两次的正式辅导。

第五节　绩效评估与奖励绩效

绩效评估，是按照既定的程序和方法，对被考核对象在一定期限内实现的个人绩效情况进行定量计算和定性评价。评估结果是实施绩效奖励的依据，是进行绩效后续管理的基础。绩效评估与考核将下属人员在绩效期初所计划的绩效指标或工作目标逐项与实际完成的绩效进行比较，按照绩效评估表中事先制定好的标准来逐项给予相应的分数，将每项所获得的分数乘以各自的权重并加总成总分。上下级人员对每项得分和总体分数达成共识后签字存档。这一过程也是下一个绩效年度制订绩效计划的重要基础，需要上下级人员密切配合，共同完成。

一、采用经过明确界定的等级量表来衡量

针对不同类型指标采用不同的等级量表:

对一般定量性指标,根据目标完成情况,计算目标达成率,然后根据下面的目标达成率换算表格,换算对应的绩效得分(见表5-4和表5-5)。

表5-4 定量评价指标绩效得分换算表

目标达成率	绩效得分	备注
>150%	5	
130%—150%	4.0—4.9	目标达成率每增加1%,绩效得分增加X
110%—130%	3.0—3.9	目标达成率每增加1%,绩效得分增加X
90%—110%	2.0—2.9	目标达成率每增加1%,绩效得分增加X
70%—90%	1.0—1.9	目标达成率每增加1%,绩效得分增加X
	0	

表5-5 定量负相关评价指数绩效得分换算表

目标达成率	绩效得分	备注
<70%	5	
70%—90%	4.0—4.9	目标达成率每降低1%,绩效得分增加X
90%—110%	3.0—3.9	目标达成率每降低1%,绩效得分增加X
110%—130%	2.0—2.9	目标达成率每降低1%,绩效得分增加X
130%—150%	1.0—1.9	目标达成率每降低1%,绩效得分增加X
>150%	0	

对于定性指标,直接根据表5-6的绩效等级定义,换算对应的绩效得分。

表5-6 定性评价指标绩效得分换算表

绩效等级定义	绩效得分
全面超越绩效目标要求	5
符合绩效目标要求,在某些方面超越目标要求	4
符合绩效目标要求	3
不完全符合绩效目标要求,需要改进	2
与绩效目标存在很大差距,完全不符合目标要求	1
没有履行岗位职责	0

二、绩效评估的流程

绩效管理体系要求上下级间就员工的绩效评估进行开诚布公地讨论。在进行绩效评估时,如果正确地实施了绩效管理的各个环节,员工对于评估的结果应该事先心里有数,不会对结果感到惊讶。因为上级在一年当中已经对下属进行了定期的绩效辅导,同绩效相关的事情早就在这些辅导当中涉及。上下级要在绩效考核表上进行确认签字。具体见表5-7。

表5-7 绩效评估的流程

步骤	上级的角色	下属的角色	要点
1. 准备	• 回顾员工年度绩效合同、工作计划、绩效目标、行动计划和目标完成情况等 • 收集员工绩效完成情况的相关数据 • 收集同该员工在一起工作的第三方员工的意见 • 在绩效合同上,针对员工各项考核内容进行评分,算出绩效加权分数 • 通知员工收集绩效目标方面的数据并进行自我评估	• 回顾自己的年度工作计划、绩效目标、行动计划和目标完成情况等 • 准备个人年度绩效执行的相关数据 • 根据所收集到的绩效目标和素质方面的数据,填写绩效管理工作表并以此来进行自我评估	• 一次成功的绩效评估讨论会是基于事实来说话的,因此在进行绩效评估讨论之前充分收集信息是极为重要的
2. 一对一的会议	a. 绩效目标: • 就每一项目标询问员工自己评估的结果 • 就每一项目标将绩效结果同存档的绩效计划进行比较 • 对所出现的员工无法控制并对绩效结果造成影响的特殊情况进行讨论并形成文档 • 针对每项绩效目标,指出该项目标所完成的程度	• 根据目标就绩效结果进行讨论	• 员工先自评,然后管理者提出对员工绩效的看法 • 帮助员工了解他个人的绩效同他所在团队/部门/组织绩效之间的关系 • 重点放在对绩效而不是针对员工个人的讨论上,有具体明确的例子而非泛泛而谈 • 签字确认绩效评估结果,并递交上一级主管签字确认 • 若对评估结果产生分歧,需要以书面形式明确分歧内容,递交上一级主管进行判断,并最终签字确认

续表

步骤	上级的角色	下属的角色	要点
3. 一对一的会议（续）	b. 其他的贡献： • 对员工所做出的重大的、但没有包括在绩效计划中的贡献进行讨论并形成文件	• 讨论绩效计划和能力目标以外的贡献	• 及时认可员工的贡献，可以达到激励士气的作用
4. 一对一的会议（续）	c. 个人职业期望和需求： • 询问员工对现有工作或其他工作领域的兴趣 • 同员工讨论在其他领域工作的可能性以及员工是否具备在其他领域工作的能力 • 一旦可能，需要制订明确的计划，使员工能够从事其他领域的工作	• 想一想自己的长处和短处，同上司讨论自己的工作兴趣，尽量具体和现实	• 如果员工愿意并且已经准备好从事其他令他感兴趣的工作，要记下来，并且通知人力资源部
5. 一对一的会议（续）	d. 培训与发展的需求： • 根据绩效结果，明确员工的长处和需要发展提高的地方，在绩效管理表中记下最需要提高的1到2个方面，并讨论制订提高的行动计划 • 在行动计划中表明可能对员工提供怎样的帮助	• 讨论培训和发展计划，以缩小绩效差距	• 要积极鼓励员工制订发展提高计划
6. 一对一的会议（续）	e. 总结： • 询问员工是否还有其他的意见或想法，并对它们进行讨论 • 如果你或员工对绩效评估有其他感想，对它进行讨论并将其记录在绩效管理工作表的意见栏里 • 向员工解释绩效评估的结果如何同薪酬体系相连接		• 在进行绩效评估时要避免讨论薪酬方面的细节问题
7. 双方签字	• 需要就绩效加权得分签字，表明讨论和评估已完成 • 将已经签过字的、下属员工的绩效管理表原件提交给上级	• 在自己的绩效管理表上签字，表明你的上司已同你进行了一次开诚布公的绩效评估	• 上下级双方签字确认，并递交更上一级主管人员进行签字确认 • 如对绩效评估结果产生分歧，需要以书面形式明确分歧内容，递交更上一级主管人员进行判断，并最终签字确认

三、绩效评估结果的应用

绩效评估结果的应用旨在使员工把注意力放在重要事情上,并激励员工发挥最大潜力。根据绩效评估结果和企业的整体绩效情况,制定各绩效等级的激励措施,对员工实施物质性奖励、非物质性奖励以及帮助与处罚。考核的结果同时可以作为晋升、培训、轮岗的依据。由人力资源部依据所有员工完成的绩效级别统一确定相应的薪酬回报。目前社会组织绩效考核的结果和薪酬基本不挂钩或激励力度很小,一般为一两个月的工资。由于考核结果缺乏差异化和激励力度很小,可能导致的一个结果就是很难提高员工对业绩考核的重视程度。鉴于社会组织增加更多奖金确实有资金压力,所以建议社会组织"重管理、轻考核",考核是手段,目的是为了达成绩效和实现更好的个人能力提升与职业发展,获得成就感。因为社会组织是使命驱动的,更好的绩效意味着向使命达成更好的靠近,所以这个成就感将非常巨大,不是商业组织能够比拟的。

1. 绩效评估结果与固定薪酬(岗位工资)调整挂钩。绩效评估的结果可以作为下一年度固定薪酬调整幅度的重要依据。通常绩效越好、固定薪酬在组织薪酬结构中的位置越低,则下一年度的薪酬增长幅度越大。

2. 绩效评估结果与浮动薪酬(奖金)挂钩。通常奖金的数额主要决定于绩效评估的结果。具体挂钩的方式因组织而异。但是在年初制订绩效计划的时候就应该有绩效奖金发放方案,而且必须和员工沟通,而不是到了年底才由高管决定如何分配。所以,严格意义上的奖金总盘子是活的,在年底之前没有人事先知道具体的奖金总盘子会是多少,但是可以控制在一定的范围内。因此浮动薪酬又称为是"自给自足"的(self-funded),即绩效好了,员工分得的也多了;反之都低了。激励奖金分配原则是:关注组织的整体发展,同时与部门和个人绩效相匹配。在突出个人业绩的同时兼顾团队。在确定个人奖金的分配时,由部门负责人考虑个人和组织的业绩,并有一定的灵活。在确定项目类型的奖金分配时,以项目参与时间和项目难度系数为主要因素决定项目奖金库,并且通过界定项目成员在项目当中角色的不同来调节项目奖金的实际发放比例。

3. 绩效评估结果与职位调整挂钩。通常情况下,绩效表现优异者,其职位晋升的机会也会相应增加,反之,则可能面临职位调整的可能。同时,可以和员工探索个人兴趣与特长,也可以将员工调整到更合适的岗位。岗位的平行移动在有些情况下也是一种非常好的对员工的激励。

4. 绩效评估结果与培训发展。要根据评估结果和员工日常绩效反馈辅导的情况,针对性地制订有关培训计划,发展相应能力。这样的培训计划往往比随机的、没有针对性的培训学习,对于员工绩效和能力的提升效果更为显著。

5. 绩效评估结果与其他非物质奖励。除以上应用,社会组织还可以开展更为多样的绩效奖励,充分发挥社会组织丰富的想象力和创新思维,如额外的带薪假期、短途家庭旅行、负责人签名的表彰信、具有象征和纪念意义的奖章或奖品等。

浩途是一家成立于2011年的商业注册的非营利性机构,其使命是"助力父母自我成长,成就孩子独立人格"。该机构在2006年就以父母成长读书会的形式开始,这些年来"且行且摸索"。该机构的发起人和核心管理人员因为都是具有跨国企业高度职业化背景的人员,因此目前看来使命愿景清晰,管理流程和制度规范也相应健全。组织虽小,全职员工也不多,但在绩效管理方面已经初具体系。浩途每年邀请外部专业顾问引导进行战略研讨,年中会有中期战略回顾会议,年底有总结会。在组织绩效的关键领域设立KPI进行管理,因为机构定位是会员制的组织,而该类型的组织是广泛存在且有行业运作规律的(不论是商业机构还是非营利组织),所以主要的KPI主要围绕这个方面设置,如会员绝对数量、会员保有率、会员出席率、会员增长率、嘉宾带入率和转化率、收入、成本和费用等。

这些关键业绩指标在设计公益产品的时候就被设计进去,用办公软件进行处理就可以进行简单的分析。目前还没有专门的会员管理和数据系统。每周会员沙龙活动的报表要提交反馈,员工和会员都能及时拿到这些数据,通过数字，如参加学习的次数、承担的角色等去感受自己的成长。所有这些指标层层分解到部门，再到每个职位和个人，每周进行数据汇总并在周例会上呈现，以便所有员工全面清晰透明地了解组织各项关键指标推进执行的情况。这是一个通过具体数字推进组织使命和战略达成的过程，数字会告诉每一个人你在做什么。这是我们共识的，也是你同意和拥有的，你说的，你做的，你答应的，差距在哪里。对于存在差距的地方，会一起分析问题在哪里，问题背后真正的原因是什么，一起看工作需要怎样的支持，是需要帮手，还是调整岗位，还是需要指导。总之回归到人的本位上来。

在这样一个绩效管理较强的文化中，员工虽然是在非营利机构工作，但显而易见，每个人依然会有压力。但这种压力不同于商业组织中那种强制分布和末位淘汰制下带给人的硬性的、尖利的感受。因为组织是创业型的公益组织，又是以父母成长为使命的，因此文化中更多的是倾听、接纳，通过绩效管理来照镜子，在这个过程中激发员工。而结果目前主要用于人心的激励，还没有办法和物质的奖励相联系。在绩效管理与员工培训发展方面并没有清晰的规划和成文的培训方案。目前免费的培训学习资源较多，不仅包括有关基金会和公益机构，如恩派提供的课程，还有横向联合机构共建共享的学习课程，以及会员中专家的分享。但思考哪些是员工不同发展阶段真正需要的，业绩能力提升的关联度分析，以及培训学习之后的真正内化和行动做得还很少。绩效管理系统如何和人员管理的其他系统如员工培训发展系统有机关联，从而促动业绩提升，也是社会组织目前需要思考的问题。

浩途的运营总监张毅感慨道："从浩途的发展历程来看，如果一个社会组织群龙无首，没有统一目标的指引，完全自发地工作，靠自我的使命来驱动是非常困难的。落脚点是追求人的发展，但如果没有现存的桥梁，就会很虚。使命、战略和目标必须紧扣。因此目前绩效管理体系虽然有待完善，但其必要性是毋庸置疑的。"

四、业绩考核之难，难在业绩考核之外

没有一个绩效管理体系是完美的，重要的是组织能否持续地改进这一体

系。要在实践中不断回顾，解决使用时发现的不足，并持之以恒。这种锲而不舍的改进精神可以不断提升这一战略性体系的有效性。战略性绩效管理体系的有效执行，关键点并不在于体系本身设计得怎样完美无缺，关键点在于这一体系是否得到不折不扣的实施，是否得到持续的回顾和持续的改进。

此外，还要考虑如何将作为结果导向的业绩考核与作为过程控制的日常跟踪有机结合起来，否则员工就会反映说"不管不顾，随便给个分数，也不给个说法，也没给人家进步的机会"。这里说的就是缺乏日常跟踪机制，领导不知道在完成业绩过程中所遇到的情况、员工所遇到的困难是市场问题还是态度问题，抑或是能力问题。如果是没有市场机会问题，那我们就要调整市场策略和产品策略；如果是能力问题，就要给员工机会加以培训提高；如果是态度问题，也要教育指导。做好了这些工作，就不会产生员工的抵触心理和考核不公平的现象。在长期专注于绩效考核的组织也发现了作为结果导向的绩效考核的许多弊端，比如为达成结果不顾过程，不择手段，甚至作假，这些组织已更多地转向过程跟踪，而非单纯地依赖以结果导向的绩效考核，但这样的做法要求日常管理的基础非常扎实，并且有很好的信息收集与反馈系统。

绩效管理实施的有效性取决于各级管理者的绩效管理能力。制度的好坏固然重要，但管理者的能力远比制度重要。好的领导者会为组织长远发展去制定并不断完善制度。但一个不得力的管理者即便在一个好的制度下也会执行错误。体系设计得再好，使用体系的人能力不到位，体系也实施不好。这一过程中，各级管理者是否具备足够的战略性思维能力，能否引导员工抓住工作的重点，并与员工一起定下恰当的绩效目标和指标；他们是否拥有足够的影响力和沟通能力，能够引导员工挑战自我又保持信心；他们是否具备相当的管理能力，既充分授权，又适当控制，在管理过程中做到收放自如；他们是否具有辅导员工的意愿和能力，帮助员工不断成长，以迎接更大的挑战和承担更大的责任，都非常重要。显然，各级管理者自身的能力是个大问题。因此，持续大力提升各级管理者自我认知，管理能力和领导能力，已经成为各类社会组织提升组织绩效的重中之重。

通过有效的绩效管理，我们期望：社会组织中每个个体的活动都能与机构使命和战略紧密连接；员工的贡献都能够得到公平公正的认定和认可；员工能够既达成组织和个人的绩效目标，又提升个人能力、获得职业发展，最终实现公益梦想和人生的意义。

第六章 社会组织员工的薪酬与福利

对于任何一个组织来说，人力资源是第一资源，人力资源管理的职能实质即为"选、育、用、留"四个字。在如何吸引、选用、培育、用好、留住人才的决策中，薪酬管理是最为核心、最受关注、最为根本的激励方式。社会组织虽然具有非政府性、非营利性和志愿性等特征，但不能因此而忽视员工的薪酬管理，不能认为社会组织员工的低水平工资就是理所当然。新的历史发展时期，社会治理创新必须激发社会组织活力，使社会组织为社会提供更为优质高效的服务，还面临着与政府、企业等其他组织在市场上进行优秀人才的竞争，而为社会组织员工提供精神激励的同时，必须更加重视建立和完善对内公平、对外具有竞争性的薪酬管理体系。

第一节 社会组织员工薪酬概述

提起薪酬，人们往往会想到收入、待遇、工资、报酬等相关概念，对薪酬概念的不同理解，直接影响个人的行为。尤其对于社会组织的管理者来说，要设计符合社会组织特点的科学合理的薪酬体系，首先要明确薪酬和薪酬管理的相关概念。

一、薪酬与薪酬管理的相关概念

（一）报酬与薪酬

通常情况下，我们将一位员工因为为某个组织工作而获得的所有他认为有价值的东西统称为报酬（reward）。[①] 从这个定义可以看出，报酬并不等同于金钱或者直接折合为金钱。报酬一般有两种分类方法，一是将报酬分为经济报酬（financial reward）和非经济报酬（non-financial reward）；二是将报酬分为内在报酬（intrinsic reward）和外在报酬（extrinsic reward）。区分经济报酬和非经济报酬主要是看报酬的提供是否是金钱或者货币的形式。经济报酬通常包括各种形式的薪酬和福利，其中，薪酬又被称为直接经济报酬，福利被称为间接经济报酬。而成长和发展的机会、从事有挑战性的工作的机会、参与管理和决策的机会、特定的个人工作环境、工作地点的便利性等为非经济报酬。内在报酬和外在报酬主要是从心理的角度进行区分，即某种报酬给予劳动者的是外部刺激还是内部的心理刺激。

薪酬是报酬的一种，即薪酬仅仅指货币性薪酬，包括基本薪酬、可变薪酬或浮动薪酬，不含福利。在实践中，大多数实际管理部门都倾向于使用此种定义。[②] 基本薪酬也称为固定薪酬，是由岗位在组织中的价值决定，不随业绩或工作结果的实现情况而变化；浮动薪酬也称为可变薪酬，是直接随着业绩水平或工作结果的实现程度而变化的薪酬项目。浮动薪酬也包含短期奖励薪酬和长期奖励薪酬。

---

① 刘昕编著：《薪酬管理（第三版）》，中国人民大学出版社2011年版，第3—4页。
② 本书中薪酬概念仅仅指直接的货币薪酬（包括固定部分和浮动部分），不包括福利。但是，为了行文上的方便和用语简练，有时候也简单地用"薪酬"一词代表"薪酬福利"，比如"薪酬管理"一词实际上包括薪酬和福利两部分内容的管理，而"薪酬调查"也包括薪酬和福利两方面内容的调查。

（二）全面薪酬

20世纪90年代，面对激烈的工作场所的变化、严峻的竞争环境、急速的技术变革及转瞬即逝的商业机会，企业越来越认识到，战略性地设计和管理薪酬福利体系有助于企业在快速变化的环境中赢得竞争优势。随着人才争夺战的日益激烈，一些企业敏感地认识到薪酬和福利方案的重要性，开始以更为开阔的眼界来看待人才的吸引、保留和激励，它们学会了运用各种可能的要素来赢得自己的战略优势。[1] 在这种情况下，全面薪酬的概念应运而生。

全面薪酬是指员工作为雇佣关系的一方所得到的各种形式的财务回报、有形服务与福利。全面薪酬形式主要包含总体薪酬（total compensation）与相关性回报（relational returns）。相关性回报指学习机会、社会地位、富于挑战性的工作等，是从心理学角度对薪酬的分类。总体薪酬更有交易性，它包括直接以现金形式获得的报酬（如基本工资、绩效加薪等），或者间接以福利方式（如养老金、医疗保险、工作与生活平衡计划、色彩鲜亮的制服等）获得的报酬。薪酬有不同的形式，薪酬分配方案也可以设计成多种形式。

最具代表性的是美国全面报酬学会的全面报酬模型。2005年8月至9月，美国全面报酬学会就全面报酬问题对自己的会员进行了大规模调研。发现薪酬和福利两个领域在吸引、保留和激励员工方面发挥着越来越重要的不可替代的作用。2006年，根据调研的结果，美国全面报酬学会提出了新的薪酬体系模型（见图6-1）。[2]

---

[1] 刘昕：《从薪酬福利到工作体验》，载《中国人力资源开发》2005年第6期。
[2] Sonya Goshe, *Testing the New Model*, Workspan, pp. 4–6.

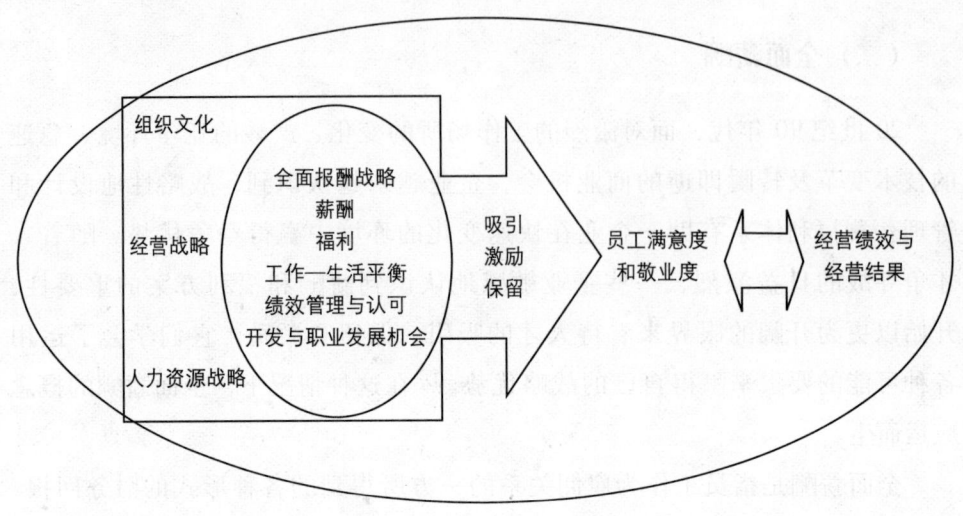

图6-1 美国全面报酬学会的全面报酬模型,2006年

美国全面报酬学会的全面报酬(total rewards),是雇主用来吸引、保留和激励员工的各种可能的工具,包括员工认为他们从雇佣关系中能够获得的各种有价值的东西。它是雇主为了换取员工的时间、才智、努力以及工作结果而向员工提供的各种货币性和非货币性的收益,是能够有效吸引、激励和保留优秀人才,从而达到理想经营结果的五种关键要素的有目的的整合。[①] 薪酬、福利、工作和生活平衡、绩效管理与认可、开发与职业发展机会等五种要素根植于组织文化、经营战略和人力资源战略之中,多个角度体现了员工的价值和贡献,将多种激励方式有机地整合在一起,在组织和员工之间形成一种积极特殊的关系,最大限度地调动了员工的积极性、提升了员工的敬业度,使员工全身心投入工作,从而实现组织的战略目标。

(三)薪酬管理

所谓薪酬管理,是指一个组织针对所有员工所提供的服务来确定他们应当得到的报酬总额以及报酬结构和报酬形式的一个过程。在这个过程中,组

[①] 刘昕编著:《薪酬管理(第三版)》,中国人民大学出版社2011年版,第54—55页。

织就薪酬水平、薪酬体系、薪酬结构以及特殊员工群体的薪酬做出决策。同时，作为一种持续的组织过程，组织还要持续不断地制订薪酬计划，拟定薪酬预算，就薪酬管理问题与员工进行沟通，对薪酬系统的有效性做出评价后不断予以完善。

二、薪酬的功能

薪酬的功能主要有支付功能、保障功能、激励功能、市场竞争功能及调节功能。对于劳动者、组织和社会，薪酬分别具有不同的功能。

（一）对于劳动者来说，薪酬的功能主要体现在支付功能、保障功能和激励功能

薪酬最终表现为组织和员工之间达成的一种供求契约，组织通过员工的工作来创造市场价值，并同时对员工的贡献提供经济上的报酬。

薪酬结构主要为固定薪酬和浮动薪酬，固定薪酬主要是指基本薪酬，它是保障功能的一种体现。组织与员工之间的工资额度的最低限就是能维持员工及其家庭的生活发展需要，即衣食住行和教育的需要。随着社会和组织的发展，薪酬对于员工的保障还不仅仅体现在它要满足员工的吃、穿、住、用、行等方面的基本生存需要，而且要满足员工娱乐、教育、自我发展等方面的需求。组织的薪酬只有达到了保障功能，才能使员工对组织产生归属感和较高的忠诚度。

员工作为社会人，既有自身价值、社会地位等精神方面的需求，又有实际的物质利益需求，而这种物质利益正是员工通过劳动获得的，劳动是员工提高生活水平的最重要的手段。薪酬可以把员工的收入与组织价值的增值联系起来，发挥激励功能。

（二）薪酬对组织的功能

薪酬实际上是组织向员工传递的一种特别强烈的信号，通过这种信号，

组织可以让员工知道什么样的行为、态度及业绩是受到鼓励的，哪些是组织不鼓励的，从而引导员工的工作行为和工作态度以及最终的绩效朝着组织期望的方向发展。不合理和不公正的薪酬会导致员工采取不符合组织利益的行为。

薪酬会对员工的行为和态度有很强的引导作用，因而，合理的和富有激励性的薪酬会有助于塑造良好的组织文化，或者对现有文化起到积极强化作用。组织可以通过设置合理公平的薪酬制度来提高员工的归属感和忠诚度，让员工体会到组织对自身价值的认可，激发员工的工作激情和创新能力。

薪酬差异是组织调节人才流动和配置的重要手段。一方面，组织可以通过设置不同的薪酬水平来调节内部员工在不同部门之间以及不同组织间员工的流动，另一方面，组织可以调节收入来吸引外部的优秀人才。

组织成本中的一个重要组成部分就是人工成本。如果薪酬过低，组织将面临招聘不到高素质人才的风险；如果薪酬过高，又会给组织带来成本上的压力。因此，组织在经营过程中要做到吸引人才和控制薪酬成本之间的平衡。

（三）薪酬对社会的功能

薪酬作为一种特殊的商品，其价格会随着市场规律而变动。比如，当某个地区或者某种职业劳动力市场供过于求时，就会导致该地区或职业劳动力价格即薪酬下降；当某个地区或者某种职业劳动力市场供不应求时，又会导致该地区或职业劳动力价格即薪酬上升。

这种薪酬的升降必然会造成劳动力的自然流动，使人力资本随着市场的变换自然地从劳动力剩余的区域或者职业流向劳动力紧缺的区域或者职业，最终达到平衡。通过薪酬的这种调节，可以实现全社会劳动力资源的优化配置。同时，薪酬的高低也会对不同职业和岗位的评价造成影响，进而调节着人们的岗位价值判断和岗位就业的流向。

三、社会组织薪酬模型

社会组织薪酬模型①可以作为现行社会组织薪酬体系设计的框架,主要包括三个模块,即薪酬目标;构成薪酬体系的政策;构建薪酬体系的技术(见图6-2)。此模型架构也是本研究的逻辑框架。

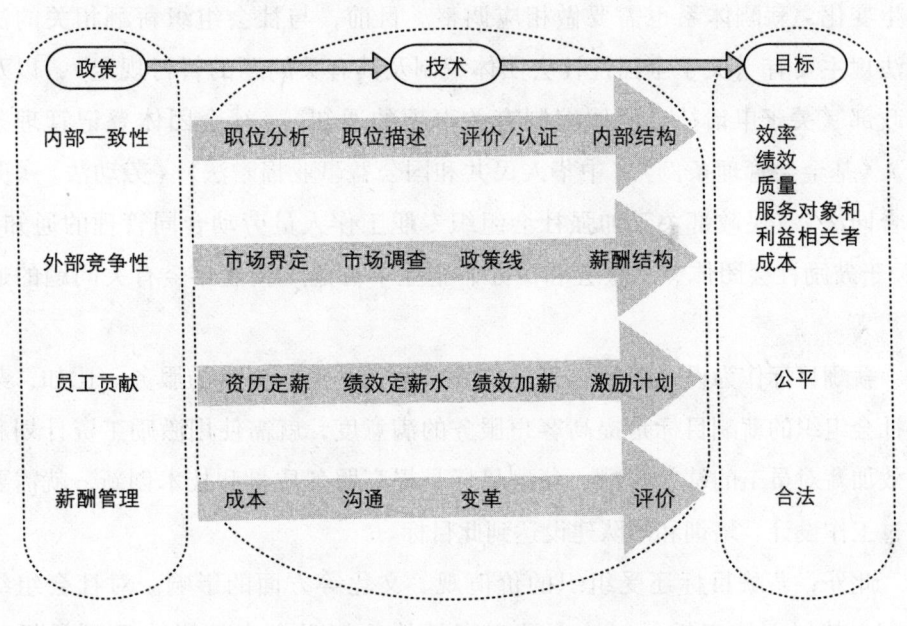

图6-2 社会组织薪酬模型

(一)薪酬目标

设计社会组织的薪酬体系是为了达到社会组织特定的目标。在薪酬模型右边列出来的目标包括效率、公平及合法。

效率可以细化为提高绩效、改进质量、取悦服务对象和利益相关者、控

---

① 该模型参考美国乔治·T.米尔科维奇和杰里·M.纽曼合著的《薪酬管理(第九版)》(成得礼译,中国人民大学出版社2009年版)一书第14页的"薪酬模型",根据社会组织的特点设计。

制成本。

公平是薪酬体系的基本目标，比如通过员工的贡献，向绩效突出或经验丰富的员工支付更高的薪酬；承认员工的需要，设计公平的工资和公平的程序。程序公平与薪酬决策的过程有关，对员工而言，程序公平意味着薪酬决策的方式和决策结果同等重要。①

合法意味着要遵守各类全国性和地方性法律法规。一旦相关法律法规发生变化，薪酬体系也需要做相应调整。目前，与社会组织薪酬相关的法律法规主要有《关于全国性社会团体编制及其有关问题的暂行规定》，以及民政部《关于申请社会团体编制有关事项的通知》《社会团体登记管理条例》《基金会管理条例》《中华人民共和国公益事业捐赠法》《劳动法》《劳动合同法》《民政部关于加强社会组织专职工作人员劳动合同管理的通知》《关于鼓励社会团体、基金会和民办非企业单位建立企业年金有关问题的通知》等。

薪酬目标作为设计薪酬体系的方针，还为其他一些目的服务。比如，某些社会组织的薪酬目标是提高客户服务的满意度，就需使用激励工资计划和绩效加薪对员工的绩效付酬；薪酬目标是提高服务质量和技术创新，就需要通过工作设计、培训和团队建设达到此目标。

此外，薪酬目标还受组织的价值观、文化等方面的影响。对社会组织而言，其创立的宗旨、创始人及理事长的价值观会直接影响薪酬目标的取向。

（二）政策选择

所有的社会组织都需要关注图6-2中左边所列的四种薪酬政策，即内部一致性、外部竞争性、员工贡献和薪酬管理。这些政策是社会组织建立薪酬体系的基石，是指导薪酬管理达到既定目标的行动纲领。

---

① ［美］乔治·T.米尔科维奇、杰里·M.纽曼：《薪酬管理（第九版）》，成得礼译，中国人民大学出版社2009年版，第12—13页。

内部一致性（internal alignment）是针对同一组织内部不同工作之间或不同技能水平之间的比较，也称为内部公平性，即强调在同一组织内部因不同的工作、岗位，不同的技能水平以及员工对组织的贡献大小不同而报酬应该不同。这意味着组织内部的报酬水平的相对高低应该以工作内容为基础，或者以工作所需要的技能的复杂程度，或者员工个人贡献大小不同为基础，也可以是三者的某种组合。总体来说，内部一致性强调的重点是根据各种工作对组织的整体目标实现的相对贡献大小来支付报酬。要实现组织薪酬内部一致性，其技术手段是在职位分析、职位描述的基础上采取一些技术方法，进行职位评价或技能认证，以确保薪酬的内部公平性。

外部竞争性（external competitiveness）是指一家组织的薪酬水平的高低以及由此产生的组织在劳动力市场上竞争能力的大小。社会组织需要参照其他竞争对手的薪酬水平给自己的薪酬水平进行定位，同时，还需要考虑薪酬组合以赢取竞争优势，比如，有些竞争对手采取了市场领先的薪酬政策；有些竞争对手采取的是基本工资与团队激励相结合的薪酬组合，在团队绩效达到期望的目标时向员工提供高薪奖励；有些竞争对手采取创新福利的形式，重视员工工作与生活平衡，提升其工作体验，以此吸引和留住员工，以获取组织的竞争优势。

薪酬调查是了解市场通行工资水平的手段和方式，薪酬调查所得到的结果是确定本组织支付给相应员工工资的重要依据。

外部竞争性决策包含了薪酬水平和薪酬组合，对薪酬目标有双重影响。一是确保薪酬足以吸引、保留和激励员工，如果组织支付的薪酬水平过低，既找不到合适的优秀员工，也会降低员工的忠诚度，优秀员工流失率较高；二是控制劳动成本，以使提供的产品和服务相对成本保持较低，确保在市场上的竞争力。

员工贡献在工资结构中主要是绩效工资的确定依据。作为社会组织，也必须要关注员工的个人贡献、工作态度和工作行为，以确保薪酬水平的公平性。

薪酬管理意味着要确保那些"以正确的方式完成正确目标的员工能够获得正确的报酬"。如果缺少薪酬管理，即使能够设计一套基于内部一致性、外部竞争性、员工贡献的薪酬体系，也不一定能够帮助组织实现预定的目标。组织需要通过薪酬管理实现劳动力成本的控制，同时设计薪酬管理部门以确保薪酬决策的科学化、合理化和灵活性。

（三）薪酬技术

薪酬政策的四个不同阶段分别具有不同的薪酬技术，下节将进行具体阐述。

四、社会组织薪酬体系设计思路及步骤

（一）社会组织薪酬体系设计思路

首先是根据社会组织战略及核心价值观，确定社会组织薪酬政策，进行薪酬内部一致性和外部竞争性分析：根据职位分析及职位描述，建立任职资格标准，并通过社会组织内部职位价值评估确定各个职位的相对价值，作为薪酬内部公平性的基础；市场定价由薪酬调查结果确定薪酬水平和薪酬组合，确保社会组织薪酬水平具有一定竞争力。在薪酬内部一致性和外部具有竞争性的政策指导下，结合个人贡献，确定社会组织的薪酬结构，规定薪酬的支付方式。为确保薪酬目标的达成，需进行薪酬管理以控制劳动成本，并实现薪酬信息的有效沟通。在社会组织发展的不同阶段，要根据内外部环境的变化适时调整和优化薪酬体系，以吸引、保留和激励社会组织需要的优秀人才，实现薪酬管理的效率、公平、合法目的，从而最终实现社会组织的战略目标，提升竞争力，促进社会组织持续健康发展。具体见图6-3。

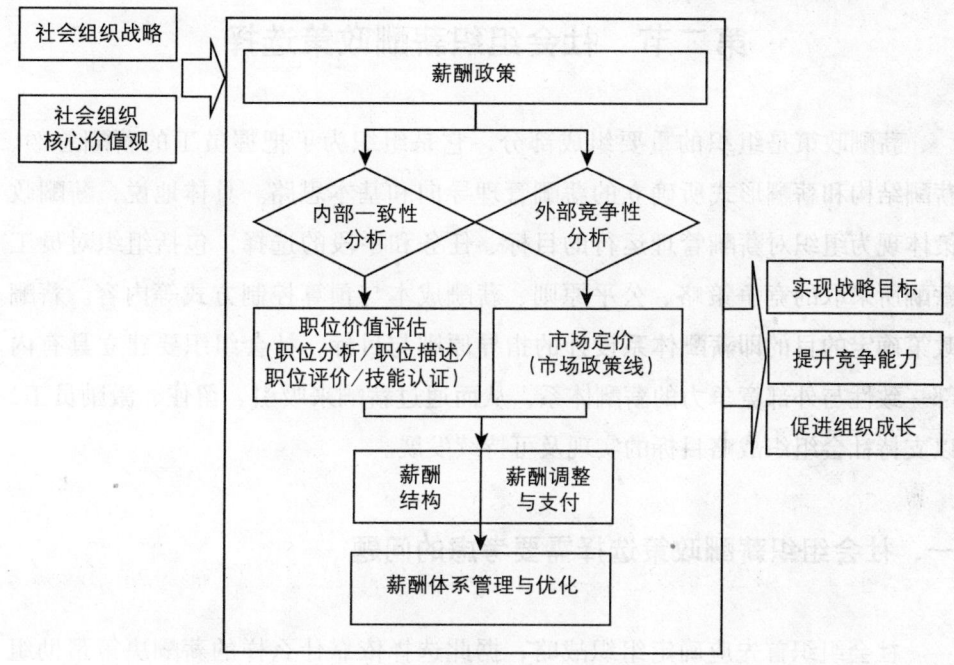

图6-3 社会组织薪酬体系设计思路

(二) 社会组织薪酬体系设计思路

社会组织薪酬体系设计是在组织薪酬战略选择的前提下，遵循薪酬政策确定、职位价值评估、薪酬外部定价、薪酬体系设计及薪酬管理制度设计等五个步骤展开，见图6-4。

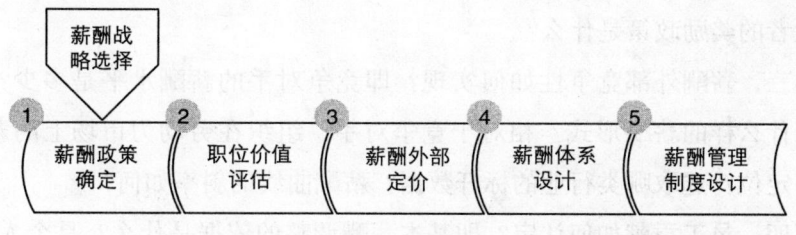

图6-4 社会组织薪酬体系设计步骤

第二节 社会组织薪酬政策选择

薪酬政策是组织的重要组成部分,它是组织为了把握员工的薪酬总额、薪酬结构和薪酬形式所确立的薪酬管理导向和基本思路。具体地说,薪酬政策体现为组织对薪酬管理运行的目标、任务和手段的选择,包括组织对员工薪酬所采取的竞争策略、公平原则、薪酬成本与预算控制方式等内容。薪酬政策确定的目的即薪酬体系设计的指导原则与目标,社会组织要建立具有内部一致性与外部竞争力的薪酬体系,从而通过薪酬来吸引、留住、激励员工,以支持社会组织战略目标的实现及可持续发展。

一、社会组织薪酬政策选择需要考虑的问题

社会组织首先应确定组织战略,据此选择依靠什么样的薪酬决策帮助组织获得持续的竞争优势。因此,社会组织的薪酬政策选择需要在薪酬战略基础上回答以下问题:

第一,薪酬管理的目标是什么?即薪酬如何支持社会组织的经营或服务战略?在不同的发展阶段和外部环境压力下,社会组织应该如何调整自己的薪酬战略?

第二,薪酬内部一致性如何实现?即决定薪酬水平的因素是什么?如何针对不同职位和不同技能水平支付差异性薪酬?薪酬支付方式如何?对于特殊贡献者的奖励政策是什么?

第三,薪酬外部竞争性如何实现?即竞争对手的薪酬水平是多少?它们采取了什么样的薪酬形式?相对于竞争对手,组织在劳动力市场上的薪酬水平如何定位?选取哪类行业的标杆数据?薪酬曲线的斜率如何?

第四,员工贡献如何认定?即基本薪酬调整的依据是什么?是个人知识、经验增长还是技能的提高?是个人绩效还是团队绩效?根据员工个人绩效还是团队绩效设计薪酬奖励计划?

第五,薪酬体系如何管理?薪酬决策的透明度和薪酬沟通如何实现?谁来设计和管理薪酬体系?薪酬成本的有效性如何?薪酬成本如何有效控制?

二、内部一致性:以人和职位为基础确定薪酬结构

薪酬结构是指单个组织内部不同工作或技能的工资率组合,主要通过薪酬等级数量、不同等级之间的薪酬级差以及确定这些差异的标准来描述薪酬结构。① 薪酬结构由薪酬内部一致性来决定。薪酬内部一致性通过"工作的人"和"人的工作"来实现,即社会组织薪酬结构建立途径可以以"工作的人"和"人的工作"为起点,基于工作的结构考察员工所从事的工作岗位性质的要求(工作职责)及组织期望获得的结果,基于技能与能力的结构考察从事工作的人(见图6-5)。

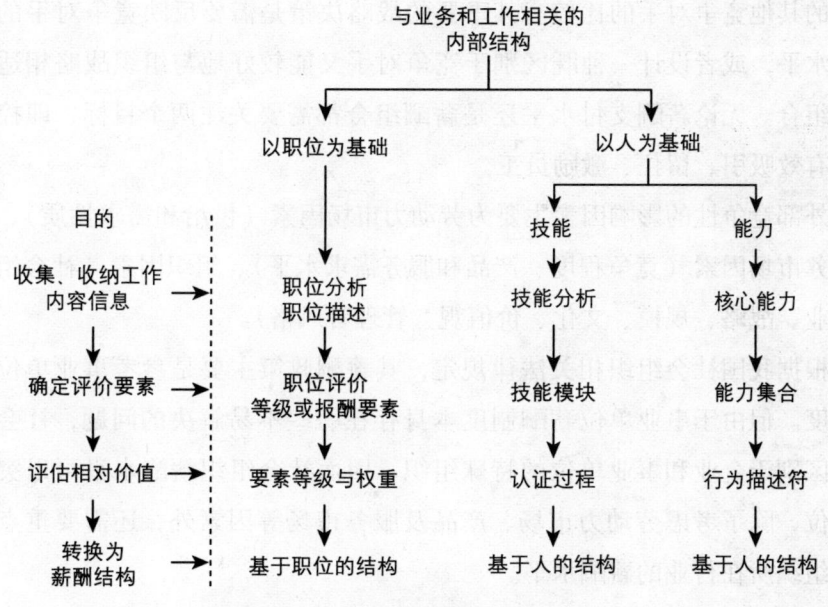

图6-5 社会组织薪酬结构构建途径

---

① [美]乔治·T.米尔科维奇、杰里·M.纽曼:《薪酬管理(第九版)》,成得礼译,中国人民大学出版社2009年版,第51页。

不管是以职位还是以人为基础的薪酬结构，这一流程所涉及的各个阶段的潜在目的都是一致的：（1）职位分析、技能分析及核心能力皆是收集和归纳那些可以识别工作的相似性与差异性的信息；（2）职位评价、技能模块及能力集合都是确定评价的要素；（3）要素等级与权重、认证过程、行为描述符都是评估相对价值；（4）将相对价值转化为内部结构。

以职位为基础和以人为基础两种薪酬结构设计途径的有效结合是实现社会组织薪酬内部一致性的重要方法，可以达到支持组织战略、支持工作流程、公平对待员工、根据组织目标激励员工行为的目的。

三、外部竞争性：以行业薪酬水平为依据确定薪酬市场定位

外部竞争性要求我们考察社会组织的外部比较，即与聘用具有相同技能员工的其他竞争对手的比较。其重要的战略决策是需要反映竞争对手的薪酬支付水平，或者设计一种既区别于竞争对手又能较好地与组织战略相适应的薪酬组合。无论薪酬支付水平还是薪酬组合都需要关注两个目标，即控制成本和有效吸引、留住、激励员工。

外部竞争性的影响因素主要为劳动力市场因素（供给和需求性质）、产品和服务市场因素（竞争程度、产品和服务需求水平）、组织因素（社会组织背景行业、战略、规模、文化、价值观、管理者风格）。

根据我国社会组织相关法律规定，其薪酬政策主要是参考事业单位的薪酬制度。但由于事业单位薪酬制度本身存在一些不易解决的问题，社会组织又是区别于企业和事业单位的特殊组织，因而社会组织薪酬水平可以突破市场定位，除了考虑劳动力市场、产品及服务市场等因素外，还需要重点考虑社会组织所在行业的薪酬水平。

企业有三种传统的薪酬水平政策，即领先型、跟进型（匹配型）、滞后型。近年来，企业管理实践中产生了一种混合型（弹性）的薪酬水平政策，可以针对不同的职位族实施不同的薪酬组合政策。社会组织的薪酬政策可以在总体薪酬水平上选取其中一种，也可以采取组合形式，根据职位价值和组

织需要分别针对不同的职位族采取混合型政策,在确保社会组织薪酬水平有足够的吸引力、保持力和激励力的基础上,尽可能地降低人工成本。

确定外部竞争性薪酬政策需要关注外部市场的信息,薪酬调查可以获取把这种政策转化为薪酬水平、薪酬组合及薪酬结构所需要的数据。

四、关注个人贡献:薪酬和绩效管理挂钩

社会组织薪酬设计还需要回答以下四个问题:第一,如何吸引优秀员工加入社会组织?第二,一旦这些优秀员工加入了社会组织,如何留住他们?第三,如何促使员工为当前和未来的职位开发技能?第四,如何促使员工干好现在的工作?

也就是说,社会组织薪酬设计应该强化三种行为:一是吸引力,即社会组织薪酬设计应该具有充分的吸引力,从而使招聘和雇佣到具有良好潜力的员工成为可能;二是保持力,即社会组织薪酬设计需要确保高素质的员工能够留在组织;三是社会组织薪酬设计需要设法激励员工高绩效地完成工作,用其知识、技能为提高组织绩效做出贡献。[①]

以岗位为基础的薪酬结构设计,主要是考虑工作本身,即职位分析、职位评价、职位定价都是确定组织赋予职位的价值的技术。除了考虑职位本身的因素之外,还需要关注承担这些工作的人,既有人的技能和能力,还有人的行为。社会组织在薪酬决策和管理实践中,应该能够增加员工按照有利于组织实现其战略目标的方式行事的导向(见图6-6)。

绩效管理的目的是强化员工的积极行为,以确保组织期望的行为、定期绩效评审中测评的行为与薪酬管理实践相一致。绩效评价和绩效管理正是实现社会组织薪酬三种强化行为的有效方式。因此,社会组织需要设计绩效管理计划以认可员工的贡献。绩效计划有多种形式:短期绩效计划(如绩效加

---

① [美]乔治·T.米尔科维奇、杰里·M.纽曼:《薪酬管理(第九版)》,成得礼译,中国人民大学出版社2009年版,第230页。

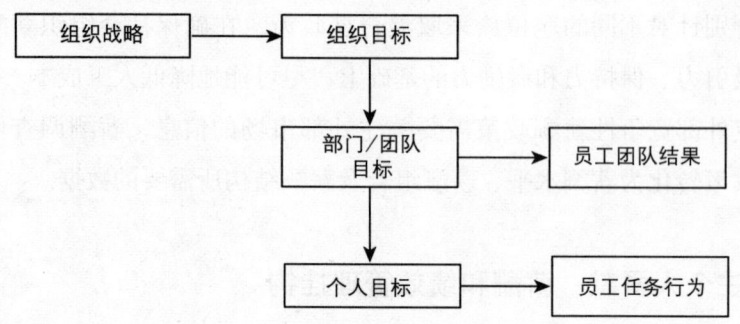

图 6-6 组织战略与员工行为关系图

薪、一次性奖金）及长期绩效计划；个体绩效计划及团队激励计划。社会组织可以根据自身组织特点及需要设计有效的绩效计划形式。至于长期激励计划，对于企业一般是指股票期权。对于社会组织而言，由于其非营利性等特点，不能以股票期权等形式设定长期激励计划，可以探索和尝试其他形式的长期激励计划。

五、设计薪酬管理：有效控制成本

要使薪酬真正发挥作用，需要确保适当的人因以适当的方式实现目标而获得适当的报酬。首先，在社会组织内设置薪酬管理的职能部门或者设立薪酬管理委员会，以提供薪酬管理的组织保障。其次，通过薪酬预算，即在薪酬管理过程中进行一系列成本开支方面的权衡和取舍，以有效控制成本并影响员工的行为。再次，在实际薪酬管理过程中，社会组织可以通过对薪酬水平、员工人数以及薪酬结构的调控来合理控制总薪酬的费用开支。最后，通过薪酬沟通，把有利于社会组织的价值理念正确地传递给员工。

第三节 社会组织职位价值评估与薪酬外部定价

薪酬的内部一致性及外部竞争性既是社会组织重要的薪酬政策，也是薪酬体系设计的重要原则。那么，薪酬内部一致性如何体现，薪酬外部竞争性如何实现呢?

一、体现内部职位价值,做好职位价值评估

这一环节需要做好两项工作,第一项是职位分析和职位设计,第二项是职位价值评估。

(一) 职位分析与职位管理体系

职位分析也称工作分析,是指了解一个职位并以一种格式把这种信息描述出来,从而使其他人能够了解这个职位的过程。职位分析主要回答两大问题:第一,某个职位上的任职者应该做什么,怎么做,为什么做。第二,什么样的人来承担这个职位上的工作才是最合适的。也即回答"工作是什么"和"什么样的人来做"两个问题。

职位分析的决策主要有五个方面(见图6-7)。其一,为什么要做职位分析?职位分析在薪酬管理中的作用主要体现在两个方面:一是确立各种职位在工作内容上的相似性和差异性;二是协助建立具有内部一致性和公平性的职位结构。其二,需要哪些信息?选取典型职位进行信息分析,主要分析的信息包括职位名称、主要职责、任务维度以及工作流程等。其三,如何收集信息?收集信息的方法主要是由承担该职位工作的人填写问卷调查,分析者对任职者及其主管进行访谈,以确保他们理解问卷中的问题及所收集信息的准确性;另外一种方法是观察法,即分析者可以对工作中的员工进行观察,并将其正在做的事记录下来。其四,应该由哪些人参与?由全面熟悉组织及其职位并且知道如何进行分析的人员,即人力资源专业人士和主管人员承担此项工作,方可对职位分析做得更好。而从事该工作的人及其主管是职位信息数据的主要来源。其五,职位分析结果的效用如何?对职位分析过程中获取的信息数据从信度、效度、可接受性和有用性等方面进行筛选和评估。

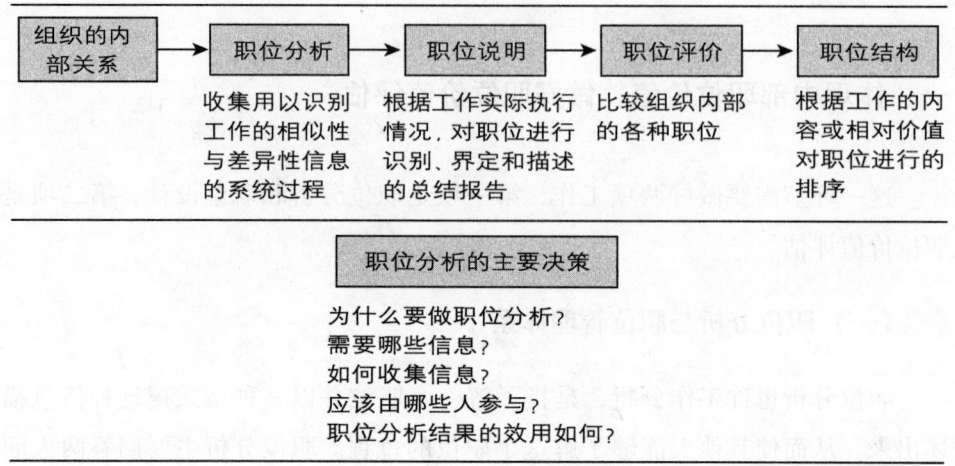

图6-7 职位分析设计流程及步骤

职位分析的步骤主要有五个：第一步，了解社会组织的基本组织结构和职位在社会组织中的具体位置（见图6-8）。组织机构设置包括会员大会、理事会、理事长、副理事长、秘书长、副秘书长、管理团队，这个组织机构图明确地表示了它们自身的主要职能和关系。组织设计一般有两种形式，即依据组织功能分工设置部门机构，通常设置财务、人事、推广公关、募捐及业务执行等部门；第二是按照服务对象或服务内容设置部门机构。第二步，收集与特定职位的性质相关的各种信息，即进行职位分析工作。第三步，整理通过职位分析得到的各种信息，并按照一定的格式把这些信息描述出来加以确认，即明确职位说明书。第四步，通过一些技术方法对典型职位进行价值评估，即完成职位评价工作。第五步，根据职位的相对价值高低对职位进行排序，即建立职位等级结构，以确定职位的薪酬等级。

职位说明书主要包括职位描述和职位规范两个组成部分。职位说明书的构成一般包括以下几个要素：职位标识、职位目的或概要、主要职责、关键业绩衡量标准、工作范围、工作联系、工作环境和工作条件、任职资格要求、其他有关信息。

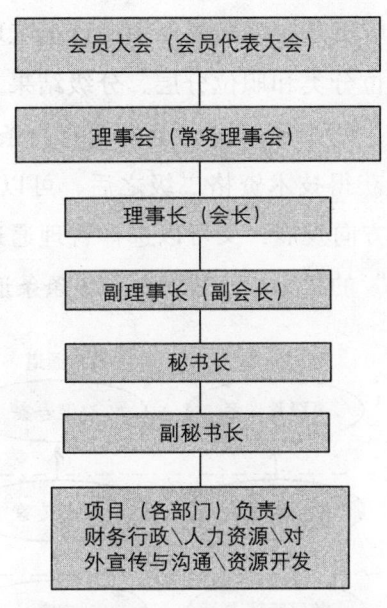

图6-8 社会组织内部结构图（组织架构图）

通过对职位横向划分形成职位序列（职位族），对职位序列（职位族）纵向划分形成职位通道后，就搭建成了职位体系的基本框架。同时，在职位体系的基本框架建成后，需要为与不同职位序列和不同层级相对应的职位设定名称，即职衔的设计。比如，对于同样是专业技术序列最高层级的职位，不同组织可能会称其为总工程师、技术总监、首席专家等（见图6-9）。

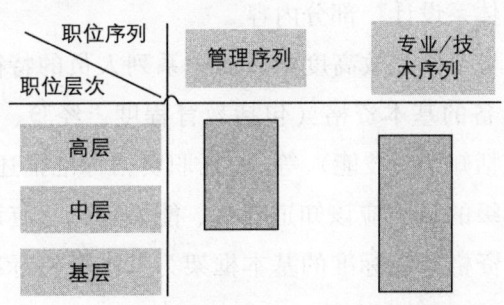

图6-9 社会组织职位序列及职位层级（参考）

职位体系最直接的应用是在薪酬管理中设计员工职业发展通道，员工职业发展通道根据组织职位分类和职位分层、分级结果来确定（见图6-10）。在五级通道发展模型中，每个员工可以至少拥有两条职业发展通道。比如，对于技术人员来说，在获得技术资格二级之后，可以根据自身特长和意愿，既可以选择往技术通道方向发展，又可以选择管理通道。这种情况改变了过去"千军万马过独木桥"的状况，而是成为了"条条道路通罗马"。

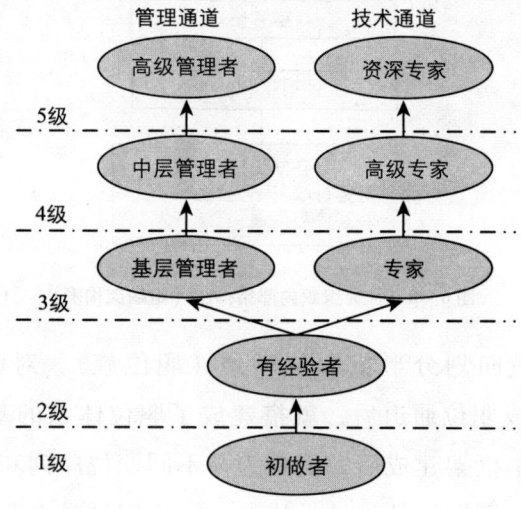

图6-10　员工职业发展通道

与社会组织薪酬管理体系直接挂钩的社会组织职位管理体系设置详见本章"社会组织薪酬体系设计"部分内容。

任职资格是指与工作绩效高度相关的一系列人员的特征，包括为了完成工作任职者所需具备的基本资格（包括教育程度、经验、业绩），有效的行为、能力素质（包括知识、技能）等。[①] 任职资格标准描述了每个职位序列、每个职位族不同等级的员工应该知道什么、能做什么、应该如何做、能够做到什么程度。任职资格等级标准的基本框架为基本资格标准、行为标准、能

---

① 朱勇国主编：《组织设计与职位管理》，首都经济贸易大学出版社2010年版，第243页。

力标准（见表6-1）。①

表6-1 通用任职资格等级标准框架内容

标准	组成部分	组成要素	内容描述
基本资格	教育	教育水平	对学历的要求
		专业	对所学专业或过去从事专业的要求
		培训经历	与本职位工作相关的培训
	经验	一般经验	社会工作经验，主要是工作年限
		相关经验	与职位相关的专业领域、管理领域的工作经历，包括工作时间长短、具体工作项目内容（规模、类型、参与程度等）
	业绩	业绩	在组织内或组织外从事本专业工作取得的工作成果
行为	行为模块：某类专业关键的业务工作模块	行为要项：有效完成该业务模块的关键内容	行为标准向：有效完成行为要项的成功行为步骤
能力	知识	专业知识	是员工从事本职位族工作所需要具备的专业技术知识，包括与本职工作相关的其他专业知识
		环境知识	与本职位族工作相关的国家法规与政策
			组织竞争对手的基本情况
			与本职位族工作有关的行业管理惯例
			与本职位族工作有关的国际惯例
		组织知识	组织制度与政策
			组织结构及本部门的组织结构
			与本职位族工作有关的各业务流程
			组织文化等
	技能	通用技能	现代社会职场中必备，几乎在所有单位所必需的技能（类别和熟练程度），如办公设备的使用、软件的使用、基本外语、公文写作等
		特殊技能	针对职位工作所要解决和处理的问题而需要的操作能力，如统计分析技能、焊接技能等

---

① 朱勇国主编：《组织设计与职位管理》，首都经济贸易大学出版社2010年版，第244—246页。

通过建立能力库，引入资格管理，可使得在相同职位上的员工，由于能力、知识、态度的差别，在个人收入上有所区别，以在组织内部建立良好的竞争和学习氛围。

社会组织任职资格体系详见本章"社会组织薪酬体系设计"部分内容。

（二）职位价值评估的概念及方法

薪酬设计的公平对于组织内部来说，主要体现在根据岗位的价值和贡献设置岗位薪酬。岗位评估又称职位价值评估或工作评价，是判断岗位价值的重要方法，它是指在岗位工作分析的基础上，采取一定的方法，对岗位在组织中的岗位贡献度、影响范围、职责大小、岗位不可替代性、工作强度、工作难度、工作环境、任职资格条件、岗位安全性等特性进行全面评价，以确定岗位在组织中的相对价值，并据此建立岗位价值序列，从而为进行薪酬调查和薪酬设计建立统一的职位评估标准，这样才能确保工资的公平性。职位价值评估的目标是确定职位之间的相对价值大小，为建立一个公平、具有内部一致性的薪酬体系提供依据（见图6-11）。特别需要注意的是职位评估的重点是"职位"，而不是职位上的"人怎样"或"做得怎么样"。

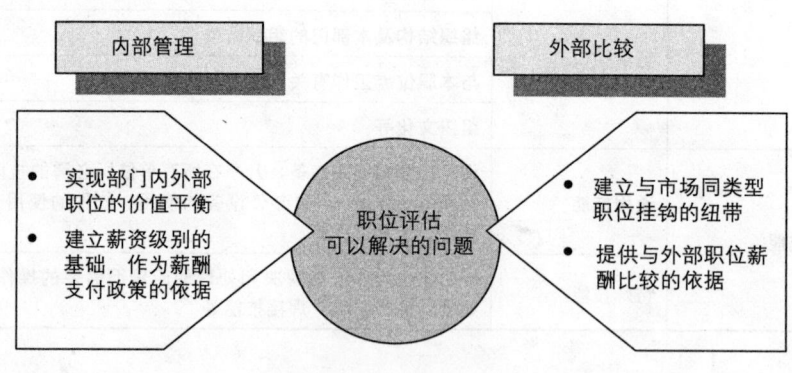

图6-11 职位评估的意义

职位价值评估的主要步骤如图 6-12 所示：

挑选典型职位	确定职位评价方法	建立职位评价委员会	对职位评价人员培训	对职位进行评价	与员工交流
选取有代表性的基准职位作为评价对象，其他职位价值可以与其比较得出	选取一种或者多种评价方法相结合（要素比较法、要素计点法、排序法、分类法）	评价委员会一般由5—10人组成，能够站在整个组织的角度理解被评价职位的人	对职位评价方法及流程进行讲解，并尽可能减少评价中的误差	根据确定好的职位评价方法对典型职位进行评价，然后其他职位根据典型职位价值确定其职位等级，根据评价结果建立总体的职位等级表	与员工进行正式沟通，确保员工理解和接受职位评价的过程和结果，并建立申诉机制和程序

图 6-12　职位价值评估的方法和流程

对于典型职位的选取，结合不同职位序列和层级职位特点进行，选取的比例可参照图 6-13 的比例进行。由于社会组织职位一般较少，因此可以对所有职位进行价值评估。

示意		典型职位选择比例	职位数量	典型职位数量
高管层	L	100%	5	5
高级经理	L-1	80%	20	16
经理/专家	L-2	60%	75	45
主管/专员	L-3	40%	150	60
领班/组长	L-4	20%	250	50
操作者	L-5	10%	500	50
		±25%	1000	226

图 6-13　典型职位选取的比例及数量

职位价值评估的方法主要有分类法、排序法、要素计点法和要素比较法（见表 6-2）。

表 6-2 职位评价方法比较

方法	定义	是否量化	评估的对象	比较的方法	优点	缺点
岗位排序法	一种传统的方法，根据各岗位的相对价值大小或它们各自对组织的相对贡献由高到低地进行排列	否	对岗位整体进行评估	在岗位与岗位之间进行比较	简单、操作容易	主观性大、无法准确确定相对价值
岗位分类法	事先建立工作等级标准，并给出明确定义，然后将各岗位工作与这一设定的标准进行比较，从而将待评岗位的工作确定到各种等级中去	否	对岗位整体进行评估	将岗位与特定的级别标准进行比较	灵活性高、可以用于大型组织	对岗位等级的划分和界定存在一定的难度、无法确定相对价值
要素比较法	根据每种报酬要素得到的评价结果设置一个具体的报酬金额，然后计算出每一岗位在各种报酬要素上的报酬总额作为该岗位的薪酬水平	是	对岗位要素进行评估	在岗位与岗位之间进行比较	可以较准确地确定相对价值	要素的选择较困难、市场工资随时在变化
要素计点法	把反映岗位价值的构成要素进行分解，然后按照事先设计出来的要素分级表对每个岗位的报酬要素进行估值	是	对岗位要素进行评估	将岗位与特定的级别标准进行比较	可以较准确地确定相对价值、适用于多类型岗位	工作量大、费时费力

岗位评价方法的选用应依据组织实际情况进行，工资结构中的岗位评价部分在总工资结构的比例一般会根据组织发展的阶段、对各类人才需求的差异等因素进行系统调整；规范化组织在岗位设置中对岗位的调整是通过人力资源部统一管理，对岗位增设、工资变化利用同样的评估方法管理控制。

由于职位价值评估方法的选择需要因不同社会组织的特点及管理者的需要不同而不同，因此我们不能为社会组织选取统一的职位价值评估方法，只能以举例的形式展示利用要素计点法进行职位评价的流程：第一，确定职位评价的主要因素。组织一般会选择四个方面，即责任因素，知识技能因素，职位性质因素，环境因素。第二，根据职位的性质和特征，确定各类职位评价的具体项目。第三，对各评价因素区分出不同档别，并赋予一定的点数

(分值)。第四,将全部评价项目合并成一个总体,根据各个项目在总体中的地位和重要性,分别给定权数;权数的大小应根据组织的实际情况,以及各类职位的性质和特征来加以确定;然后计算出各职位的总点数。通过以上步骤,可以得出各职位的总点数(见表6-3)。

表6-3 经职位评价赋予点值后形成的职位等级结构举例(部分)

职级	薪点范围	管理类	专业类(或技术类)
8	851—900	会长/理事长	首席(如总会计师、总经济师、总工程师、权威专家等)
7	751—850	副会长/副理事长	专业一级(如行业分析师、新闻发言人、战略分析师、科学研究人员等)
6	651—750	秘书长	
5	551—650	副秘书长	
4	451—550	秘书长助理/部门主任	专业二级(如行业分析师、新闻发言人、战略分析师、科学研究人员、劝募师、会员管理师等)
3	401—450	部门副主任/部门主任助理	
2	351—400	部门主管	专业三级(如行业分析师、新闻发言人、战略分析师、科学研究人员、劝募师、会员管理师等)
1	301—350		专业初级

(三)体现个人价值,做好员工技能评估与定位

薪酬的内部公平性还体现在根据员工的技能评估进行定位,即将员工的工资与其所获得的与工作相关的技能、能力及知识的深度和广度相关联。图6-14描述了确定基于技能的结构的过程。本环节基于技能分析,类似于职位分析中的任务陈述,相关的技能可以组合为技能模块,按照不同的等级可以将技能模块组合成技能结构,为建立技能结构,需要一种可以描述、认证和评价技能的程序。在管理实践中,往往通过建立职位能力素质模型来完成,即从胜任职位工作的角度出发,全面界定完成某一职位职责所需要的能力素质要求。但社会组织要建立自己的能力素质模型有一定的难度,在实际操作上可以简化,采用显性的因素评定法,如学历、专业、工作经验、技能、素

质等，组织可以根据实际情况确定相关因素。这一环节有三个目的：一是判断某一员工是否胜任该职位；二是判断该员工对该职位的胜任程度；三是完成对该员工的薪酬定位。

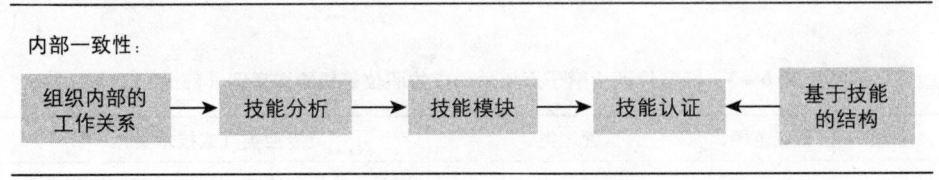

图 6-14　确定基于技能的内部结构

二、体现外部竞争力，做好薪酬外部定价

确定社会组织外部竞争性薪酬水平的主要步骤见图 6-15。

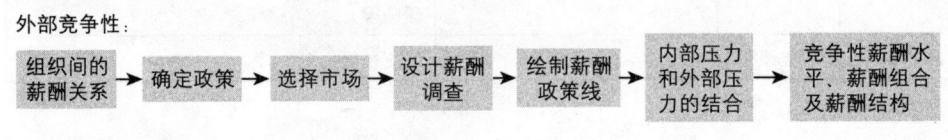

图 6-15　确定外部竞争性薪酬水平与结构的步骤

在确定薪酬外部竞争性的流程中，薪酬调查工作是关键环节。薪酬调查是一种收集其他组织的薪酬数据并做出判断的系统工程。进行薪酬调查的目的有多种，主要为：根据竞争对手变化着的工资率调整薪酬水平；相对于竞争对手所支付的薪酬形式调整薪酬组合；建立薪酬结构或为其定价；分析与薪酬相关的问题；评价产品或服务市场竞争对手的劳动力成本；了解其他社会组织薪酬管理实践的最新发展和变化趋势。

薪酬调查的主体应该是政府、行业和专业协会、咨询公司、社会组织本身等，但一直以来，没有专门的机构实施针对社会组织方面的薪酬调查，自

2012年开始，民政部民间组织服务中心与中国人事科学研究院合作开展全国社会组织薪酬调查，薪酬调查方式和薪酬数据分析逐渐成熟，而且以后每年会进行社会组织薪酬调查并在系统内发布薪酬调查报告，各社会组织薪酬设计可以参考此数据。

从人才竞争的角度看，社会组织竞争对手应该是该社会组织所依靠的行业、其他社会组织，这些竞争对手也即社会组织薪酬调查的对象。社会组织根据对竞争对手工资率的变化、支付形式或薪酬组合、薪酬结构、劳动力成本等方面情况的调查信息来确定薪酬政策线（见图6-16），确定外部薪酬水平定价，并适时调整薪酬水平或者薪酬组合。

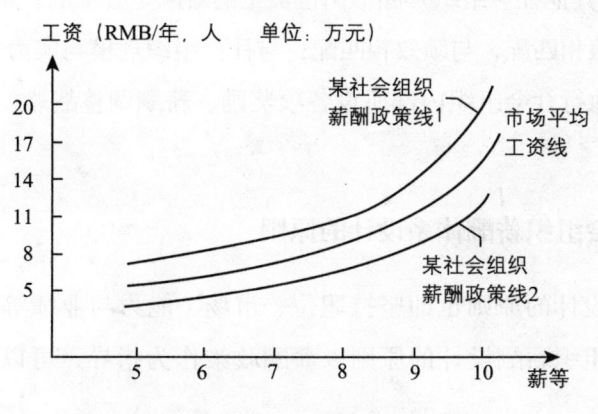

图6-16 某社会组织薪酬政策线

说明：以标杆职位作为横坐标也可。

第四节 社会组织薪酬体系设计

社会组织薪酬体系设计需要解决的问题主要有薪酬总额管理、薪酬标准、薪酬结构及薪酬管理等四个方面。薪酬总额管理是指社会组织根据其规模大小、支付能力等情况进行考虑；薪酬标准即通过职位价值及竞争对手薪酬水平确定员工收入水平；薪酬结构即关注不同性质及不同层级员工的薪酬结构，以及如何与绩效管理挂钩；薪酬管理即关注薪酬体系的切换、过渡与管理，这是薪酬体系顺利运行的保障。

一、社会组织薪酬体系设计的政策及原则

（一）社会组织薪酬体系设计的政策

社会组织薪酬体系设计首先需要确定薪酬设计的政策。第一，确保社会组织薪酬内部一致性，即相对于社会组织内部其他员工的薪酬是公平的，相对于个人的贡献薪酬是公平的；第二，实现社会组织外部竞争性，即相对于外部（所依靠行业及其他社会组织）相似岗位员工的薪酬是公平的；第三，确保个人薪酬与岗位价值相匹配，与绩效相匹配，与社会组织规模与实力相匹配；第四，在预算范围内执行社会组织内部所设各项奖励、薪酬调整战略，有效控制人工成本。

（二）社会组织薪酬体系设计的原则

薪酬体系设计的原则也即坚持职位、市场、能力与业绩等四个方面的价值导向。社会组织薪酬设计的原则以薪酬政策作为指导，可以从以下几个方面考虑：

薪酬确定：薪酬的确定需要考虑员工所承担工作的工作职责、任职资格及在工作中表现出来的能力。依靠科学的价值评估，对各职种、职层人员的任职角色、绩效进行客观公正的评价，给高绩效者以合理回报。

薪酬调整：需要将薪酬与任职资格水平及绩效密切结合，依据任职资格水平的变化及业绩大小而确定的考核结果进行薪酬调整。

薪酬结构：确定建立在任职资格基础上的薪酬结构，增加薪酬调整的科学性和灵活性，对于社会组织而言，既要确保薪酬的保障功能，也需要强化薪酬的激励机制。

薪酬差距：社会组织的薪酬水平需要适当拉开差距，有利于形成和稳定核心层和骨干层的人才队伍，薪酬需要向关键职位和核心人才倾斜。

二、社会组织薪酬结构确定

(一) 社会组织薪酬总结构

通过对社会组织问卷调研及实地访谈获得的信息,社会组织薪酬结构比较单一,而且相对不够统一,社会组织薪酬结构设计欠缺科学性和合理性。社会组织社会保险部分有缺失和不合理的地方,比如缺少养老金的缴纳。根据社会组织特点及薪酬体系设置相关理论,社会组织薪酬结构设计可以参考如下模型(见图 6 – 17):

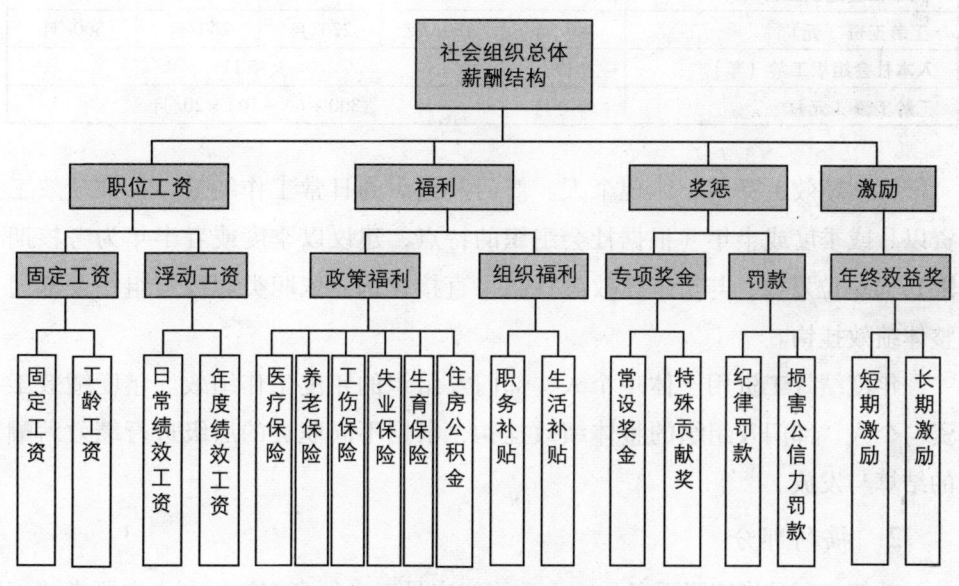

图 6 – 17　社会组织总体薪酬结构模型(参考)

(二) 社会组织薪酬结构各部分说明

1. 职位工资部分

职位固定工资是刚性的保障因素,作为社会团体每月支付给员工的固定收入,以保证员工的基本生活需要。根据员工的职位等级与出勤情况进行核算，不与社会组织的整体状况挂钩，执行标准参照薪酬等级。

工龄工资是指根据员工工作年限的增加而定期增加的收入，作为社会组织对老员工历史贡献的回报，用以保证员工的稳定性。工龄工资计算方式可以采用分级累进制（累进原则可根据在本社会组织内部的工龄连续计算）。比如，前10年每5年为一级，每级设计固定的级差，10年以后不再分级，采用固定的年增幅（员工入本社会组织后的第13个月开始计算），可见表6-4。

表6-4 工龄工资表（示例）

入本社会组织工龄（年）	1	2	3	4	5
工龄工资（元）	20/月	40/月	60/月	80/月	100/月
入本社会组织工龄（年）	6	7	8	9	10
工龄工资（元）	140/月	180/月	220/月	260/月	300/月
入本社会组织工龄（年）	11	大于11			
工龄工资（元）	320/月	$300+(N-10)\times20$/月			

日常绩效工资用于体现个人、部门及组织的日常工作绩效。日常绩效工资以月或季度或半年（根据社会组织的特点，建议以季度或者半年为考核期限）为单位发放，与员工绩效考核结果直接挂钩，依职类职级与组织及部门整体绩效挂钩。

年度绩效工资用于体现个人、部门及组织的年度工作绩效。年度绩效工资与个人、部门及组织的整体绩效挂钩，根据不同职类的层级进行绩效薪酬的结算与发放。

2. 福利部分

政策福利是指按照国家及地方政策规定员工必须享有的福利，主要指"五险一金"，即医疗保险、养老保险、失业保险、工伤保险、生育保险、公积金。

组织福利是指社会组织结合自身市场特点和管理特点，为了吸引、保留和激励员工，在员工政策福利之外提供的具有本组织特色的福利性报酬。

福利部分内容在第五节单独进行分析。

3. 奖惩部分

奖惩部分是针对特定的事项设计的工资组成，面向与特定事项有关的员工。奖惩根据特殊事项的发生时间支付，根据组织的目标战略导向和年度重点单独设立主题及其标准。

奖金是为特殊事项向员工支付的激励性报酬，具有文化导向作用，特殊事项如技术创新、挽回损失、募集大项基金等为组织做出特殊贡献的行为。

罚款项是因员工发生了违反工作纪律、工作流程及损害社会组织公信力等行为，根据相关制度对员工工资进行的扣项。

4. 激励部分

激励一般以年度业绩奖为主，在社会组织完成年度计划的情况下，对各部门及员工个人良好业绩的特别奖励。

长期激励部分，对于企业来说，一般以股票期权的形式呈现，由于社会组织的公益性特点，可以探讨适合社会组织特点的长期激励方式，比如建立信用积分机制，在社会组织工作一定年限且业绩突出者，可以获得信用积分，信用积分达到一定程度，可以优先在政府、企业、社会组织之间进行岗位流动；也可以获取社会的一些"优惠"服务，比如家庭教育、家庭护理等方面的帮助。

在社会组织的薪酬结构中，职位固定工资、日常绩效工资、年度绩效工资为主要工资，主要根据员工的知识技能等任职资格、职位等级及价值贡献确定其指导标准；工龄工资、奖惩项、激励等为辅助工资，根据实际情况和指导标准发放；福利部分参照主要工资的比例发放。主要工资是员工收入的主体部分，决定了员工的实际收入水平，具有经济报酬导向；辅助工资和福利是员工收入的补充，具有组织文化导向。

三、社会组织薪酬等级确定

（一）建立任职资格体系

社会组织薪酬体系需要与任职资格等级制度紧密相连，员工工资水平由其任职资格等级确定。任职资格等级制度是组织对职位的相对细化的管理工具，是人力资源管理主要活动实施的基础和前提，它为人力资源管理的其他模块，比如薪酬、人力资源开发、考核、员工晋升和培训等提供了依据。通过建立职位体系，确定职位管理序列和职位通道，为建立内部公平性和外部竞争性的薪酬体系奠定基础。

任职资格是指员工承担某一职位所必备的条件与能力。员工任职资格等级的高低取决于其所具备的条件与能力水平高低。任职资格的构成要素主要包括任职者的知识与经验、任职者的技能和绩效要求。

（二）社会组织职类职种划分

任职资格等级制度是对任职者承担职位的任职资格进行的制度性区分。根据社会组织的特点和现实情况，将员工的任职资格分为三类（管理类、专业/业务/技术类、操作类）、三层（高层、中层和基层）（见图6–18）。

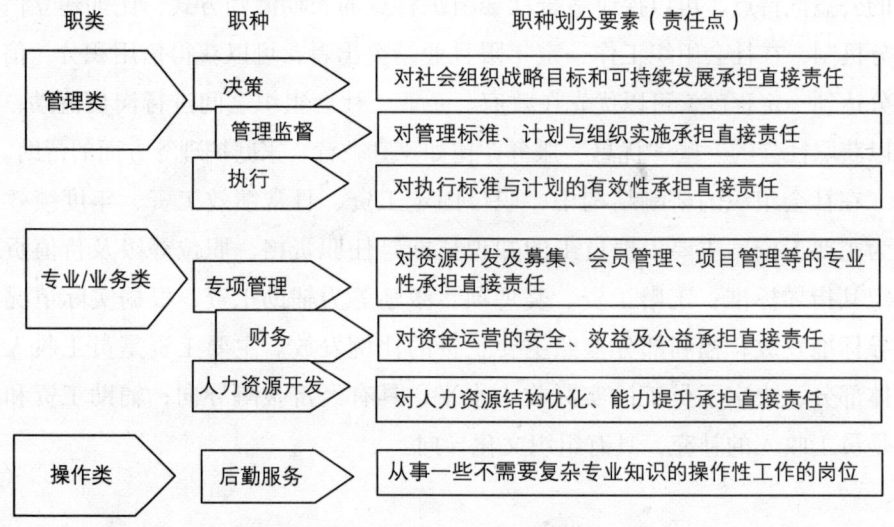

图6–18 社会组织职类职种划分

管理类职位序列：指社会组织中直接从事行政管理和业务管理工作，履行管理职责，承担领导和直线管理责任的职位。管理类职位包括：会长、副会长、秘书长、副秘书长、秘书长助理、各部门负责人（含正职和副职）及主管等管理岗位。

专业/业务/技术类职位序列：社会组织各业务部门按照项目划分的部门的一些职位，这些职位对承担者的专业技能、技术水平等有一定的要求，比如社会工作师,以及劝募师、会员管理师,作为社会组织新职业,已纳入国家职业分类大典社会公共服务人员类别,是典型的专业或者技术岗位。同时,项目管理、财务、人力资源、对外宣传与沟通、资源开发等相关职位也属于此类职位序列。

操作类:指社会组织中从事不需要复杂专业知识的操作性工作岗位。操作类职位的工作性质一般是按照一定的规范和要领操作动作,注重的是动作的熟练程度,对于创造性和脑力要求不高,比如司机、后勤等。由于社会组织中操作类岗位较少,本章内容仅对管理类和专业类进行阐述。

(三) 社会组织薪等薪级确定

薪等薪级确定方法及步骤:第一,通观被评价职位的点值状况,根据职位评价点数对职位进行排序;第二,按照职位点数对职位进行初步分组;第三,根据职位的评价点数确定职位等级的数量及其点数变动范围;第四,将职位等级划分、职位评价点数与市场薪酬调查数据结合起来;第五,考察薪酬区间中值与市场水平的比较比率,对问题职位的区间中值进行调整;第六,根据确定的各职位等级或薪酬等级的区间中值建立薪资结构(见图6-19)。

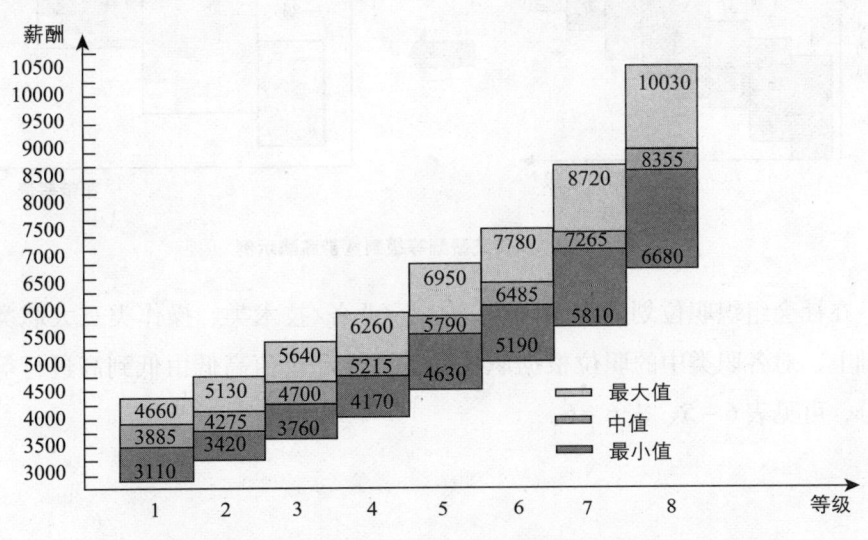

图6-19 根据区间中值建立薪资结构(示例)(单位:元)

宽带薪酬是指将多个薪资等级以及薪资变动范围进行重新组合，使之变成只有相当少数的薪资等级以及相应较宽的薪资变动范围。宽带薪酬体系和传统薪酬体系的区别在于，宽带薪酬中员工不是沿着组织中唯一的薪资等级层次垂直往上走；相反，他们在自己职业生涯的大部分或者所有时间里可能只是处于同一个薪资宽带中。员工在组织中的流动是横向的，但是随着他们获得的技能、能力，承担的责任提高，他们就能获得更高的薪资（见图6-20）。宽带薪酬设计的几个关键决策是：第一，薪资宽带数量的确定。薪资宽带数量的决策还应当考虑组织中能够带来附加价值的不同员工的贡献等级到底应该有多少比较合适。第二，宽带的定价。参照市场薪资水平和薪资变动区间，在存在外部市场差异的情况下，对同一宽带之中的不同职能或职位族的薪资要分别定价。第三，将员工放入薪资宽带中的特定位置。第四，跨级别的薪资调整以及宽带内部的薪资调整。①

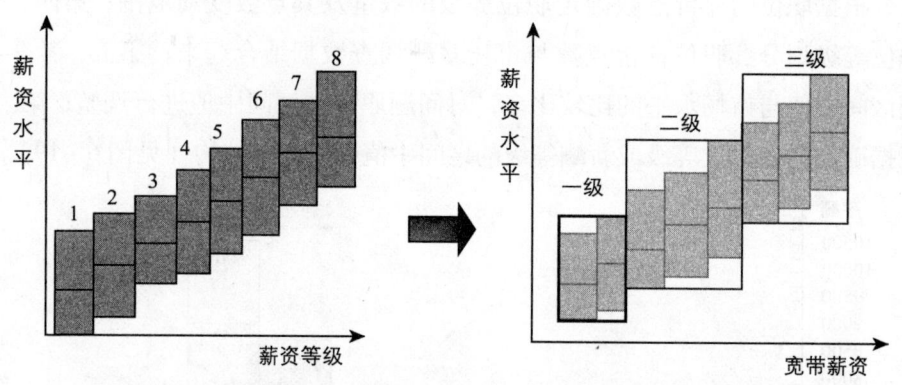

图6-20　从传统薪酬等级到宽带薪酬示例

在社会组织职位划分为管理类、专业/业务/技术类、操作类三大职类的基础上，对各职类中的职位根据职位的重要性和价值高低由低到高进行等级划分，可见表6-5、表6-6。

---

① 刘昕编著：《薪酬管理》，中国人民大学出版社2011年版，第212—214页。

表 6-5　社会组织管理类、专业类薪酬区间确定

职等（管理类）	职等名称	职等（专业类）	职等名称
管理七等	会长（理事长）	专业七等	首席（总会计师、总经济师、总工程师、权威专家等）
管理六等	副会长（副理事长）	专业四至六等	专家级（如行业分析师、新闻发言人、战略分析师、科学研究人员等）
管理五等	秘书长		
管理四等	副秘书长		
管理三等	部门主任（秘书长助理）	专业二至三等	专业级（如行业分析师、新闻发言人、战略分析师、科学研究人员、劝募师、会员管理师等）
管理二等	部门副主任		
管理一等	部门主管	专业一等	专员级
		专业初级	助理专员级

表 6-6　社会组织管理类、专业类薪酬薪等薪级确定（示例）

		管理类			专业类（技术类）		
		决策	管理监督	执行	专项管理	财务	人力资源
高层	12						
	11						
	10						
中层	9						
	8						
	7						
	6						
基层	5						
	4						
	3						
	2						
	1						

根据以上各个步骤，最后形成社会组织的薪点表（见表 6-7），员工工资水平以薪点数代表。薪点越高，工资水平越高，反之越低；薪点本身没有

单位，随赋予每个薪点货币价值的大小而代表不同金额。

表6-7 某单位薪点表（单位：元）（示例）

	一等	二等	三等	四等	五等	六等	七等	八等	九等	十等	十一等	十二等
1级	300	400	500	600	900	1200	1700	2200	2700	3500	4300	5100
2级	320	435	560	710	1100	1550	2200	3000	3700	5000	6300	7600
3级	340	470	620	820	1300	1900	2700	3800	4700	6500	8300	10100
4级	360	505	680	930	1500	2250	3200	4600	5700	8000	10300	12600
5级	380	540	740	1040	1700	2600	3700	5400	6700	9500	12300	15100
6级	400	575	800	1150	1900	2950	4200	6200	7700	11000	14300	17600
7级	420	610	860	1260	2100	3300	4700	7000	8700	12500	16300	20100
8级	440	645	920	1370	2300	3650	5200	7800	9700	14000	18300	22600
9级	460	680	980	1480	2500	4000	5700	8600	10700	15500	20300	25100
10级	480	715	1040	1590	2700	4350	6200	9400	11700	17000	22300	27600
11级	500	750	1100	1700	2900	4700	6700	10200	12700	18500	24300	30100
12级	520	785	1160	1810	3100	5050	7200	11000	13700	20000	26300	32600
13级	540	820	1220	1920	3300	5400	7700	11800	14700	21500	28300	35100
14级	560	855	1280	2030	3500	5750	8200	12600	15700	23000	30300	37600
15级	580	890	1340	2140	3700	6100	8700	13400	16700	24500	32300	40100
16级	600	925	1400	2250	3900	6450	9200	14200	17700	26000	34300	42600
17级	620	960	1460	2360	4100	6800	9700	15000	18700	27500	36300	45100
18级	640	995	1520	2470	4300	7150	10200	15800	19700	29000	38300	47600
19级	660	1030	1580	2580	4500	7500	10700	16600	20700	30500	40300	50100
20级	680	1065	1640	2690	4700	7850	11200	17400	21700	32000	42300	52600
21级	700	1100	1700	2800	4900	8200	11700	18200	22700	33500	44300	55100
22级	720	1135	1760	2910	5100	8550	12200	19000	23700	35000	46300	57600
23级	740	1170	1820	3020	5300	8900	12700	19800	24700	36500	48300	60100
24级	760	1205	1880	3130	5500	9250	13200	20600	25700	38000	50300	62600
25级	780	1240	1940	3240	5700	9600	13700	21400	26700	39500	52300	65100

在薪点表设计过程中，需要注意几个细节。

第一，在相邻的薪酬等级之间的薪酬区间要设计成有交叉重叠（简称薪酬区间叠幅），薪酬区间叠幅是指除了最高薪酬等级的区间最高值和最低薪酬等级的区间最低值之外，其余各相邻薪酬等级的最高值和最低值之间也要有一段交叉和重叠区域（见图6-21）。薪酬等级的区间中值极差越大，同一薪酬区间的变动比率越小，则薪酬区间叠幅就越小。相反，薪酬等级的区间中值极差越小，同一薪酬区间的变动比率越大，薪酬区间叠幅就越大。薪酬区间叠幅的设置可以避免一些矛盾和问题，一方面可以避免因晋升机会不足而导致的未被晋升者的薪酬增长受限；另一方面由于给被晋升者（绩效优秀者）提供了更大的薪酬增值空间而对被晋升者提供了刺激。但是，重叠的区域不宜过大，否则会限制不同薪酬等级之间的区间中值的差异，甚至会出现上级的薪酬低于下级的情况。

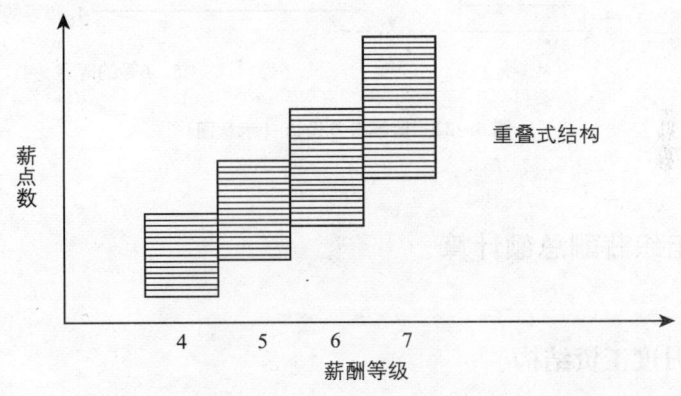

图6-21　薪酬等级设计（示意图）

第二，不同薪酬等级之间的中值极差，是指相邻薪酬等级之间的区间中值变动百分比，在最高薪酬等级的中值和最低薪酬等级的中值一定的情况下，各薪酬等级中值之间的极差越大，则薪酬结构中的等级数量就越少；反过来就越大（见图6-22）。

根据任职资格等级标准，对每个员工的任职资格等级进行评定；根据员工所在职种及其任职资格等级，确定其薪等；根据员工目前的标准工资（即没有加班、旷工，考核分为1的情况下，组织应向员工支付的工资）数额，在该薪等找到与其对应的薪级。如果标准工资数额介于薪级之间，就高取值。

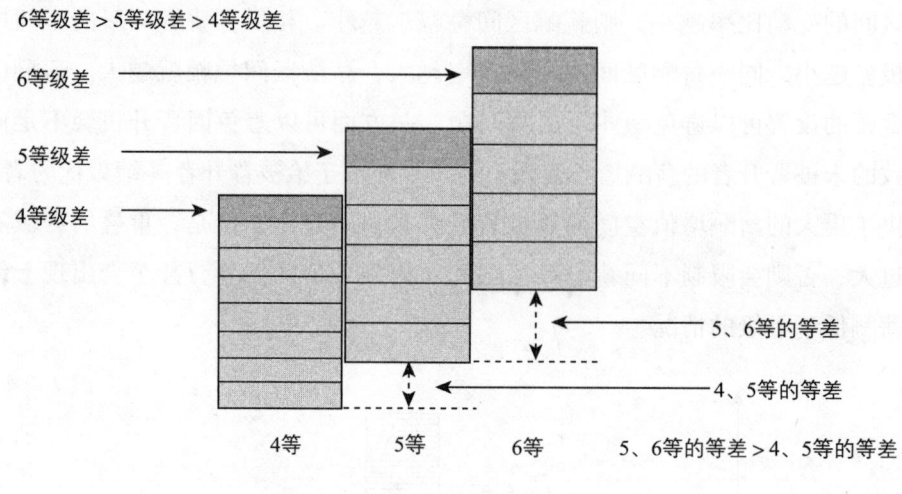

图 6-22 薪酬极差设计（示意图）

四、社会组织薪酬总额计算

（一）月度工资结构

员工的月工资由固定工资和浮动工资构成，固定工资与浮动工资的比例反映了员工收入的稳定程度（见图 6-23）。

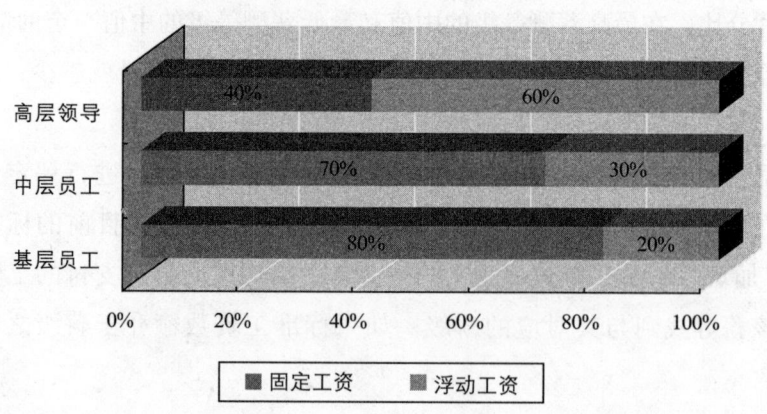

图 6-23 固定工资和浮动工资在职位层级之间的比例（示例）

图中的比例代表正常情况下,不同层级员工工资收入中固定和浮动部分的比例。由于社会组织内部职位不是太复杂,因此建议采取上图所示比例设计固定薪酬和浮动薪酬的比例。

固定薪酬所占比例越大,员工收入越稳定;浮动薪点数所占比例越大,员工收入与个人绩效及组织运营挂钩越紧密,变化也越大。通过改变固定薪酬与浮动薪酬比例,可以调节员工收入与组织运营情况挂钩的紧密程度,即调节员工工资水平的风险水平和感受市场压力的程度。

(二)职位工资总额计算

职位工资包括职位固定工资、日常绩效工资、年度绩效工资、工龄工资、加班工资、请假工资六项内容,其计算公式为:

$$Z = Z1 + Z2 + Z3 + Z4 + Zb + Zj$$

其中,Z = 职位工资,$Z1$ = 职位固定工资 × 出勤率,$Z2$ = 日常绩效工资,$Z3$ = 年度绩效工资,$Z4$ = 工龄工资,Zb = 加班工资,Zj = 请假工资

绩效工资支付系数是一个乘数,指根据员工绩效考核结果得出的员工实际绩效工资直接挂钩的系数,具体系数比例可以参考表6-8。

表6-8 社会组织各职类工资支付系数表

绩效考核结果	A(优秀)	B(称职)	C(基本称职)	D(不称职)
管理类支付系数	1.5—2.0	1.0	0.6—0.8	0.3—0
专业类支付系数	1.2—1.5	1.0	0.6—0.8	0.3—0
操作类支付系数	1.2	1.0	0.6—0.8	0.3—0

五、社会组织薪酬预算与调整

(一)社会组织的薪酬预算

所谓薪酬预算,实际上指的是管理者在薪酬管理过程中进行的一系列成

本开支方面的权衡和取舍。薪酬预算需要追求操作的规范化，以利于组织实现提高效率、促进公正以及手段合法等几个方面的薪酬管理目标。社会组织薪酬预算的目标一是合理控制员工流动率，同时降低社会组织劳动力成本，保证社会组织的目标能够得以实现；二是有效影响员工的行为。

薪酬预算的几个关键决策是：(1) 什么时候对薪酬水平进行调整？(2) 对谁的薪酬水平进行调整？(3) 组织的员工人数是增加了还是减少了？这种变动是在什么时候出现的？(4) 员工的流动状况怎样？(5) 组织里的工作职位状况会发生哪些变化？

(二) 社会组织的薪酬调整

整体工资水平调整：包括三个方面，一是工资总额调整。通过统一调整薪点值实现。社会组织可以根据物价指数、发展阶段、组织战略的改变和薪酬策略的变化等因素提高或者降低薪点值，以此提高或者降低整体工资水平。二是福利水平调整。通过调整社会组织福利的水平实现。在员工职位工资不调整的情况下，通过调整各项组织福利的水平，可以提高或者降低员工的实际收入水平，通过这种方法可以方便地对物价上涨、消费水平提高等情况做出快速反馈。三是薪酬结构调整。通过调整职位固定工资、浮动工资的相对比例对薪酬进行调整，通过调整薪酬结构引导社会组织的薪酬导向。

岗位调整带来的员工薪酬调整：包括两个方面，一是调整后职位等级上升或下降。职层进入新岗位对应的职等、薪酬等级由人力资源部按新岗位的要求对其进行评定，确定新的薪级。调整后薪级的职位工资高于或者低于原水平。二是调整后进入新的职类。职层进入新岗位对应的职类序列，薪酬等级由人力资源部按新岗位的要求对其进行评定，确定新的职等职级。

年度绩效考核薪酬调整：薪酬等级可以根据员工的业绩和态度表现有升有降，社会组织可以根据自己的实际情况在一定期限内根据考核结果调整员工薪酬水平。

特别工资调整：对于有特别贡献的优秀员工，其所在部门负责人可提出特别申请。

(三) 社会组织的"特殊人才"薪酬管理

社会组织可以设置"特殊人才"薪酬管理政策。所谓"特殊人才"需要具备两个条件：第一，"特殊人才"是为了支持社会组织现在以及未来战略发展要求，确实需要从市场引进或者从组织内部留用的战略性、高技能的稀缺性人才；第二，现有相对应薪酬等级的薪酬水平与"特殊人才"的市场价值和能力水平不相匹配。满足以上两个条件且符合社会组织其他要求的人才可以作为"特殊人才"引进或者留用。

社会组织"特殊人才"可以包括高级职业经理人、资深专家、高级专业人才，比如面向全球招聘的职业化的秘书长，高水平的劝募师及会员管理师等。

第五节 社会组织员工福利管理

在吸引、留住、用好及激励员工方面，各类组织越来越重视福利的作用，越来越丰富的福利内容及各种创新性的福利提供形式成为激励人才的新趋势。作为社会组织管理者，如何设计有助于提升人才竞争力的、高效的、灵活的、可控的福利解决方案，是一个重要的实践命题。

一、社会组织员工福利管理概述

员工福利指员工因为保持与组织之间的雇佣关系而获取的各种间接的经济性或非经济性的报酬，是任何一位员工的薪酬收入中一个非常重要的组成部分。[1]

从组织的角度来讲，在制定福利方案时，会产生三个主要的管理问题：

---

[1] [美]加里·德斯勒：《人力资源管理（第十二版）》，刘昕译，中国人民大学出版社2012年版，第508页。

一是谁应该受保障或享受福利？二是在一系列的福利项目中，员工可以有多少种选择？三是福利的资金怎样筹集？这些问题常常使组织产生困惑。在大多数情况下，组织更多的选择是被动地制定福利方案，而对如何合理有效利用福利方案，在吸引、留住及激励员工方面发挥足够的作用往往认识不足。

员工福利的影响因素包括组织外部因素和内部因素两个方面。就前者而言，首先是国家的法律法规。其一，国家法定福利具有强制性，任何组织必须遵守；其二，福利应该根据社会的经济发展水平、物价指数而相应波动；其三，福利受劳动力市场状况的影响，劳动力供求关系的变化，会影响劳动力价值的衡量；其四，竞争对手之间的竞争会引起组织内福利政策的变化，为保证外部竞争力，组织也需要根据外部竞争对手的福利状况相应地对自己的福利计划进行调整、创新和完善。就后者而言，影响员工福利计划制订的因素主要有三个方面：第一，员工福利计划需要和组织的不同发展阶段相适应，不同的发展阶段组织战略目标及薪酬政策不同，福利计划也不同；第二，受组织的经济效益影响，由于福利的成本问题，对于社会组织而言，福利受社会组织规模、运营状况、服务水平等方面的影响；第三，福利受员工个人因素影响，包括员工的福利需求、员工绩效以及工作年限等等。

员工福利计划包括很多种类型，划分方法也不统一，下面将福利划分为法定福利、组织补充保险及生活服务福利等三种类型分别进行介绍。

二、社会组织员工的法定福利

我国《劳动法》第七十条规定，我国社会保险包括五大险种：养老保险、工伤保险、基本医疗保险、失业保险、生育保险。包括公积金在内，共同构成我国的法定福利。

（一）养老保险

养老保险是国家和社会根据一定的法律和法规，为解决劳动力在达到国家规定的解除劳动义务的劳动年龄界限，或因年老丧失劳动能力退出劳动岗位后的基本生活而建立的一种社会保险制度。我国目前采用的是社会统筹与个人账户相结合的基本养老保险制度。在基本养老保险基金的筹集上由国家、单位和个人共同负担。缴费比例分为以企业参保和以个体劳动者参保两类：各类企业按职工缴费工资总额的20%缴费，职工按个人缴费基数的8%缴费；个体劳动者包括个体工商户和自由职业者按缴费基数的19%缴费，全部由自己负担。

《劳动和社会保障部、民政部关于社会组织专职工作人员参加养老保险有关问题的通知》（劳社部发〔2008〕11号）对社会组织专职工作人员的养老保险规定如下：

第一，按属地管理原则，参加当地企业职工基本养老保险。参加养老保险对象是依法在各级民政部门登记的社会团体（包括社会团体分支机构和代表机构）、基金会（包括基金会分支机构和代表机构）、民办非企业单位、境外非政府组织驻华代表机构及其签订聘用合同或劳动合同的专职工作人员（不包括兼职人员、劳务派遣人员、返聘的离退休人员和纳入行政事业编制的人员）。

第二，尚未参加企业职工基本养老保险的社会组织的养老保险规定。应在当地规定的时间内，持民政部门颁发的登记证书（如《社会团体法人登记证书》、《社会团体分支机构、代表机构登记证书》、《基金会法人登记证书》、《基金会分支机构、代表机构登记证书》、《境外基金会代表机构登记证书》或《民办非企业单位登记证书》）及参保所需的文件材料，到住所所在地社会保险经办机构办理社会保险登记手续，参加企业职工基本养老保险。

第三，养老保险的补缴和续接问题规定。社会组织及其专职工作人员在本通知下发前签订聘用合同或劳动合同的，可按当地有关规定补缴基本养老保险费。社会组织专职工作人员曾在机关事业单位工作的，其符合国家规定的工作年限视同为基本养老保险缴费年限；曾在企业或以个人身份参保的，要按有关规定做好养老保险关系的接续工作。

第四，养老保险缴纳基数问题的规定。社会组织及其专职工作人员应按规定缴纳基本养老保险费，其中社会组织的缴费基数为全部参保专职工作人员个人缴费工资之和。

(二) 失业保险

失业保险是指国家通过立法强制实行的，由社会集中建立基金，对因失业而暂时中断生活来源的劳动者提供物质帮助的制度。我国规定企事业单位按本单位工资总额的2%缴纳失业保险，职工本人按工资的1%缴纳失业保险，政府提供财政补贴、失业保险基金的利息和依法纳入失业保险基金的其他资金。

享受失业保险待遇需要同时具备的条件：所在单位和本人按规定履行缴费义务满1年；非本人意愿中断就业；已办理失业登记并有求职要求。

失业保险累计缴费时间满1年不满5年的，最长可领取12个月的失业保险金；累计缴费时间满5年不满10年的，领取失业保险金的期限为18个月；累计缴费时间满10年以上的，领取失业保险金的期限为24个月。

各地相应政府机构为了维护广大劳动者的合法权益，按照国务院《失业保险条例》《社会保险费征缴暂行条例》有关规定，下发了失业保险规定有关问题的通知，基本都把社会团体、基金会及民办非企业单位专职工作人员纳入属地失业保险范围，可以参照执行。

(三) 基本医疗保险

基本医疗保险是为补偿疾病所带来的医疗费用的一种保险。就是当人们生病或受到伤害后，由国家或社会给予的一种物质帮助，即提供医疗服务或经济补偿的一种社会保障制度。

用人单位的缴费比例为工资总额的6%左右，个人缴费比例为本人工资的2%。医疗保险费的缴纳基数为：职工本人上一年月平均工资低于上一年本市职工月平均工资60%的，以上一年本市职工月平均工资的60%为缴费工资基数，缴纳基本医疗保险费。职工本人上一年月平均工资高于上一年本市职工月平均工资300%以上的部分，不作为缴费工资基数，不缴纳基本医疗保险费。无法确定职工本人上一年月平均工资的，以上一年本市职工月平均工资为缴费工资基数,缴纳基本医疗保险费。

(四) 工伤保险

工伤保险是通过社会统筹的办法,集中用人单位缴纳的工伤保险费,建立工作保险基金,对劳动者在生产经营活动中遭受意外伤害或职业病,并由此造成死亡、暂时或永久丧失劳动能力时,给予劳动者及其实用性法定的医疗救治以及必要的经济补偿的一种社会保障制度。

工伤保险基金的征集比例应根据各行业工伤风险类别和工伤事故及职业病的发生频率实行行业差别费率和浮动费率,按用人单位工资总额的一定比例征集。

人力资源社会保障部、财政部《关于进一步做好事业单位等参加工伤保险工作有关问题的通知》(人社部发〔2012〕67号)对于社会组织等关于工伤保险的相关规定如下:

第一,按照属地管理原则参加并缴纳工伤保险。社会组织等组织按照《中华人民共和国社会保险法》《工伤保险条例》规定,依照属地管理原则,参加统筹地区的工伤保险,并按时足额缴纳工伤保险费。缴纳工伤保险费所需费用在社会保障缴费中列支,其费率均暂按一类风险行业执行。

第二,社会组织等组织的工作人员遭受事故伤害或者患职业病的,其工伤范围、工伤认定、劳动能力鉴定、待遇标准等按照《工伤保险条例》规定执行。

第三,参照公务员法管理的事业单位、社会组织工作人员因工作遭受事故伤害或者患职业病的,按照《工伤保险条例》第六十五条的规定执行。

(五) 生育保险

生育保险是社会保险的其中一项,是国家通过立法,对怀孕、分娩女职工给予生活保障和物质帮助的一项社会政策。其宗旨在于通过向职业妇女提供生育津贴、医疗服务和产假,帮助他们恢复劳动能力,重返工作岗位。

我国生育保险待遇主要包括两项。一是生育津贴,用于保障女职工产假期间的基本生活需要；二是生育医疗待遇，用于保障女职工怀孕、分娩期间以及职工实施节育手术时的基本医疗保健需要。

生育保险费由企业按月缴纳，个人不缴纳。

（六）公积金

住房公积金是单位及其在职职工缴存的长期住房储金，是住房分配货币化、社会化和法制化的主要形式，具有强制性、互助性、保障性。单位和职工个人必须依法履行缴存住房公积金的义务。

住房公积金由两部分组成，一部分由职工所在单位缴存，另一部分由职工个人缴存，职工个人缴存部分由单位代扣后，连同单位缴存部分一并缴存到住房公积金个人账户内。职工和单位住房公积金的缴存比例均不得低于职工上一年度月平均工资的5%；有条件的城市可以适当提高缴存比例。

住房公积金制度一经建立，职工在职期间必须不间断地按规定缴存，除职工离退休或发生《住房公积金管理条例》规定的其他情形外，不得中止和中断。

（七）法定假期

公休假日是指职工工作满一个工作周以后的休息时间，一般情况下安排在每个星期六和星期日。

法定节假日是指根据各国、各民族的风俗习惯或纪念要求，由国家法律统一规定的用以进行庆祝及度假的休息时间。2007年11月9日，对国家法定节假日时间安排进行调整：元旦放假1天不变；春节放假3天不变，但放假起始时间由农历年正月初一调整为除夕；"五一"国际劳动节由3天调整为1天，减少2天；"十一"国庆节放假3天不变；清明、端午、中秋增设为国家法定节假日，各放假1天（农历节日如遇闰月，以第一个月为休假日）。部分公民放假的节日及纪念日、少数民族习惯的节日。

带薪年休假，是指劳动者连续工作一年以上，就可以享受一定时间的带薪年假。2007年12月7日国务院颁布的《职工带薪年假条例》规定：职工累计工作已满 1 年不满 10 年的，年休假 5 天；已满 10 年不满 20 年的，年休假 10 天；已满 20 年的，年休假 15 天。同时，条例还规定：国家法定休假日、休息日不计入年休假假期。

其他假期包括探亲假、婚丧假、产假、配偶生育假等，社会组织可以参照相应规定执行。

三、社会组织员工的组织补充保险计划

（一）企业补充保险计划

企业补充养老保险是指由企业根据自身经济实力，在国家规定的实施政策和实施条件下为本企业职工所建立的一种辅助性的养老保险。企业补充养老保险计划有三种形式：一是团体养老金计划，即企业（或包括员工）向养老基金缴纳一定的养老金；二是延期利润分享计划，即组织会在每个员工的储蓄账户上贷记一笔数额一定的应得利润；三是储蓄计划，即员工从其工资中提取一定比例的储蓄金作为以后的养老金，同时企业通常还会付给员工一定数额的补贴。

大多数企业都为其员工提供团体人寿保险。因为这是一个适用于团体的寿险方案，对企业和员工都有好处。作为一个群体的员工，相对个人而言，可以以较低的费率购买到相同的保险，而且团体方案通常适用于所有的员工。

健康医疗保险的目的是减少当员工生病或遭受事故时本人或其家庭所遭受的损失。一种形式是集体投保，即企业向保险公司支付一笔费用，作为保险费，当员工或其家庭发生某些事故时，保险公司可以部分或全部地赔偿其损失；二是加入健康维护组织，企业以此来为员工提供健康医疗保险服务。

（二）社会组织的企业年金计划

人力资源社会保障部、民政部《关于鼓励社会团体、基金会和民办非企业单位建立企业年金有关问题的通知》（人社部发〔2013〕51 号）规定：

已经依法参加企业职工基本养老保险并履行缴费义务的社会组织，可以建立企业年金。其中工作人员较少的社会组织可以参加企业年金集合计划。

社会组织建立企业年金，应当由社会组织与本单位工会或职工代表通过集体协商确定，并制定企业年金方案。社会组织的企业年金方案应规定社会组织缴费计入工作人员企业年金个人账户的比例，可以综合考虑工作人员个人贡献、年龄等因素确定不同的计入比例，但差距不宜过大。

社会组织建立企业年金所需费用由社会组织和工作人员共同缴纳。社会组织缴费每年不超过本单位上年度工作人员工资总额的1/12，列支渠道按国家有关规定执行。社会组织缴费和工作人员个人缴费合计一般不超过本单位上年度工作人员工资总额的1/6，工作人员个人缴费可以由社会组织从工作人员个人工资中代扣。

四、社会组织员工的生活服务福利

员工生活服务福利主要有员工援助计划、咨询计划、教育援助计划、儿童看护帮助、老人护理服务、饮食服务、健康服务等，社会组织可以根据相关规定参照考虑。

五、社会组织员工福利的规划与管理

在组织的福利规划和决策过程中，主要解决两个方面的问题：一是组织需要决定提供什么样的福利，二是为谁来提供这些福利。针对提供什么样的福利的问题，需要了解国家立法、开展福利调查、做好组织的福利规划与分析、对组织的财务状况进行分析、了解集体谈判对于员工福利的影响。针对为谁提供这些福利的问题，需要思考是对组织内的所有员工实施相同的福利，还是对不同员工群体实施不同的福利计划。

福利管理包括三个方面：一是处理福利申请。在一般情况下，员工会根据组织的福利制度和政策向组织提出享受福利的申请，而组织此时就需要对这些福利申请进行审查,看其申请是否合理。二是福利沟通。组织有必要设计一种完善的福利沟通模式,一方面告诉员工他们都享受哪些福利待遇;另一方面,告诉员工他们所享受的福利待遇的市场价值到底有多高。三是福利监控。监控有关福利的法律变化;监控员工福利需要和偏好的变化;监控其他组织的福利变化;监控本组织的福利成本变化。

第七章 社会组织员工的激励机制

激励本是心理学的概念,却广泛应用于管理学的实践当中。美国管理学家贝雷尔森和斯坦尼尔认为:"一切内心要争取的条件、希望、愿望、动力都构成了对人的激励——它是人类活动的一种内心状态。"[①] 就人力资源开发与管理而言,激励特指"组织创造满足员工各种需要的条件,激发员工的工作动机,使其产生实现组织目标的特定行为的过程"。[②] 这意味着,激励的实质是一个满足员工需要的过程;是激发员工动机、调动员工积极性的过程;是引导员工的行为指向组织目标,并为实现组织目标而努力工作的过程;也是减少员工挫折行为、增加建设性行为的过程。可见,激励是一种促进行为的刺激手段,目的是为了调动人的积极性。人们常说"管理的深处是激励",道理就在于此。不论哪一类组织的管理,都必须建立健全员工的激励系统,用好激励手段。社会组织自身的特性及其人力资源构成的特殊性决定了激励在社会组织人力资源开发与管理中起着更加突出的作用。正是基于这样的判断,本章首先重点分析激励何以成为激发社会组织员工活力的关键一环,接着围绕如何激励社会组织员工介绍相应的方法和原则。激励包括外部激励和内部激励,外部激励是组织为员工提供的包括奖金激励、荣誉激励等在内的激励,这些措施都是从外部刺激员工的积极性;内部激励则是员工发自内心想做好

---

① Berelson, Bernard, Steiner, Gary A., *Human Behavior: An Inventory of Scientific Findings*, Oxford: Harcourt, Brace & World. 1964, p.239.

② 朱永新主编:《人力资源管理心理学》,华东师范大学出版社2003年版,第41页。

工作的欲望和动力。管理学的实践证明：真正提供效率的激励不是外部激励，而是内部激励。[①] 对社会组织员工的激励不能忽视外部激励，但更应该重视内部激励，使努力工作成为员工发自内心的追求，将社会组织事业的发展作为自己的责任和使命。社会组织的人力资源管理还应该着眼于未来、着眼于长远发展，因此，合理对待员工的流动是激励员工在未来从事社会组织工作的重要措施，只有善待员工，才能建立社会组织可持续发展的基础。

第一节 探索建立社会组织员工的激励机制

激励是人力资源管理的重要内容，也是激发员工工作积极性和责任心的重要手段。如果说在党政机关和企事业单位中，激励是提高工作绩效的有效手段的话，那么在社会组织中激励则是激发社会组织员工活力的关键一环。有效的激励不但能够提高组织的工作绩效，而且能够使员工建立对组织的认同感和归属感，在工作中实现自己价值，从而真正将工作看作人生不可或缺的组成部分，在工作中获得幸福感和满足感。对社会组织而言，激励不但是管理的重要手段，也是改善社会组织员工当前面临的非公平待遇、社会组织及其员工社会认可度不高等现实问题的重要手段。因此，激励对社会组织不但发挥着一般的管理功能，还有更为特殊的使命。社会组织与政府和企业的差异决定了社会组织的激励也存在着与政府激励和企业激励相迥异的特殊性，这既表现在非物质激励为主的激励方式上，也体现在激励对象的多元化上。同时，社会组织的激励还面临着比政府激励和企业激励更大的困难。

一、激励是人力资源开发与管理的重要手段

如何激发员工的工作热情，使员工高效地工作，是人力资源开发与管理

---

① [美] 赫伯·戈瑞伯格、哈罗德·维斯特、帕特里克·斯沃恩：《销售人力资源管理》，曹淮扬、刘轻舟、范永俊译，企业管理出版社 2002 年版，第 23 页。

的重要内容,激励是实现这一管理目标的重要手段。具体而言,激励是通过满足员工的需求、端正员工的动机来实现激发员工的积极性。通过激励,可以把有能力的人才吸引进来,可以使员工最充分地发挥其技术和潜能,可以使积极的员工更加积极,使中间的员工或消极的员工转变为积极,使每个员工都愿为组织多做贡献。哈佛大学教授威廉·詹姆斯(William James)在《行为管理学》一书中谈到,他曾做过一个调查,经研究发现按时计酬的职工每天一般只需发挥20%—30%的能力用于工作就可以保住饭碗,如果工作环境和条件比较好,职工能力的发挥最多也不超过60%,若能受到激励,充分调动其积极性,那么他们的潜力可发挥到80%—90%。① 也就是说,同样一个人在受到充分激励后发挥的作用相当于受激励前的3—4倍。这之间的差额是非常可观的。

激励是以员工需要为基础的。员工之所以可以被激励,就在于他们有一定的需要。这里的需要是指缺乏或期待某种结果而产生的心理状态,包括对食物、水、空气等物质层次的需要和对尊重、认可、归属等精神层面的需要。根据马斯洛的需求层次理论,每个人都有五个层次的需要:生理需要、安全需要、社会需要、尊重需要和自我实现需要。② 每种需要都包含两种成分:一是定性的、方向性的成分,反映需要对特定目标的指向性;另一种是定量的、活力性的成分,代表了指向该目标的意愿的强烈程度。马斯洛的需要层次理论启示管理者们,在工作中要找出有关的激励因素,采取相应的措施来满足不同层次的需要,以引导员工们的行为,实现组织目标。针对各个层次的需要,社会组织的管理层应该满足员工们的基本需要;满足和谐人际关系的需要;满足尊重的需要,提高工作的自豪感;促进员工创新和发挥潜能。

需要是激励的起点与基础,是人们积极性的源泉和实质。然而,仅仅满足员工的需要是不够的,动机也很重要。动机是推动人从事某种行为的心理动力,是激励的核心要素。当人们产生某种需要而未能得到满足时,就会引

---

① 转引自张玲玲、赵翔、史景景:《论激励理论在人力资源管理中的作用》,载《现代商贸工业》2013年第14期。

② [美] A. H. 马斯洛:《动机与人格》,许金声、程朝翔译,华夏出版社1987年版,第40—53页。

起人们的欲望，从而成为做某件事的内在驱动力，这就是动机。

需求和动机是激励的依据。员工的能力和天赋只有被最大限度地激发出来，才能够为组织带来益处，而这很大程度上取决于其需要的满足程度，动机水平的高低。需求与动机密切联系，需求是人们积极性的基础和根源，动机是推动人们活动的直接原因。人类的各种行为都是在动机的作用下，向着某一目标进行的。而人的动机又是由于某种欲求或需要引起的，需要只有达到一定的强度才能成为动机并引发动机。需要转化为动机还要有适当的客观条件，即诱因的刺激，它既包括物质的刺激又包括社会性的刺激。员工激励的目的在于激发人的正确的动机，调动人的积极性与创造性。依据不同的标准，激励可划分为物质激励和精神激励、外在激励和内在激励等不同类型。但不论哪种激励，其在管理中的核心作用都是调动人的积极性。积极性是人们从事某项活动的能动的心理倾向。从这个意义上看，调动积极性就等于激发动机。

任何组织的管理都需要处理好需求、动机和积极性的关系。社会组织作为组织的一员，在进行人力资源管理时，也需要满足员工诉求、激发员工动机、激励员工积极性。从社会组织的发展来看，所有的项目和活动都是由人来完成的，因此员工的素质与活力已成为社会组织发展的根本动力。随着社会发展的多元化和人们需求的多样化，对社会组织的发展提出了更高的要求，社会组织的发展必须建立一支训练有素、具有较强执行力的员工队伍。同时，在社会组织发展过程中，要不断发展、提高员工素质，调动员工的积极性。只有这样，社会组织才能在竞争中发展壮大。

需求、动机与积极性是激励的三个关键要素，三者紧密相连，构成了组织人力资源管理的关键环节。对社会组织而言，要满足员工的需求，必须首先正确认识员工的需求。社会组织的一个优势是组织成员不是为了生存而是为了理想而工作[1]，因此，社会组织要首先对员工的工作需求进行分析和研究，尽最大可能地满足员工的工作需求；不是为了生存而工作并不意味着员

---

[1] ［美］彼得·德鲁克：《非营利组织的管理》，吴振阳译，机械工业出版社2007年版，第121页。

工不需要满足生存要求，在考虑员工的工作需求之外，也需要对员工的生存需求进行关注，针对不同的员工，可以通过个别面谈、问卷调查等形式，了解他们的需求、动机和工作的积极性。在此基础上，有的放矢地采取激励措施。要做到有效地激励员工，必须了解激励的原理。在管理学领域，人们通过应用心理学和社会学方面的知识去探讨如何预测和激发员工的动机，满足人的需要，引导员工行为，调动员工工作积极性。经过大量的研究，国外学者提出了许多激励理论。本书无意对这些理论进行重复性阐述，但这些理论为我们探索建立社会组织的激励机制提供了理论基础。

二、社会组织员工尤其需要激励

随着社会组织在我国的发展，社会组织的从业人员数量不断增加。从社会组织的非营利性来看，它主要提供公共产品、为公益事业服务，因此，它自身的职业特点决定了社会公众对社会组织的期待较高，尤其是对社会组织承担的道德义务期待较高。但实际上，社会组织自身及其员工并没有获得与对其期待相匹配的社会待遇。比如，对社会组织的税收优惠力度较小，尚无法与国家对小微企业的税收优惠力度相比。国家对社会组织的办公成本和行政经费控制严格，主要表现在两个方面。一是《基金会管理条例》第二十九条规定，基金会工作人员工资福利和行政办公支出不得超过当年总支出的10%。针对这个规定，《慈善法》第六十条做了稍稍灵活性的规定，即慈善组织中具有公开募捐资格的基金会开展慈善活动的年度管理费用不得超过当年总支出的10%，特殊情况下，年度管理费用难以符合前述规定的，应当报告其登记的民政部门并向社会公开说明情况。二是财政部、国家税务总局联合下发的《关于非营利组织免税资格认定管理有关问题的通知》（财税〔2014〕13号）中规定申请非营利组织免税资格的社会组织工作人员平均工资薪金水平不得超过上年度税务登记所在地人均工资水平的两倍。这些硬性规定都限制了社会组织员工的收入水平，实际上社会组织员工的平均工资不但不会超过当地工资平均水平的两倍，往往是低于当地的平均工资水平。2014年度

"中国公益人才发展现状与需求"的调查结果显示：上海的公益人才平均月薪为 5500 元，而城镇职工的平均月薪为 7490 元；北京的公益人才平均月薪为 5101 元，城镇职工的平均月薪为 8067 元；江苏的公益人才平均月薪为 4278 元，城镇职工的平均月薪为 4821 元；四川的公益人才平均月薪为 3339 元，城镇职工的平均月薪为 4031 元；陕西的公益人才平均月薪为 3167 元，城镇职工的平均月薪为 4100 元。① 即使在社会组织发展最早、最成熟的深圳，社会组织从业人员的工资水平也很低，甚至出现了很多社会组织的从业人员月工资比保姆的月工资还低的现象，导致 35% 的从业人员流失。②

从全国的情况来看，由于社会组织为员工提供的工作环境并不优越，但是对员工的奉献精神、价值追求、责任意识、专业化水平等要求较高，导致社会组织普遍面临招人难、留人更难的问题。尽管从价值目标的追求来看，社会组织的工作人员有着更高的价值追求和志愿精神，对精神层面的激励更为重视，但是对绝大多数社会组织的从业人员而言，在社会组织工作首先是一份职业，需要满足其养家糊口的需要。尤其是对于在社会组织就业的青年人来说，养家糊口是其需要负担的基本责任，而现有的社会组织薪资远远不能满足这一要求。"据了解，许多应届毕业生对从事公益事业怀有很高的热情，最终却因为薪资问题，离开了这个队伍。"③ 上海市在 2015 年初公布的一项数据显示，34.78% 的青年社会组织从业者月收入在 1000—3000 元之间，56.52% 的月收入在 3000—7000 元之间，月收入在 7000—15000 元以及 15000—20000 元的比例均为 4.35%。因为报酬偏低，致使大量优秀的人才不愿意投身到社会组织领域工作，社会组织领域人员流动性极强。④ 青年社会组织出现"一将难求"的现象已经引起了政协委员的关注。2014 年上海市"两会"期间，有政协委员专门针对青年人才从社会组织流向政府部门、商业领

---

① 《2014 年中国公益行业人才发展现状调查发布》，见 http://www.swcjw.com/xwzx/gy/2014-09-19/7349.html。
② 周元春：《社会组织从业人员月薪不如保姆》，载《深圳特区报》2011 年 7 月 22 日第 A07 版。
③ 和慧卿：《建设社会组织人才队伍的思考》，载《中国社会组织》2013 年第 4 期。
④ 刘晶晶：《沪青年社会组织人才流动亟待稳定》，载《青年报》2015 年 1 月 14 日第 A08 版。

域提出议案,建议推动出台社会工作领域从业人员薪酬指导体系和职称评定体系,增强从业人员的稳定性,调动领袖人才的积极性。① 由此可见,对社会组织员工尤其是青年员工进行合理的物质奖励,满足其生活需求是稳定社会组织员工的首要选择。

人有寻求尊重和被认同的心理需求,社会组织的工作人员本身从事的工作的性质与社会公益密切相关,因此理应得到更高的认可和尊重。但事实恰恰相反,我国社会组织工作人员社会声誉低、人们对之认同度更低、社会组织工作人员的职业声望低。② 这一方面与社会组织在我国的发展时间相对较短,人们对社会组织的了解不够有关;另一方面,由于个别社会组织暴露出来的诚信事件导致人们对社会组织持普遍的否定和不信任的态度,社会组织甚至被污名化。在这种情况下,要使社会组织的员工仍然能够留在社会组织工作,并且高效地工作,必须进行激励。

从社会组织的服务对象来看,社会组织员工在工作过程中需要付出大量的情绪劳动。③ 情绪劳动是指理解他人、移情于他人处境,并将他人情感视为自己的一部分。④ 由于社会组织的服务对象往往是弱势群体,如鳏寡孤独人群、自闭症儿童、残障人士、受灾群众等等,当对这些人群提供服务时,社会组织员工需要表现出理解、尊重、关心、同情等情绪,然而,如果长期面对这样的弱势群体,对社会组织员工也是一种心理考验,由此可能使员工产生情感懈怠,对工作产生负面影响,甚至会对其个人生活产生负面影响。因此关注员工的心理健康、及时给予员工心理辅导和安抚,是激励员工坚持下

---

① 杜丽华:《社会组织"一将难求" 贾芳委员建议"私人订制"青年好领袖》,见 http://sh.eastday.com/m/2014shlh/u1a7897968.html。

② 安芳华:《浅析我国社会组织面临的现实问题》,见 http://www.aisixiang.com/data/71440.html。

③ 张冉、[美]玛瑞迪斯·纽曼:《情绪劳动管理:非营利组织人力资源管理的新视角》,载《浙江大学学报(人文社会科学版)》2012年第2期。

④ England P., Farkas G., *Households, Employment, and Gender: A Social, Economic, and Demographic View*, Aldine Publishing Co., 1986, p.91.

去的重要因素。人力资源管理中情感支持和咨询是很重要的内容①，一些对我国商业领域的实证研究也发现，组织的情感支持对员工的忠诚度有显著影响。② 目前虽然有研究开始注意到社会组织员工的情绪劳动管理，但是仍然只停留在理论层面，缺乏具体的可以指导操作的方法。

社会组织面临的上述人力资源管理的问题表明，社会组织对员工进行激励不但是必需的，而且是紧迫的。

三、社会组织员工激励的特殊性

社会组织对员工的激励需要遵循组织激励的一般原则，如公平性原则、成本—收益原则、赏罚并举原则等。③ 但是，社会组织的非营利性、非政府性、志愿性等特点决定了社会组织的激励与政府和企业的激励存在鲜明的差异。政府部门对公务员的激励以职业理想、社会声望等符号激励为主，因为政府掌握以权力为基础的公共性资源，对社会中的各项公共事务负有管理职责。政府部门的科层制晋升机制对公务员发挥着很好的激励作用。企业是以营利为目的的组织，它往往拥有雄厚的经济实力，对员工的激励主要以薪酬、奖金、津贴、股权等物质激励为主。社会组织既不具有公共权力，又不具备雄厚的经济实力，它对员工的激励更强调志愿、奉献、爱心等概念，因而也体现为参与型激励为主的特点。④ 也就是说，社会组织对员工的激励主要是非物质性激励。

社会组织对员工激励的特殊性还表现在社会组织激励对象的多元化上。

---

① Zhang A. Y., Tsui A. S. and Song L. J., et al.,"How Do I Trust Thee? The Employee-organization Relationship, Supervisory Support, and Middle Manager Trust in the Organization," *Human Resource Management*, 2008, 47 (1): 111 – 132.

② He Y., Lai K. K., Lu Y.,"Linking Organizational Support to Employee Commitment: Evidence from Hotel Industry of China," *The International Journal of Human Resource Management*, 2011, 22 (01): 197 – 217.

③ 胡华忠：《论人力资源激励的七大通用原则》，载《当代财经》2002 年第 4 期。

④ 郑琦、乔昆：《完善社会组织从业人员的激励机制》，载《社团管理研究》2011 年第 12 期。

如导论所述,社会组织的人力资源主要有三部分构成:董事会成员、领薪员工和志愿者。董事会成员包括理事会成员和监事会成员,他们大都是在社会上有一定声望或者是在其所从事的行业领域内做出了一定贡献的人,他们参与社会组织更多是因为认同社会组织的价值理念和使命感,因此,对他们的激励和对领薪员工的激励存在差异。在领薪员工中,又分为社会组织正式员工和兼职员工,正式员工和社会组织有直接的隶属关系,他们在社会组织的工作更为持久和稳定;兼职员工则有可能是社会组织出于某项特殊的需要而聘请的外部人员,如财务管理人员、项目顾问等,他们与社会组织不存在直接的隶属关系,而是临时性的雇佣关系。对正式员工的激励和对兼职员工的激励方式也存在鲜明差异。对正式员工更可能采取事业激励的方式,通过将社会组织的价值观、责任感和使命感传递给员工,通过在工作中让员工获得成就感而实现激励;对兼职员工的激励则需要根据兼职的具体情况来设定。社会组织为了开展社会服务的需要经常需要招募大量的志愿者,对志愿者的激励与对董事会成员、领薪员工的激励也存在着较大差异。[1] 因此,社会组织人力资源构成的多样化决定了激励的多元化。

激励方式的差异性也决定了社会组织员工激励的困难性。与政府和企业相比,社会组织尚没有得到人们的普遍认可。社会组织的公众认可度低导致社会组织员工难以获得较高的社会声望,更无法与公务员的社会地位相比拟。与企业相比,社会组织不具备经济优势,不能为员工提供与企业相类似的物质激励。同时,受到《慈善法》《基金会管理条例》以及非营利组织免税资格认定条件等的限制,社会组织支付员工的薪酬受到严格的限制,这客观制约了社会组织对员工的物质激励。在既不能提供好的社会声望,又不能提供丰厚的物质保障的情况下,社会组织在人力资源开发与管理中如何选择合适的激励手段和激励方法,成为面临的重要问题。

---

[1] Taylor T., McGraw P., "Exploring Human Resource Management Practices in Nonprofit Sport Organisations," *Sport Management Review*, 2006, 9 (3): 229–251.

第二节　物质激励是社会组织激励员工的基础手段

各种激励的理论都启示我们，满足人们的需求是有效激励实现的前提。人们的需求是多样化的，而且在同一时期人们可能有多种需求，面对这种情况，需要采取多种激励方法，常见的激励方法包括目标激励、责任激励、工作激励、事业激励、培训和发展机会激励、晋升激励、经济激励、强化激励、参与激励、尊重激励、荣誉激励和情感激励等。[①] 在人力资源管理过程中，要采用哪些激励方法，应该根据社会组织的情况和员工的情况来决定。但是无论采用哪种激励方法，在确立之前都必须明确激励的原则，建立公平公正、合理适度、有章可循的激励方法，不能随意对员工进行激励，也不能过度对员工进行激励。对社会组织而言，尽管员工参与社会组织主要是依靠价值理念和志愿精神等来维系，但是社会组织的员工以在社会组织工作为职业，社会组织首先要满足他们基本的物质需求，才能使员工"安其所，遂其生"。因此，社会组织对员工的激励，既要充分发挥原有的价值观念的激励作用，又要适当运用经济激励，给予员工一定的物质激励。

从当前我国社会组织对员工的激励来看，一方面由于社会组织资源的有限性，另一方面由于过于重视员工对共同价值的认同，导致了对社会组织员工的激励措施中物质激励有限，呈现出激励手段倒置的现象，即在低层次需求（即生存需求和相互关系需求）没有满足的情况下，对高层次的需求（成长发展需求）进行激励。[②] 这种忽视物质激励的方式在一定程度上造成社会组织员工的基本生存需求得不到满足，尤其是当与周围从事其他行业的社会成员比较时，这种相对剥夺感会更为强烈。从国外的经验来看，在社会组织工作的收入并不低。以澳大利亚为例，调查数据显示，社会工作者每年的年薪中位数为55378澳元，与办公室经理（年薪中位数55612澳元）、会计师（年

[①] 朱永新主编：《人力资源管理心理学》，华东师范大学出版社2003年版，第70—75页。
[②] 郑琦、乔昆：《完善社会组织从业人员的激励机制》，载《社团管理研究》2011年第12期。

薪中位数 54385 澳元）的收入相当，但是比律师（年薪中位数 67575 澳元）、医生（年薪中位数 100547 澳元）的收入要低。[①] 因此，对社会组织员工实施必要的物质激励，能够更好地满足他们的生活需求，使其更全身心地投入社会组织工作。

一、物质激励是激励的常用手段

人首先有生存的需求，只有在生存得到保障的基础上，才能有进一步的目标追求，正所谓"仓廪实而知礼节，衣食足而知荣辱"。无论政府机关、企事业单位还是社会组织，满足员工的生存需要是最为基本的。员工从事工作，首先是要满足养家糊口的需要，如果员工通过辛勤劳动获得的薪资无法满足个人或家庭生活的正常需要，那么员工必然无法安心从事工作。物质激励作为常用的激励手段，也是基础的激励手段。物质激励主要是指包括薪酬、奖金、股权、奖品等在内的与物质利益直接相关的激励方式，也有研究者将舒适的工作环境、宽敞的办公室、便利的停车位、宽裕的午休时间等包括在内。[②] 但是整体而言，这些激励都是与有形的物质相关的，因此有时候也称作经济激励。

管理学的研究发现，物质激励能够很好地激励组织员工做出组织期望的行为。[③] 即使是承认非物质激励重要性的研究者，也没有忽视物质激励的作用。诺贝尔经济学奖获得者斯蒂格利茨就曾经指出："有时，非经济激励作用十分强大，以至于看起来似乎可以从根本上取代经济激励。但就其长期效果来看，非经济激励本身并不能满足需要。非经济激励是经济激励的补充而非

[①] 数据来自：http://www.payscale.com/index/AU/Job。

[②] 孙显嶽：《60 分钟掌握人力资源六大模块》，生活·读书·新知三联书店 2012 年版，第 77 页。

[③] Bartol K. M., Locke E. A., "Incentives and Motivation," *Compensation in Organizations: Current Research and Practice*, 2000: 104 – 147.

完全替代物。"① 因此,在市场经济条件下,企业主要是通过物质激励手段对员工进行激励。在对物质激励手段的使用方面,企业最为得心应手。针对员工的物质激励,企业发展出了一套行之有效的激励方法。企业往往有短期激励计划和长期激励计划,短期激励计划是通过为员工提供年度奖金而实现,年度奖金与员工的工作绩效密切相关;长期激励计划则是通过使员工关注长期的效益来实现激励,如分配股票期权、制订股票增强计划等。②

随着物质激励手段的推广,政府部门也开始寻求给予职员一定的物质激励。尽管对政府给予公务人员物质激励有着不同的声音③,但是伴随"高薪养廉"等观念的发展,使用适当的物质激励对公务员进行管理成为一种趋势。④虽然当前我国对公务员的物质激励尚未形成固定的机制,但是随着对公务员合法权益的重视,物质激励必然会逐步实现制度化和规范化。

物质激励直接与人们的生活质量挂钩,物质激励要实现既保障员工的基本生活质量、促进员工的工作积极性,又不使员工对物质激励着迷。设定合理的物质激励的原则和标准是进行物质激励的前提。

首先,物质激励要适度。物质激励太高或者过度,一方面会增加组织的运营成本,增加组织的负担⑤,另一方面会导致员工过于关注经济利益,而忽视组织的发展目标;物质激励过低或不足,会导致无法产生激励作用,难以调动员工的积极性。

其次,物质激励要区分层次。平均主义的物质激励无法区分出员工的贡献,产生不了激励的作用。恰当的物质激励应该是根据员工的绩效、表现等

---

① [美]约瑟夫·斯蒂格利茨:《社会主义向何处去——经济体制转型的理论与依据》,周立群、韩亮、余文波译,吉林人民出版社1998年版,第90页。

② [美]加里·德斯勒:《人力资源管理(第六版)》,刘昕、吴雯芳等译,中国人民大学出版社1999年版,第464—466页。

③ Burgess S., Ratto M., "The Role of Incentives in the Public Sector: Issues and Evidence," *Oxford Review of Economic Policy*, 2003, 19 (2): 285 - 300.

④ 郑永兰、潘晨光:《由"高薪养廉"谈我国公务员物质激励的必要性》,载《南京理工大学学报(社会科学版)》2007年第1期。

⑤ 乔榛:《过度经济激励倾向与国有企业分配制度失灵》,载《求是学刊》2005年第4期。

划分层次,进行分层激励。

第三,物质激励要与非物质激励相结合,在满足员工物质需求的基础上,寻求合适的途径和方面满足员工对声誉、情感、责任、自我实现等方面的需求等。经济学、管理学和心理学的研究一再证明,单纯的物质激励并不能留住人才[①],尤其是当员工本身已经拥有了较高的收入之后,再对其进行物质激励,难以产生激励的效果。因此,必须将物质激励与非物质激励结合起来,加强对员工的支持、价值观倡导、荣誉激励,使员工实现自我价值。

二、对社会组织员工的物质激励不可或缺

社会组织作为政府和企业之外的第三部门,是迅速发展的社会力量。社会组织既不追求公共权力的行使,也不追求利润的最大化和利润分配,它关注的是社会福祉的提升。因此,与企业员工相比,社会组织员工更多的是出于利他主义而不是受金钱趋势从事社会组织工作。但是,从当前我国社会组织的运行来看,它的发展是高度市场化的,它没有政府的财政资金供应,主要是依靠事业的发展为员工提供工资和福利。[②] 在这种市场经济机制下,社会组织要能够与企业单位竞争优秀人才,就必须考虑物质激励,而不仅仅考虑人们是否关心组织的使命。[③] 尤其在当前我国社会组织的从业人员主要是青年人的情况下,对他们进行物质激励是十分必要的。因为青年人面临着成家立业、养家糊口的巨大生存压力,如果他们致力于社会组织的事业而使自身处于弱势地位,那么他们从社会组织中流向企业或政府部门也就不足为奇了。事实上,由于当前我国社会组织对员工的物质激励不足,社会组织员工的流

---

① 周帆、谭劲松、简宇寅:《声誉激励还是经济激励——独立董事"跳槽"的实证研究》,载《中国会计评论》2008年第2期。
② 闫冰:《公益行业人才与薪酬态度大调查数据综述》,载《公益时报》2013年9月17日第2版。
③ Wein J. R., "Financial Incentives for Non-profits," *Fund Raising Management*, 1989, 20 (7): 28-35.

动性非常高。如 2011 年深圳市社会工作者的流失率达到 17.6%①,而社会组织从业人员整体的流失率则达到 35%。② 社会组织从业人员普遍感觉从事社会组织工作很清贫,当年轻人进入结婚生子的阶段后,经济因素成为直接制约他们的关键因素。从《人民政协报》对社会组织从业人员的访谈中可以发现,从事社会组织工作的大学毕业生 4 年之后与当初的同学比较,发现同学的收入是自己的两三倍,考虑到未来发展,青年人选择离开社会组织。③ 深圳市慈善会秘书长房涛在谈到青年人离开社会组织的原因时指出,"从事社工的大学生,生活压力大、多在基层服务导致流失率高"④。

获得一份与自己的贡献相称的报酬并使自己能够享受自己创造的财富,已成为今天人们择业的重要决定因素。社会组织要想吸引、使用、留住所需要的核心人才,必须重视物质激励,只有满足了员工最基本的需求,才谈得上对员工更高层次的激励。面对社会组织员工的高流出率,考虑到青年群体的生活压力,对社会组织员工实施物质激励是不可或缺的。

当前,社会组织对员工实施物质激励面临以下挑战。首先,社会组织拥有的资源有限,又受到国家相关的管理制度的约束,对员工的工资支出和行政管理费用支出有严格的要求,不能超越。这就需要社会组织加强自身整合资源的能力,尽可能多地吸纳社会资源,拓展自己的资金来源渠道。其次,社会组织要积极与相关职能部门进行沟通,寻求职能部门对社会组织管理的机制。也就是说,对于那些规模较小的社会组织,应该允许其适当增加行政成本在总开支中的比例。一个年度支出规模为 3 个亿的基金会,工作人员的工资福利和行政成本可以达到 3000 万;但是对于一个年度支出规模只有 300 万的基金会而言,其工作人员的工作福利和行政成本必须维持在 30 万以内,

---

① 《深圳社工流失率高 留住人才需要提高从业人员待遇》,见 http://www.iszed.com/content/2012 - 07/14/content_6943752.htm。
② 周元春:《社会组织从业人员月薪不如保姆》,载《深圳特区报》2011 年 7 月 22 日第 A07 版。
③ 舒迪:《慈善组织发展的"薪酬瓶颈"》,载《人民政协报》2011 年 10 月 25 日第 C01 版。
④ 《深圳社工流失率高 留住人才需要提高从业人员待遇》,见 http://www.iszed.com/content/2012 - 07/14/content_6943752.htm。

这是巨大的挑战。最后,社会组织进行物质激励要与社会组织的道德使命相协调。社会组织尤其是慈善组织,担负着很强的道德使命①,加之我国社会组织公信力备受质疑,在这种情况下,社会组织对员工进行物质激励,易受到社会公众的质疑。如何引导社会公众正确认识和看待社会组织的物质激励,使社会组织员工能够在不受过重的社会压力的情况下接受物质激励,是社会组织面临的另一项挑战。在当前我国的社会环境下,要真正建立社会公众对社会组织的正确认知,不仅需要社会组织自身的努力——提供优质的社会服务、建立良好的公信力,也需要国家的引导。通过创造有利于社会组织的文化环境和社会环境,使人们更为了解社会组织,将其平等地看作社会的组成部分,而不是戴着有色眼镜对社会组织提出过高的价值期待。

三、对社会组织员工实施合理的物质激励

概括而言,物质激励就是设计一种如何监督与奖励的结构。② 社会组织的物质激励就是要在社会组织内部建立一套完整的监督和奖励社会组织员工的组织结构和行为规范,使员工更为积极地投入到社会组织的工作,更为高效地提供优质的社会服务,实现社会组织的目标,也在这个过程中实现自身价值。社会组织对员工的物质激励是基于两个方面的考虑:一是要保障员工的基本生活,使员工能够安心工作;二是通过物质激励奖励先进、鞭策后进,促进员工更为积极主动地投身社会服务事业。

社会组织的物质激励首先涉及社会组织的薪酬。尽管薪酬待遇并非是留住人才的唯一手段,但是薪酬的高低在很大程度上决定着人才的去留。从我国的现实情况来看,对社会组织员工的薪酬激励普遍不足。四川省对社会组织从业人员进行的一项调查显示,2013年度社会组织员工月均收入在2300元

---

① 石国亮:《论慈善与道德的关系及其他》,载《浙江社会科学》2014年第2期。
② [美]约瑟夫·斯蒂格利茨:《社会主义向何处去——经济体制转型的理论与依据》,周立群、韩亮、余文波译,吉林人民出版社1998年版,第77页。

左右，其中月收入在 1500 元以下的有 31.7%，月收入在 1500—2000 元的有 24.7%，月收入在 2000—3000 元的有 33.7%，月收入在 3000 元以上的仅占 9.9%。同期四川省社会平均工资水平已达到 3483 元，社会组织员工收入水平显著低于社会平均水平。[①] 因此，运用好社会组织的物质激励，首先要建立合理的薪酬制度。薪酬包含基本工资、岗位工资、津贴、奖金、福利等等。人才的工资、奖金和福利，要根据效率优先，更加注重公平的原则，使组织成员获得的收入报酬和享受的福利待遇与其能力、业绩和经历挂钩，做到恰如其分，公平合理。从本质上讲，任何激励都应该达到促进员工做出卓越的努力和实现公平公正的目标。[②] 本书第六章专门讨论了社会组织薪酬体系和福利管理，此处不再赘述。

社会组织对员工的物质激励不仅体现在社会组织内部，还体现在社会组织之间。整个社会组织作为一个行业领域，应该积极谋求社会组织之间的合作，实现互利共赢。就物质激励而言，社会组织应该积极磋商，一方面寻求建立社会组织行业的薪酬标准，通过普查的方式向社会公布社会组织员工的薪酬待遇，通过广泛宣传引起社会的普遍关注，增强人们对社会组织和社会组织员工的认知；另一方面，各个行业范围内的社会组织要努力向该领域范围内的企事业单位的平均收入靠拢，确保自己的薪酬制度具有外部竞争性。

除了社会组织内部的奖金制度外，同行业的社会组织可以联合设立一些带有物质激励的奖项，以荣誉激励和物质激励相结合的方式促进社会组织员工建立对本行业的认同。如可以设立行业年度人物、最可爱的志愿者、社会组织形象之星等奖项，在给予荣誉激励的同时给予适当的物质激励。

无论采用哪种形式的物质激励，要使物质激励真正发挥激励作用，必须制定明确而相对固定的物质激励原则。这些原则包括：制定相应的绩效考核标准，使激励与绩效相挂钩；保证基本工作需求，在工资基础上进行激励；

---

① 唐代盛、李敏、边慧敏：《中国社会组织人力资源管理的现实困境与制度策略》，载《中国行政管理》2015 年第 1 期。

② Koys D. J., "Integrating Religious Principles and Human Resource Management Activities," *Teaching Business Ethics*, 2001, 5 (2): 121-139.

激励办法必须易于理解，并且适于操作；坚持客观公正的立场，确保激励办法得到有效执行。[1] 尽管企业发展出了一套较为完善的薪酬体系，但是社会组织在借鉴企业的物质激励模式时，必须明确社会组织与企业存在鲜明的性质差异。社会组织除了不能对员工进行股权分配、利润分红等物质激励外，对员工进行的物质激励也不可能像企业给予员工的物质激励那么丰厚，而且物质激励的效果也存在边际效益递减效应，在物质激励的同时，要结合其他的激励手段，才能真正实现激励的效果。

第三节　非物质激励是社会组织激励员工的主要方式

诺贝尔经济学奖获得者西蒙在论述组织管理时指出，"对任何一个真实的组织来说，企业家不仅仅依赖单纯的经济诱因，还依赖其他许多诱因，如威望、信誉、忠诚心等等"[2]；"经济诱因在工商、政府组织中往往占优势，这一事实并不妨碍其他诱因的重要性。另外，我们也不应忘记那些无形的利己价值，诸如地位、声誉、组织交往中的快乐等等"[3]。就物质激励和非物质激励的结合而言，日本企业往往使用物质激励和非物质激励结合的方式推动员工在满足经济需求的同时，建立对企业的归属感，并通过提供不断的晋升机会使员工实现自我价值。与美国企业往往采用单一的物质激励相比，日本企业的激励方式更受推崇。[4] 非物质激励在商业中的广泛应用，也使其逐渐被推广到政府部门和社会组织领域。简单地说，非物质激励就是不能直接转换为

---

[1] [美]加里·德斯勒：《人力资源管理（第六版）》，刘昕、吴雯芳等译，中国人民大学出版社1999年版，第477页。

[2] [美]赫伯特·西蒙：《管理行为——管理组织决策过程的研究》，杨砾、韩春立、徐立译，北京经济学院出版社1988年版，第18页。

[3] [美]赫伯特·西蒙：《管理行为——管理组织决策过程的研究》，杨砾、韩春立、徐立译，北京经济学院出版社1988年版，第108页。

[4] 陈爽英、唐小我、倪得兵、马永开：《经营者组合激励中非物质激励的价值分析》，载《中国管理科学》2005年第1期。

金钱价值的激励,比如认同、尊重、责任等。① 使用非物质激励对社会组织员工进行激励,关键是让社会组织员工建立对职业的认同感,用社会组织的事业留住人才;同时,社会组织要注重对员工的情感管理,使员工建立对组织的认同感和归属感,从而坚定地从事社会组织工作。此外,还应该通过建立社会组织的荣誉激励机制,及时认可员工为组织发展做出的贡献、巩固员工的事业认同和组织认同。

一、以社会组织的事业发展激励员工

作为事业,社会组织更多的是依靠利他主义的价值观念来引导员工建立对社会组织的认同,通过"赠人玫瑰,手留余香"的精神来促进社会组织的发展。中国扶贫基金会副秘书长陈红涛曾坦言,"在机构中最能吸引人的还是事业留人"②。所谓事业留人,对社会组织而言,就是通过吸引人才参与到社会组织事业的发展中来,在事业建设和发展的过程中,让人才发挥专长,由人才推动事业的发展,也使人才在事业发展的过程中实现自我价值。研究发现,对社会组织员工的动机进行激励是比技能激励更为有效的激励方式。③ 要实现事业留人,首先就需要对员工进行使命感和责任感的教育和培训,激励员工建立内在驱动的、利他导向的服务动机④,使员工建立对社会公益事业的责任,认可社会组织的使命和价值。其次,要建立员工的职业生涯发展规划,使员工看到自己在组织内的长远发展目标和发展前景,结合自己现有的条件,脚踏实地地朝未来的发展目标迈进。员工个人的职业生涯规划包括职业选择、

---

① Mathauer I., Imhoff I., "Health Worker Motivation in Africa: The Role of Non-financial Incentives and Human Resource Management Tools," *Human Resources for Health*, 2006, 4 (1): 24–40.

② 闫冰:《薪资"双重"制约,靠什么留人?》,载《公益时报》2013年9月17日第4版。

③ Jiang K., Lepak D., Hu J., et al., "How Does Human Resource Management Influence Organizational Outcomes? A Meta-analytic Investigation of Mediating Mechanisms," *Academy of Management Journal*, 2012, 55 (6): 1264–1294.

④ 石国亮:《倡导和培养内在驱动的利他导向的慈善动机——兼论"慈善不问动机"的片面性》,载《理论与改革》2015年第2期。

职业生涯目标的确立、职业生涯通道的设计及职业生涯发展战略与策略等。社会组织参与员工的职业生涯规划的指导与管理就是帮助员工具体设计个人合理的职业生涯发展规划，根据员工本人的优势、劣势、兴趣及岗位特征进行评价，并且帮助员工进行修改，使它成为一个具体的、富有挑战性的、可实现的规划，而且更重要的是，社会组织要承诺帮助员工实现规划。这是人才提高工作满意度，实现自我价值的需要，是留住人才的重要方面。

要真正实现让员工将社会组织事业作为自身的事业追求、用社会组织的事业激励员工，最为关键的是要让员工在社会组织的发展中感受到自身的价值，即让员工在社会组织中发挥自己的能量，这包括安置合适的岗位、发挥个人专长、及时提拔和使用、充分授权和信任等。对社会组织员工来说，合适的岗位是个人事业的开端。社会组织在安排员工岗位时，要充分考虑员工的能力、价值和兴趣；要把重点放在赋予发展机会来稳定和培养组织现有的人才，而不是简单地引进人才。要通过组织各种类型的培训，将员工的职业培训与员工的职业发展规划结合起来，在促进员工的学习中提升员工的能力，也促进员工自我提升的动机。要通过授予员工合适的财权、人权和事权，让员工参与到日常管理中。具体而言，要实现事业留人，社会组织必须坚持用人所长、用当其时和用当其位。

第一，用人所长。古人说，用人如用器，用其所长。人才用得好，以一当十；用得不好，多也无益；浪费人才，反会误事。[①] 想让成员在组织中表现卓越，就必须发挥他们的优势，而不是强调他们的弱点。卓有成效的社会组织管理者的任务之一就是用人所长，充分发挥每个成员的长处来共同完成任务，从而使得个人目标与组织需要相融合，使得个人能力与组织成果相融合，使得个人成就与组织机会相融合。[②] 人才作为特殊的资源，具有类别性、层次性、相对性和动态性。每个人都有长处、短处。合理用人，就在于最大限度

[①] 蒲瑜：《谈领导者的用人之道》，载《探索》1998年第2期。
[②] [美]彼得·德鲁克：《非营利组织的管理》，吴振阳译，机械工业出版社2007年版，第117—120页。

地发挥人才的专长和优势,根据人才个性特点安排任务,使他们的长处得到发展,短处得到克服。就社会组织的人力资源管理而言,首先就是要了解每个员工的"所长何在",这一方面可通过员工招聘时的面试、选拔等了解,另一方面可通过员工的日常表现去发现。对于社会组织的管理者而言,要善于去了解员工,利用员工的所长——擅长做项目规划的,就应该去进行项目规划,而不是做财务管理;擅长与人沟通的,应该做项目执行或宣传营销,而不是做项目设计。社会组织的管理要做到用人所长就应遵循以下原则:(1)职务是由人来担任的,是人就有可能犯错,因此决不要设计组织成员无法胜任的职务;(2)每项职务都必须在要求高低和范围大小上有伸缩性,这样才能使组织成员尽量发挥其长处;(3)用人时必须首先考虑其条件,了解他能做什么,而不是先看职务的要求是什么;(4)用人所长的同时要能容人所短。

第二,用当其时。新科技革命的发展使得知识和技术的更新换代速度越来越快,在今天流行的知识和技术,有可能在明天就会被超越。因此,对知识和技术的使用必须用当其时。同时,人才的成长也遵循一定的成才规律,在每个年龄段人掌握的知识和技能不同、经验不同,发挥的作用也大不相同。在年富力强的时候,应该尽量让其发挥骨干作用。让人才用当其时,就是要求不延误对人才的及时使用时效,把对的人在对的时间放在对的工作岗位上,使其充分施展才华,实现人尽其才、才尽其用的目的。对社会组织而言,这一点尤为重要。好的用人机制,既会使少年英才辈出,也不会把大器晚成者埋没。不仅要大胆选拔优秀年轻人才,还要合理安排使用其他年龄段的优秀人才,充分发挥各个层面人才的积极性,保证各类人才都能在"保质期"内释放出最大能量。因此,要敢于起用一批风华正茂、思维敏捷的年轻人才,对他们不抱成见、偏见。[①] 在这方面,我国的社会组织已经开始积极探索,如中国扶贫基金会从公益慈善教育中心招录了4名经过专业训练的学生,该基金会的人力资源负责人表示:"这些学生不仅本专业知识扎实,对公益行业也有全面、充分的认识,而且实干能力非常强。更重要的是,他们对投身公益

---

① 胡雪梅:《人才该怎样用好用活》,载《人民日报》2012年3月27日第17版。

有着极大的热情。"① 此外，社会组织在使用人才的时候，不但要在合适的时间使用合适的人才，还应该着眼于长远的发展，不断提升人才的能力和素质。因此，要制定社会组织的人才发展和培训规划，对员工进行定期培训和长期培训，使员工真正实现在社会组织的长远发展。

第三，用当其位。就整体的人才而言，充分用足人才就要树立"人人皆可成才"的理念。"人莫不有才，才莫不可用。"一个组织的管理者要争当木匠，而不要当医生。因为在医生眼里，见他的每一个人都是患病在身的；而在木匠眼里，手中的每块材料都是可用之材。② 废物是放错地方的宝贝，宝贝放错地方也是废物。人才只有放对地方，才能大显身手。同样一个人，在某个岗位是人才，在另一个岗位就不一定是。社会组织的工作包罗万象，要将合适的人才配置到合适的位置上，就应按岗位任职要求选用人才。对社会组织管理者而言，要坚持适才适所，对员工进行深入的了解，要尊重个性的差异和每个人的兴趣特长。根据人才的专长、气质和兴趣，尽可能地安排他们到最适合的工作岗位上去，实现人与事的最佳组合。

总之，通过用人所长、用当其时和用当其位，以及相应的人才选拔机制、人才培训制度和人才晋升机制的建立和完善，社会组织能够不断吸引优秀的人才进入社会组织、留在社会组织，将社会组织的目标和个人的发展目标结合起来，真正实现事业留人。

二、以情感管理感化社会组织员工

情感是人们体验到的所有感情，情感纽带是密切人际关系的重要环节，也是增强社会组织向心力、凝聚力、战斗力的主要途径。现代组织充满着竞争和压力，情感管理成为舒缓人们的压力、建立良好组织文化的重要途径。在国外，组织内部常常设有心理咨询中心或类似机构，专门对员工的心理健

---

① 舒迪：《百万年薪为何难觅基金会秘书长?》，载《人民政协报》2014年7月15日第9版。
② 胡雪梅：《用足人才、用好人才、用活人才》，载《中国组织人事报》2012年2月3日第6版。

康给予关注和指导。国内目前也正在进行这项建设,一些大型的组织机构开始关注员工的心理健康,进行情感投资。实际上,情感管理不仅仅涉及心理健康,更涉及管理者对员工的人文关怀,是实现有效沟通、体现温情管理、建立员工归属感的重要措施。

情感管理的核心就是坚持以人为本,将以人为本的理念贯穿到员工管理的各个环节。社会组织用情感留人,首先需要有效沟通,让员工感受到管理的积极态度。[①] 有效沟通是联络感情的基础,要开诚布公、有效倾听、注重对员工的关爱与表扬。美国微软公司是实施有效沟通的成功典范,公司的"内部电子邮件系统",除了用于上层对下层布置工作任务、员工们彼此之间相互沟通、传递消息外,最重要的是员工可以方便地使用它对公司上层、甚至最高当局提出个人的意见和建议。社会组织应该借鉴类似的管理方法,通过邮件、微信、QQ等多种形式,实现管理者和员工的平等交流,通过交流及时了解员工的情况,并适时给予安慰、关怀、扶持和鼓励。

社会组织用情感留人,还可以利用期望效应进行情感管理,激发员工的斗志。期望效应在管理学中往往被认为是积极的心理暗示,能够产生积极的效果。日本"松下电器"创始人松下幸之助就是善用"期望效应"的管理高手,他首创了"电话管理术",经常给下属包括新招的员工打电话:"也没有什么特别的事,就是想问一下你那里最近情况如何?"当下属回答说还算顺利时,松下又会说:"很好,希望你加油。"接到电话的下属每每感到总裁对自己的信任和看重,精神为之一振。对社会组织而言,管理者应该保持与员工的积极沟通,用鼓励的话语建立对员工的正面期待,在提升员工士气的同时,促进社会组织的效率。[②]

社会组织用情感留人,还要注重培养团队精神。团队精神是任何组织的发展都必不可缺的,对社会组织而言,从一个项目的论证、设计、组织、实

---

① Hurtz G. M., Williams K. J., "Attitudinal and Motivational Antecedents of Participation in Voluntary Employee Development Activities," *Journal of Applied Psychology*, 2009, 94 (3): 635.

② [美]詹姆斯·盖拉特:《21世纪非营利组织管理》,邓国胜等译,中国人民大学出版社2003年版,第149页。

施到评估,每个环节都需要团队的合作。而要形成良好的团队合作,必须善于用情感来建立团队的认同感。社会组织可以通过形式多样的团队建设活动,在活动的开展过程中增强团队成员的向心力。同时,应鼓励团队成员之间彼此多加关照,关注团队其他成员的情绪反应,及时给予相应的关怀,让团队中的成员感受到组织的力量和温暖。

情感留人对社会组织而言,还有一层特殊的含义。社会组织的服务对象很多是弱势群体,社会组织员工在救助他们的过程中,要表现出相应的同情、尊重和关心,不能过于冷漠,这是职业要求[1],但是,社会组织员工长期从事救助弱势群体的工作,可能会给自己带来负面情绪。对此,社会组织应该建立培训机制和疏导机制。建立情感培训机制,可引导员工在从事社会服务的过程中表达合适的、符合情境的情绪;建立情感疏导机制,可及时对员工进行安慰、劝诫,给予鼓励,使其能够坚持下去。实践证明,员工感知到的组织支持是员工建立对组织的认同感、忠诚度的重要因素。[2] 有条件的社会组织应该建立员工心理咨询中心或心理健康中心,使员工能够寻求专业的心理咨询师或社工师的帮助和支持。此外,社会组织还可以通过经验丰富的老员工带新员工的方法,以老员工的经验来帮助新员工度过此类适应问题。

三、建立社会组织员工的荣誉激励机制

人有追求被尊重、被认可的需要,社会组织要建立对员工的有效激励,应该设法使员工得到尊重和认可。建立荣誉激励机制是对员工表现给予肯定和认可的重要方式,也是对员工价值进行认同的过程。社会组织从事的事业本身就是具有奉献精神、体现爱心、利他的崇高事业,对社会组织员工的荣誉激励首先是对社会组织事业的肯定和认可。这种荣誉激励能够更好地促进

---

[1] 张冉、[美]玛瑞迪斯·纽曼:《情绪劳动管理:非营利组织人力资源管理的新视角》,载《浙江大学学报(人文社会科学版)》2012年第2期。

[2] Eisenberger R., Fasolo P. and Davis-LaMastro V., "Perceived Organizational Support and Employee Diligence, Commitment, and Innovation," *Journal of Applied Psychology*, 1986, 71 (6): 500–507.

员工的自信心，提高员工的工作干劲，鼓励员工做出更大的贡献。但是，从我国社会组织的人力资源开发与管理现状来看，无论社会组织内部还是社会组织外部，对社会组织员工的荣誉激励都明显不足。从社会组织内部来看，社会组织尚没有将荣誉激励纳入到人力资源开发与管理中，没有建立对员工进行荣誉激励的制度和相应的机制；从社会组织外部来看，无论社会组织整个行业，还是政府层面，都没有建立对社会组织员工的荣誉奖励。尽管近年来民政部开始推行先进社会组织的评选和表彰、优秀专业社会工作服务项目的评选和表彰，但是至今仍然缺乏对优秀社会组织从业人员的表彰。在社会组织员工的荣誉激励方面，做得比较好的是对志愿者的荣誉激励，但这种荣誉激励也都是政府层面推动建立的，社会组织对志愿者的荣誉激励仍然有限。当前对志愿者的荣誉激励已有优秀志愿者评选机制、星级志愿者评定机制，一些地方政府还推出专门的志愿者奖项，如广东省设立的"红棉奖"。

社会组织员工的荣誉激励机制应该借鉴志愿者荣誉激励的经验，从两个方面加强建设。一方面，社会组织要呼吁政府、社会组织联合会等关注对社会组织员工的荣誉激励，推动从政府层面、社会组织行业发展层面建立对认可度较高、社会影响较大的社会组织员工进行荣誉激励的奖项，如可以借鉴民政部和中国社会工作者协会联合评定优秀社区志愿者的经验，设立全国社会组织先进个人、优秀社会工作者、社会组织年度人物等荣誉奖项，对社会组织员工进行激励；同时，应该鼓励个人和团体设立对社会组织员工进行奖励的基金项目，并且从税收管理等角度对这类公益项目实施税收优惠。另一方面，在社会组织内部，应该尝试建立年度优秀员工、"理事长特别奖"等奖项，在组织内部运用荣誉激励措施鼓励员工的工作积极性和对社会组织事业的热爱。

榜样的力量是无穷的，社会组织的荣誉激励就是要为社会组织员工树立学习和效仿的榜样，在激发人们的荣誉感的同时，以榜样的力量激励人们不断向榜样看齐，从而更为积极主动地从事社会组织工作。

第四节 以"终生交往"促进社会组织员工可持续发展

对任何组织而言,人才流出意味着人才资源的失去,尤其是在今天,人才的流动变得频繁。[1] 在这种情况下,无论社会组织还是其他组织,都应该正确对待员工的流动。从人力资源开发与管理的角度来讲,坚持长远目光是其应该遵循的基本原则。[2] 社会组织应该从人力资源开发与管理的角度,以长远的眼光来看待员工的流动。社会组织员工的流出对社会组织虽然是损失,但是也是潜在的人力资源。一方面,这些流出去的员工因为熟悉社会组织事务,有可能在条件允许的情况下选择重新回到社会组织工作,甚至可能会选择自己成立社会组织,从而使社会组织的力量更为壮大;另一方面,即使这些流出去的员工不再回到社会组织工作,由于他们在社会组织的经历,也会使他们成为社会组织的传播者,将社会组织的形象传播出去,从而吸引其他人加入社会组织。从社会组织长远发展的角度看,善待员工、正确看待员工流动十分必要。

一、辩证看待员工流动

所谓人力资源流动,一般是指员工相对于人力资源市场条件的变化,在岗位之间、组织之间、职业之间、产业之间以及地区之间的转移。这种流动是双向的,即员工炒老板的鱿鱼和单位主动辞退员工两个方面。随着我国人力资源市场的不断成熟,企事业单位、组织内外部环境和员工自身情况的变化,这种流动有些是在合理限度之内的,它们对组织和员工是有益的。有些

---

[1] Somaya D., Williamson I. O. and Lorinkova N., "Gone but not Lost: The Different Performance Impacts of Employee Mobility between Cooperators versus Competitors," *Academy of Management Journal*, 2008, 51 (5): 936–953.

[2] Shani D. N., Divyapriya P. and Logeshwari K., "Human Resource Philosophy," *International Journal of Management*, 2011, 2 (1): 61–68.

人力资源流动超出了合理的限度，就构成了人力资源的流失和浪费，这对单位和员工都可能是有害的。随着国家人事管理体制的改革，特别是市场经济条件下，人力资源流动愈加频繁，国内人力资源流向国外，国企人员流向外资、合资企业以及民营中小企业等人力资源流动现象都是突出的表现。从我国社会组织的情况来看，人才流出的现象较为严重，人才流出的比例远远高于政府和企业的人才流出比例，这是多方面的原因造成的。整体而言，社会公众对社会组织的认可度不高，社会组织拥有的资源有限，工资水平较低，这些共同制约了社会组织员工的经济收入、社会认可度，影响到员工的基本生活和社会地位，从而导致部分员工流出。

　　面对员工流动，社会组织往往显得无能为力。这种无能为力既是因为受到社会组织资源有限性和相关管理制度的制约，也是由于社会组织自身对员工流动的认知不当——社会组织通常将人才流出看作组织的损失，消极对待员工的流出。事实上，社会组织应辩证看待人才的流出。首先，在市场经济条件下，每个人都有自己的理性选择，社会组织应该尊重个人选择。优秀员工的离职虽然会给社会组织造成一定的损失，但是也给社会组织提供了机会反观自身的管理。如果员工流向其他社会组织，那么社会组织应该考虑自己与其他社会组织的差距在哪里，哪些因素导致了员工流出；如果员工流向了政府机关或企事业单位，社会组织应该来思考整个社会组织行业与其他行业的差距在哪里，并且要想出合理的改进方法。

　　其次，保持一定的人员流动率能够使社会组织更加富有活力。人员流动给社会组织提供了机会进行结构调整或职位调整，给社会组织内部的员工提供了机会，给更多的人提供了发挥自己才干的机会，并且为减少冗员提供了可能，从而能够激发组织内部产生适当的竞争，增加工作效率，为其他员工留出更多的发展空间。此外，人员的流出往往意味着新鲜血液的注入，有利于增强组织活力。

　　最后，员工流动有利于形成人才汇集。人才汇集意味着人才来源的多样化与全球化。汇集本身就意味着动态、流动、创新。汇集意味着个体的主动，意味着一种驱动机制，意味着人才的来源的立体化与多样化。人才汇集还形成能量场，带来人才的互补性整合，从而提高人才的综合竞争优势。

当然，大批的员工流动也会对社会组织造成损伤和危害。员工流动的负面影响表现在：员工离职率一旦超过一定的限度，特别是社会组织员工主动离职情况增加时，会对组织带来不利影响，骨干员工的流失或者普通员工短期内大量离职，不仅会增加人力资源开发与管理成本，对社会组织目前工作的开展造成损失，同时也可能影响到整个组织的工作气氛，产生诸多消极影响。

综上可见，适度的员工流动是保持社会组织人员系统新陈代谢、增强社会组织活力、提高系统功能的重要方式。社会组织应辩证地看待员工流动，在人力资源管理上需遵循依法管理和区别对待的原则，规范员工流动行为，保证流动者与社会组织双方的利益，平衡各自的权利与义务，减少纠纷。并应根据自己行业特点，确定适度的员工流动率范围。一旦员工流动率超过允许范围，就应该及时采取措施，防患于未然。社会组织内有众多人才，他们在组织内的岗位层次不同，掌握技能的重要性和稀缺程度不同，社会组织给付的报酬福利及投入的培训费用等均有不同，对于不同类型的员工流动，应该有不同的控制策略，有不同的规定条款。

二、合理改变员工流动的方向和频率

一个社会组织如果人员流动率过高，不仅影响组织的日常运作，还会造成人员的"习惯性流动"，所以将人员流动率控制在良性范围内，保持社会组织活力的同时留下优秀人才，应是社会组织人力资源管理的重要目标之一。美国宾州大学沃顿商学院教授卡培里曾经说过："不要把人才当作是一个水库，应该当成一条河流来管理；不要期待它不流动，应该设法管理它的流速和方向。"[①] 换句话说，组织不能再把留住人才当作一个目标，而应设法通过

---

① 转引自章小林、周光明：《关于政府在实施人才强国战略中的定位思考》，载《湖南社会科学》2004 年第 2 期。

工作设计、团队建立等，影响员工流动的方向以及频率来解决这个问题，使社会组织成为吸引人才流入的目标。

要实现合理地改变员工流动的方向和频率，首先应降低社会组织员工流出去的频率。在对社会组织员工流出去的原因有清楚的了解后，要改善社会组织的内部管理，通过提升薪酬待遇、给予员工合适的晋升机会、使有能力的员工处于合适的位置、保障员工的合法权益等，留住优秀的员工。其次，鼓励员工内部流动。员工流动可分为内部流动和内外流动。社会组织应立足自身发展实际，结合员工发展要求，鼓励员工在组织内部流动，代替向外流动，难以匹配时再在内外之间流动，由此可以减小员工流动的损失，更好地实现企业与员工的共同发展。① 再次，通过多种形式的社会组织内部建设，增强社会组织员工的归属感和认同感，建立员工对社会组织的价值认同。社会组织员工大都是为了共同的理想而从事社会组织的工作，社会组织应该充分利用这一点，加强员工对组织的价值认同，将员工的个人发展目标和社会组织的发展目标有机结合起来，用共同的价值导向留住员工。最后，建立社会组织吸引人才的长远目标，在满足员工基本需求的基础上，进行创新性建设，使社会组织成为吸引人才流入的重要力量。尽管短期来看，这样的措施收效甚微，但是从社会组织和社会事业长期发展的角度来看却是十分有益的。

三、建立"终生交往"机制

人才的流动不仅是困扰社会组织的事，也是所有的组织都面临的难题。企业最早感受到员工的高流动，并且采取了诸多的尝试。如今，面对越来越激烈的商业竞争，很多企业摒弃了"终生员工"的概念，更愿意和员工保持"终生交往"。正如罗格·赫曼在《留住人才》一书中论述的："你对员工离开时所做的反应将筑成你跟他们永远的关系。"② 从一定意义上说，人才流出

---

① 李云、龚林海：《员工流动性的对策探讨》，载《财经科学》2001年第2期。
② 转引自杜爽：《"终生交往"让人才流而不失》，载《中国经营报》2003年3月17日第1版。

并不是坏事，关键在于善于挖掘人才流出资源，保持与流出人才的"终生交往"，以真诚的态度对待人才流动，永久开启人才进入的大门。这为社会组织合理对待流出去的员工提供了崭新的视角。

对社会组织而言，如果员工决定离职，首先应该设法挽留，之后考虑如何重新建立新的关系，充分挖掘他们的离职价值。由于组织成员关系是一种人际互动，这种互动包含相当程度的情感成分。在进行离职员工关系管理时，要注意与离职员工建立情感联系，这也是管理的一种策略。正面的情感来自于一方成功超越了另一方的期待，负面的情感则是未达到另一方的期望。这种情感会从离职员工与社会组织其他员工、组织系统和离职以及以后的过程中产生。在离职员工关系管理的实际操作过程中，还要注意双向的价值交换和个性化沟通。所谓双向的价值交换就是指社会组织如果期望离职员工在新的环境中提供诸多最新信息，那么社会组织本身必须向离职者提供具有足够价值的对等信息。而个性化沟通是指要根据离职员工的特点和个性来展开有效的一对一沟通，这样才能真正实现沟通的效果和期待的目的。

离职员工关系管理是一项系统工程，需要收集、管理大量的数据，需要信息技术做支持，但最重要的还是观念上的转变。只有把离职员工看作社会组织的朋友、资源，他的价值才能体现出来。社会组织要学会与员工终生交往的方法。从员工提出离职开始，离职员工关系管理的第一步就是建立离职员工面谈制度，建立离职员工面谈记录卡。所有的面谈内容用规范化的文件表格保存下来，以便于周期性地统计分析和改善人力资源管理。第二步是保留离职员工过去的信息资源和通讯方式，甚至建立离职员工数据库。这样在离职员工正式离开社会组织后可以不断保持电话、信件的密切联系，把组织新的信息、新的发展战略及时告知离职员工，而且对离职员工在新公司或组织的发展状况做跟踪记录，形成一个离职员工信息库。第三步要安排固定的联系人，定期开展一些关系的维持活动，让离职员工感到社会组织还在关注他们，让他们仍然保持一种归属感。通过对离职员工的情感管理，建立终生交往，可以使流出去的员工保持对社会组织良好的口碑，充当社会组织的理念的传播者，还有可能吸引离职员工在条件允许的时候再回到社会组织，甚至通过自己的力量成立社会组织，在更广的范围上推广社会组织和社会服务事业。

实际上，社会组织往往不是不想和员工建立终生交往，而是迫于资源的有限、人手的紧缺等问题，面对与离职员工的终生交往心有余而力不足。首先，社会组织要建立一套离职人员的档案，不但需要花费时间成本和经济成本，而且需要花费大量的人力成本。对大多数社会组织而言，它们既没有丰厚的经济基础，又没有充足的人力资源，因此不可能抽出人员、时间和金钱来从事离职员工的档案建设和管理。其次，即使能够建立起离职员工的档案信息，要想通过定期的沟通和联络建立起终生交往也存在着两方面的制约：一是我国尚未形成与离职员工建立终生交往的社会氛围，社会组织与离职员工尝试保持的联系可能会被离职员工认为是具体联络人与自己的交情或友谊的延续，从而并不能真正体现社会组织的意图；即使是能够体现出社会组织想与离职员工保持长期联络的努力，由于缺乏这样的社会文化环境，也有可能会被离职员工误认为是社会组织有"不良企图"（如期待自己对社会组织做出捐款承诺、去社会组织参与志愿服务等）。二是与离职员工建立长期联络受到社会组织行政成本的硬约束，根据当期我国相关法律法规对社会组织的要求，社会组织的行政成本受到严格限制，因此，要在本已有限的行政成本中剥离一部分，用于与离职员工的长期联系，而这种联系很有可能是徒劳无功的，这对于社会组织而言可以算是奢望。社会组织要建立与离职员工的终生交往，必须突破现有条件的约束，由易而难，从相对简单易行的事情入手，如可以通过定期向离职员工发送电子邮件，告知其社会组织工作进展，通过短信或微信平台向离职员工送上节日祝福等，逐步开展起来。

第八章　社会组织党务工作者队伍建设

社会组织党务工作者队伍主要由党组组织书记（副书记）和党务工作者构成。此外，社会组织的党建工作指导员、党建督导员、党的纪律监督工作指导员、党建工作巡视员等专兼职人员也属于社会组织党务工作者队伍。社会组织党务工作者队伍是社会组织党建工作的主体力量，也是社会组织人力资源开发与管理的重要对象。近年来，社会组织党务工作者队伍建设积极推进，取得显著成效。但是，受认识水平、工作推进力度以及机制体制等诸多因素的制约，社会组织党务工作者队伍建设仍面临诸多问题。针对这些问题，2015年9月中共中央办公厅印发了《关于加强社会组织党的建设工作的意见（试行）》，列出专章就加强社会组织党务工作者队伍建设进行了规划和部署，成为新形势下加强社会组织党务工作者队伍建设的重要依据。

第一节　社会组织党务工作者队伍建设的现状

全面了解社会组织党务工作者的来源与构成，准确理解在社会组织中配备党务工作者的重要意义，正确认识社会组织党务工作者工作的特点，是加强社会组织党务工作者队伍建设与管理的前提。

一、社会组织党务工作者队伍建设的探索与推进

从历史的维度来看，社会组织党建的发展历程，是一个从无到有、由初

步探索到快速发展的改革创新过程。在这个过程中，社会组织党务工作者队伍及其建设不断得到加强。

改革开放前，机关事业单位、国有集团企业和农村构成了基层组织的主体，而这些领域也就成为党的基层组织的重要阵地。进入改革开放新时期之后，经济的加速转轨，社会的急速转型，促使单位体制的解体。农民进城务工、国企改制重组、政府精兵简政，使党的基层工作领域呈现多元分化的趋势，社区党建、新经济组织党建、新社会组织党建开始成为基层组织党建的新"三大领域"。其中，新经济组织党建和新社会组织党建统称为"两新组织"党建。1994年9月，党的十四届四中全会审议通过的《中共中央关于加强党的建设几个重大问题的决定》明确指出："各种新建立的经济组织和社会组织日益增多，需要从实际出发建立党的组织，开展党的活动。""从事党务工作和思想政治工作的基层干部处在第一线，条件艰苦，任务繁重。要在他们中提倡任劳任怨、为党为人民作奉献的精神，又要支持他们的工作，关心他们的思想和生活，帮助他们解决实际困难。"① 在"两新"组织党建的推进过程中，这个领域的党务工作者队伍建设提上了议事日程。但是，这一阶段的"两新"组织党务工作者队伍建设工作并没有形成具体的操作办法，并未受到足够的重视。

1998年2月16日，中共中央组织部和民政部联合下发的《关于在社会团体中建立党组织有关问题的通知》对社会团体成立党组织提出了具体的操作要求。其中，对社会团体党务工作者队伍建设的具体要求是："社会团体党组织一般不设专职党务干部，日常党务工作由社会团体党组织的党员兼任。规模较大，党员人数较多的社会团体，可设置精干的党的工作机构和专职人员。"② 这里，原则性提出社会组织一般不设专职党务干部，只是规模较大、党员人数较多的社会团体才设党务工作机构和专职人员。2000年7月21日，

---

① 《十四大以来重要文献选编》（中），中央文献出版社1997年版，第966页。
② 《中共中央组织部 民政部关于在社会团体中建立党组织有关问题的通知》（组通字〔1998〕6号），1998年2月16日。

中共中央组织部印发的《关于加强社会团体党的建设工作的意见》强调："社会团体党组织工作机构的设置和党务工作人员的配备，由社会团体根据工作需要确定。规模较大、党员人数较多的社会团体，根据工作需要，可设置精干的党组织工作机构或配备专职党务工作人员。社会团体党组织的活动经费要有保证。"① 这里明确提出社会团体党组织工作机构的设置和党务工作人员的配备，由社会团体根据工作需要确定，并对社会团体党组织的活动经费提出了要求。从这两个文件的名称来看，它们都是针对社会团体党的建设工作的，并没有涵盖全体社会组织。

进入新世纪以后，随着党中央对和谐社会认识的不断深化和建设和谐社会进程的不断推进，新社会组织作为和谐社会建设的重要力量之一，其发展也进入了快速扩张期。2004年9月，党的十六届四中全会审议通过的《中共中央关于加强党的执政能力建设的决定》提出："加大在新经济组织、新社会组织中建立党组织的工作力度，探索党组织和党员发挥作用的方法和途径。坚持标准，保证质量，重点在工人、农民、知识分子、军人、干部中发展党员，同时做好在其他社会阶层先进分子中发展党员工作，不断增强党的阶级基础、扩大党的群众基础。"② 2009年9月，党的十七届四中全会通过的《中共中央关于加强和改进新形势下党的建设若干重大问题的决定》再次强调："加大在中介机构、协会、学会以及各类新社会组织中建立党组织的力度"，并明确要求："要推进基层党组织工作创新，增强党员队伍生机活力，建设高素质基层党组织带头人队伍，构建城乡统筹的基层党建新格局"。③

2010年4月至2012年，全国社会组织党组织和党员深入开展了以深入学习实践科学发展观为主题的创先争优活动。整个活动大致分三个阶段进行：2010年，与学习实践科学发展观活动相衔接，全面部署、适时展开创先争优

---

① 国家民间组织管理局编：《社会组织管理政策法规选编》，华龄出版社2010年版，第156页。
② 《中共中央关于加强党的执政能力建设的决定》，载《求是》2004年第19期。
③ 《中共中央关于加强和改进新形势下党的建设若干重大问题的决定》，载《求是》2009年第19期。

活动，重点推动科学发展，促进社会和谐；2011年，在社会组织全面开展创先争优活动的基础上，重点推动社会组织窗口单位为民服务创先争优活动；2012年，以基层组织建设年为载体，重点推动社会组织党建工作深入落实。全国72000个社会组织党组织和100万名党员以及46.2万个社会组织参与了创先争优活动。"社会组织作为一个单独类别参加全党性的基层党组织创先争优活动，这是党中央从全局出发做出的重大决策，体现了对社会组织的关爱和重视。"[1] 活动期间，社会组织党务工作者培养、选拔和管理工作获得前所未有的创造性发展。一方面，积极鼓励社会组织负责人中的党员担任党组织负责人，肩负起抓业务与抓党建的双重责任。另一方面，不断强化对社会组织党组织书记的集中培训。2012年5月3日至5日，民政部会同中组部在北京联合举办了首批全国社会组织党组织书记示范培训班，来自全国各地的约130名社会组织党组织书记参加了培训。各地参照这一做法，加大培训力度。随着创先争优活动的深入开展，全国社会组织党组织和党员努力创建"五个好"先进党组织、争做"五带头"优秀共产党员，创先争优活动取得了显著成效。期间，各地普遍建立了社会组织先进典型库，选树了一大批服务好、能力强、公信力高、影响力大的品牌社会组织和能力素质强、群众威信高、模范作用强的先进个人。根据全国创先争优办公室的统计，截至2011年底，全国社会组织共挖掘培育各类先进典型5200多个，树立了一大批不同类型、不同领域、不同层级的先进典型。31个社会组织党组织和1名优秀共产党员受到中央创先争优活动领导小组的表彰，展示了社会组织党组织和党员的精神风貌。[2]

党的十八大提出，要加大社会组织党建工作力度。习近平总书记明确指出，社会组织面大量广，加强社会组织党的建设十分重要。针对有些社会组织党建工作比较薄弱的状况，总书记特别强调，越是情况复杂、基础薄弱的

---

[1] 全国社会组织创先争优活动指导小组：《全国社会组织开展创先争优活动工作总结》（社创先发〔2012〕3号），2012年9月13日。

[2] 全国社会组织创先争优活动指导小组：《全国社会组织开展创先争优活动工作总结》（社创先发〔2012〕3号），2012年9月13日。

地方，越要健全党的组织、做好党的工作，确保全覆盖，固本强基，防止"木桶效应"。①贯彻党的十八大精神和习近平总书记关于加强社会组织党的建设的重要思想，中共中央办公厅印发了《关于加强社会组织党的建设工作的意见（试行）》，其中列专章就"加强社会组织党务工作者队伍建设"，围绕选优配强党组织书记、充实壮大党务工作者队伍、加强党务工作者教育培训、强化管理和激励等四个方面，进行了安排部署。由此，社会组织党务工作者队伍建设有了重要的依据，将进入一个新的发展阶段。

二、社会组织党务工作者队伍建设的主要成效

历经中央和地方多年探索和艰辛实践后，社会组织党务工作者队伍建设经历了一个从无到有、从弱变强、从初步兴起到蓬勃发展的沿革历程。

第一，党务工作者队伍初步形成。随着社会组织党务工作者选拔任用的不断规范，社会组织党务工作者队伍结构不断得到优化，各地纷纷探索并逐步形成了专兼职人员协调使用、跨部门人员交叉流动的社会组织党务工作者队伍体系。上海市委组织部、市人事局牵头公开招聘社区专职党群工作者，协助社区党组织开展"两新"组织党建工作。在此基础上，按照"社会化招聘、契约化管理、专业化培训、职业化运作"的管理思路，加快探索建立社区专职党群工作者专业化、职业化建设新机制，探索建立起与市场用工制度接轨的招聘录用、岗位管理、薪酬体系、职业阶梯、业绩考评和评聘制度，吸引了一批大学毕业生开始加入专职党群工作者队伍。广东省则坚持党组织与群团组织建设相结合，普遍推行"党群工作一体化"党建模式，实行党、工、青、妇组织对应设置、人员交叉任职、工作互动。

第二，党务工作者队伍建设与管理日益规范。随着各地社会组织党务工作者队伍建设创新性实践的不断涌现，社会组织党务工作者选拔、任用、培

---

① 盛若蔚：《大力加强社会组织党建工作——中组部负责人就〈关于加强社会组织党的建设工作的意见（试行）〉答记者问》，载《人民日报》2015年9月29日第11版。

养、考核、激励机制逐步迈入科学化、规范化的轨道。选拔任用方面，选拔标准逐步明确，选拔程序愈加科学，任用方式不断创新。江苏省沭阳县要求，非公企业指导员必须具备3项基本条件，即思想素质硬，具备较强的党务观念；熟悉党务工作，具备2年以上的相关工作经验；善于做党务工作，具备较强的组织领导和沟通协调能力。山东省威海市采取党员群众推荐与协会党委推荐相结合、主管部门选派、推荐主任（合伙人）兼任党支部书记等方式，选好配强党组织负责人。陕西省泾阳县对县域内的非公有制经济组织及新社会组织进行全面摸底，登记造册，按照属地管理、分类对待原则，从县乡机关选派政治素质好、工作热情高、协调能力强，善于做群众工作，有一定党建工作经验的中共正式党员担任党建工作指导员。人才培养方面，培训活动日益增多，培训方式日趋多样，培训效果日渐显现。2012年5月3日至5日，中组部、民政部在北京联合举办全国社会组织党组织书记示范培训班，充分体现了我们党对加强基层组织建设，特别是对社会组织党组织带头人队伍建设的高度重视。浙江省制定出台的《关于进一步加强社会组织党建工作的意见（试行）》明确要求："把社会组织党务工作者、党建工作指导员培训纳入党员干部教育培训总体规划，省、市重点抓好党组织书记示范培训，县以下开展党务工作者、党建工作指导员集中轮训。"[①] 激励保障方面，考核机制逐步完善，激励手段更加多元，保障措施逐步到位。增加社会组织党务工作者参与评先选优、职称评定的机会，多渠道解决党组织活动经费、场所问题，推荐社会组织党建负责人担任党代表、人大代表和政协委员。特别是《关于党的十七大代表选举工作的通知》明确要求，地方省、自治区、直辖市的十七大代表中要有适当数量的新经济组织和新社会组织的党员。那一届以新社会组织身份当选的代表中包括第一个律师界党代表、重庆市律师协会会长孙发荣。在"全国创先争优优秀共产党员"评选表彰活动中，广东省社会组织党委副书记、广东省食品行业协会会长张俊修更是成为全国社会组织中获此

[①] 《浙江省：关于进一步加强社会组织党建工作的意见》，见中国非公企业党建网，2014年4月30日。

殊荣的唯一一人。

第三,党务工作者队伍发挥了积极作用。党务工作者选拔管理的日趋科学化,党务工作者队伍体系的日趋规范化,为党务工作者在社会组织发展进程中发挥应有作用奠定了坚实基础。越来越多的党务工作者开始以党建工作联络员、指导员的角色,承担起组织党建活动、凝聚党员力量、服务社会组织发展的重任,他们的智慧才能得到了充分的迸发,聪明才智得到充分的释放。近年来,各地纷纷探索和实行党建工作联络员和党建工作指导员制度,对已建立党组织的社会组织选派党建工作联络员,对不具备条件的社会组织选派党建工作指导员,使社会组织党务工作者有了更为广阔的作用发挥平台和空间。广东省顺德市通过挂牌上岗、服务承诺、党员示范岗等方式,在党建中培育典型,在工作中树立典型,真正做到了业务与服务群众的双提升。内蒙古自治区锡林郭勒盟正镶白旗积极推行"1+1+1"方式,由一名县处级领导带一个职能部门、带一名党建指导员,在社会组织中建立党建联系点。联系企业的县处级领导每月至少到联系点开展一次工作,党建指导员每周至少到联系点调研指导两次工作,对能够自主解决的问题及时解决,对重大问题报请县处级领导研究解决。

第二节 社会组织党务工作者队伍建设面临的主要难题

近年来,各地通过加大资金投入、招募专职人员、强化岗位培训等途径,在社会组织党务工作者队伍建设方面做了一些大胆尝试,而且取得了一些成效。但是,这种尝试与成效与当前社会组织党建发展要求相比,与党政机关、企事业单位党务工作者队伍建设相比还有不少差距。

一、认识不到位,党务工作者队伍建设重视不到位

长期以来,人们对于社会组织党建在思想认识上存在着偏差。有人认为,社会组织是非政府、非营利组织,做好业务工作才是社会组织发展的第一要

务,而社会组织党建是"空对空","误认为前者是'大头',后者是'搭头'……简单认为前者是'细活',后者是'粗活'。因而不热心抓社会组织党建工作,将这头等大事、首要任务,变成了束之高阁、置于脑后或轻描淡写、敷衍塞责的'芝麻小事'"①。还有人担心,开展社会组织党建会改变社会组织的性质,会额外增加组织的运营和管理成本,从而制约和影响社会组织的运作和管理效率。正是因为对社会组织党建存在上述偏见,致使人们对于社会组织党务工作者队伍建设也未能达成高度重视的思想共识,甚至提出了诸多批评和质疑。比如,有的人认为,社会组织党建对于人员能力、素质没有较高要求,所以,没必要选拔社会组织党务工作者。有的则认为,社会组织党建活动分散、人员活动频繁,而且缺乏固定经费来源,所以,社会组织党务工作者队伍建设只会增加额外负担,而很难发挥应有作用。凡此种种,都是社会组织党务工作者队伍建设共识未能完全达成的表现。这些质疑之声有其合理的缘由,而且这也是与社会组织党建工作的整体发展现状相适应的。事实上,尽管"两新组织"党建工作早在20年前就已经开始了,但确切地说,社会组织党建真正开始于学习实践科学发展观和创先争优活动之后。无论是党组织在社会组织中的覆盖面,还是社会组织党建工作的有效性,都在期间取得了质的飞跃。但是,人们对于社会组织党建的认识,对于社会组织党务工作者队伍建设的认识并没有跟上这种"飞跃"的步伐,严重滞后了。思想上未能形成共识,就会带来行动步调不一致。尽管全国各地已经开始给予这项工作以高度重视,并且做出了一系列颇有成效的实践探索,但是,更多的仍属于被动安排、单兵作战、临时应急,或是迫于完成上级任务要求,抑或配合创先争优活动,而非一种固定下来的制度安排。这就很容易致使社会组织党务工作者队伍建设成为"镜中之月""空中楼阁",选拔任用流于形式,考核激励力度不足。

---

① 李劲夫:《湖南省社会组织党建工作调研报告》,载《中国社会组织》2013年第3期。

二、制度不健全，党务工作者队伍建设无章可循

现行《中国共产党党章》虽然对党在政府组织、国有企事业单位、新经济组织中的基层组织做了明确定位，但对于社会组织领域中的党组织没有进行明确定位。《社会团体登记管理条例》、《民办非企业单位登记管理暂行条例》和《基金会管理条例》中也未有涉及党组织建设的条款内容。这表明，从总体上来看，全国性、统一的社会组织党建顶层设计和相关制度尚未出台。与其相对应的全国性、专门性、权威性的社会组织党务工作者队伍建设相关立法与制度安排则更显滞后，与社会组织党务工作者队伍保障相关的规章制度更是不尽完善，尚未在全国范围内形成关于社会组织人员引进、培养、使用、评估、激励、保障等方面的法律法规。尽管近年来，一些地方已经初步探索将社会组织党务工作者队伍建设加以制度化，比如，广东省在全国范围内率先编制印发《社会组织党建工作指引（试行）》，其中就社会团体、基金会、民办非企业单位、备案制社会组织和草根类社会组织的党建队伍建设提出具体要求；浙江省在制定印发的《关于进一步加强社会组织党建工作的意见》中专列一部分，从"选优配强党组织书记""健全党建工作指导员制度""提升党务工作者队伍整体素质"等三方面出发，就"健全党建指导员制度，加强社会组织党务工作者队伍建设"给予明确规定，但是，这些制度或是制度设计层次较低，或是相应政策难以统一，或是内容规定不尽具体，抑或是实施落实不尽到位，这就很容易导致政策实施效果大打折扣。

三、机制不完善，党务工作者进出不尽顺畅

受顶层设计欠缺、制度安排缺位等多种因素掣肘，较之于政府、企业人才机制建设状况，社会组织党务工作者队伍机制建设仍然明显滞后。具体体现在：其一，缺乏科学的党务工作者选拔任用机制。由于对社会组织党建存在认识上

的误区，致使一些社会组织对于党务工作者选拔任用重视不足，或是社会组织负责人"一肩挑"，或是通过上级党组织指定委派，抑或是由党委政府退休党务工作者或其他工作人员兼任代办，选拔任用标准欠科学，选拔任用方式不统一，选拔任用渠道较单一，选拔任用范围受局限，带有较为明显的主观性和随意性，这就使得选拔任用更多地成为"表面文章"。其二，缺乏健全的党务工作者教育培训机制。尽管有的社会组织尝试开展了社会组织党务工作者培训活动，但是缺乏长远的教育规划、创新的培训内容、多样的培训形式和长效的培训机制，致使培训内容枯燥乏味且存在脱离党建工作实际的问题，这就使得培训难以起到立竿见影的实效。其三，缺乏有效的党务工作者激励保障机制。个别社会组织并未认识到党务工作者对于自身长远发展的战略价值，存在着口头上重视、行动上忽视，表面上重才、实际上轻才的问题，这在激励保障方面表现得尤为突出。受到人、财、物等因素的制约，许多社会组织党务工作者缺乏必要的物质和精神激励。具体表现在：薪资水平较低，社会保障缺位；上升空间狭小，职业期望受限。在这种情况下，工作积极性受到严重挫伤，导致既难以留住人才，又难以使优秀人才脱颖而出。近年来，一些社会组织开始尝试招录高校优秀毕业生，但更多的人才到社会组织就业只是暂时的，一般都是一边工作，一边寻找更好的发展机会。一旦找到更好的工作，便会选择跳槽。其四，缺乏必要的党务工作者流动机制。当下，社会组织党务工作者流动机制建设滞后，党务工作者与业务人员之间缺乏交流和沟通，彼此孤立，这就在一定程度上影响了党务工作者队伍建设的质量和效果。

四、管理不科学，党务工作者结构亟待优化

合理的人员梯度和人员结构是组织有序运作、活动有效开展的基础。对于社会组织党建而言，社会组织党务工作者结构的合理与否，同样关乎党建科学化水平的高低。受到人员机制建设滞后的制约，社会组织党务工作者队伍结构存在着诸多问题。突出体现在：由于重视不足，导致社会组织党建兼职人员过多，专职人员较少，而且"专职人员以非中共党员居多，兼职人员

又以原单位工作为主"①；由于许多社会组织党务工作者来自于退休的党务人员，致使社会组织党务工作者年龄结构老化，出现"青黄不接"的问题；由于对社会组织党建工作职责认识不清，导致高层次、复合型、能力型党务工作者尤为短缺。

五、社会组织党务工作的特殊性带来的"三难问题"

随着规模、地位和影响力的不断扩大，社会组织领域已经成为党的基层组织建设的重要领域。但是，社会组织党建工作在党员来源、党员身份、党组织组织形式和运行模式、党建管理体制等方面的特殊性决定了社会组织党务工作者工作的特殊性。

与政府机关、国有企业相比，社会组织存在党员人数少、所占比例低的特点，加上市场竞争、自身生存压力和企业发展变动等原因，社会组织党员的流动较为频繁。有的社会组织由于其会员身份仅为兼职或业余兴趣，党员关系属于党政机关、事业单位或农村的基层支部，没有把组织关系接转到新社会组织。而有的社会组织，既有主管部门，又有备案登记机关（民政部门），还有乡镇党委，究竟党组织设置应该隶属于谁，难以统一和明确，形成谁都在管，谁都管不好的局面。此外，部分党员不愿"亮身份""树旗帜"，不正式转接组织关系。有的认为只要找到工作挣到钱，亮不亮身份无关紧要；还有人怕亮了党员身份反而受到企业主防备和歧视；更有少数人认为不亮党员身份可以更少履行义务。

从立法层面看，在社会组织建立党组织缺乏刚性法律、法规。虽然《公司法》第十九条明确提出"在公司中，根据中国共产党章程的规定，设立中国共产党的组织，开展党的活动。公司应当为党组织的活动提供必要条件"的规定，但是对于不遵循这一规定的实体却没有规定相应的法律责任，实际效果不明显。从程序性规定方面看，也缺乏在社会组织建立党组织的强制性

---

① 李劲夫：《湖南省社会组织党建工作调研报告》，载《中国社会组织》2013年第3期。

切入点。社会组织在登记管理环节和业务管理部门指导检查环节,都没有明确的法律和法规要求。从社会组织构成模式来看,还缺乏单独建立党组织的内在动力。社会组织作为一种新的组织形态,有一定的特殊性,部分出资人和管理人员,特别是外方人员,认为公司遵纪守法、照章纳税就行了,没有必要建立党的组织。

与传统领域的机关、国企相比,市场经济条件下的社会组织的内部格局发生了显著变化,党组织在新社会组织体系中的地位已经从"核心地位"向"边缘化地位"转化,其性质决定了不可能用充裕的时间安排开展党建活动。同时,社会组织从业人员是典型的社会人,面临激烈的市场竞争,工作的流动性和不确定性很大,从自身的生存和发展角度出发,其关注度主要在业务技能学习及生产任务上,没有更多的时间、精力和财力投入到基层党组织的活动。另外,传统的基层党组织活动主要是"三会一课"、党员外出活动、读书读报为主,现代信息技术的进步与传媒业的飞速发展,让社会组织党员和员工能够很容易地获取这方面的政策和信息,这也在一定程度上削弱了他们参与基层党组织活动的积极性。

第三节 加强社会组织党务工作者队伍建设的战略举措

在中共中央办公厅印发的《关于加强社会组织党的建设工作的意见(试行)》中,围绕选优配强党组织书记、充实壮大党务工作者队伍、加强党务工作者教育培训、强化管理和激励等四个方面进行了安排部署,为新形势下加强社会组织党务工作者队伍建设与管理指明了方向。

一、选优配强党组织书记

党组织书记是党组织的带头人,是党务工作者队伍建设的关键。选优配强社会组织党组织书记事关一个社会组织党组织是否具有凝聚力、战斗力的问题,好的"带头人"能够发挥"领头雁"作用,能够带着党员践行党的宗旨，给社会组织带来正能量。过去，只是在规模较大、党员人数较多的社会团体，根据工作需要，设置了精干的党组织工作机构或配备专职党务工作人员。在实践中，很多社会组织并没有配备党组织书记，这也是社会组织党务工作者队伍建设不强的重要方面和重要原因。因此，加强社会组织党务工作者队伍建设，就要按照守信念、讲奉献、有本领、重品行的要求，选优配强党组织书记。

首先，应坚持公平、公正、公开、择优配强的原则，规范社会组织党组织书记选拔任用机制。要根据党章和党内法规，规范社会组织党组织书记提名、考察、选举、任用等选举程序，提高社会组织从业人员对社会组织党组织书记任免意见的参与权，实现"书记为民所选，选人为民所用"。社会组织党组织书记可采取"内部选""组织派""社会请"等方式。考虑到社会组织本身的特点，党组织书记一般采用"内部选"，即从社会组织内部产生，提倡党员社会组织负责人担任党组织书记。这样，有利于实现党建工作与业务工作有机结合。当然选用的标准"守信念、讲奉献、有本领、重品行"不能降低。如果社会组织负责人不适合兼任党组织书记，不能勉强。社会组织负责人不是党员的，可从管理层中选拔党组织书记。社会组织中没有合适人选的，可采用"上级派"，即提请上级党组织选派，再按党内有关规定任职。同时，要制定长远规划，坚持"选、培、用"三结合，打破地域、行业、身份等界限，探索建立健全社会组织党务工作人才库，从中择优选拔社会组织党组织书记。

其次，对于选拔任用的党组织书记，要本着从严从实的要求，加大培训力度，将社会组织党组织书记培训纳入规划，实行初任培训和定期轮训，通过多种方式培养提高其对党的认识，增强使命感和责任感，增强驾驭全局、开展党务工作的能力，发挥好社会组织党组织的战斗堡垒和政治核心作用。

再次，积极支持党组织书记开展工作。一是各级党委要切实加强对社会组织党建工作的领导，把社会组织党建工作纳入党建工作总体布局，作为抓基层党建工作述职评议考核和相关部门领导班子、领导干部考核的重要内容。各级党委组织部门要牵头抓总、统筹协调，社会组织党建工作机构要加强具体指导，民政、司法、财政、税务、教育、卫生计生、工商等部门要结合职能协同做好社会组织党建工作。加强对社会组织负责人的思想教育，引导他们主动支持党建工作，为党组织开展活动、做好工作提供必要条件，并将有关内容写入社会组织章程。二是要强化基础保障。建立多渠道筹措、多元化投入的党建工作经费保障机制。社会组织应将党建工作经费纳入管理费用列支，按照有关规定据实在企业所得税前扣除。社会组织党员上交的党费全额下拨，党委组织部门可用留存党费给予支持。有条件的地方，可采取多种方式给予必要的经费支持。支持具备条件的社会组织建设党组织活动场所，在社会组织相对集中的区域统筹建设党群活动服务中心。鼓励企事业单位、机关和街道社区、乡镇村党组织与社会组织党组织场所共用、资源共享。三是要抓好督促落实。各地区各有关部门要认真研究制定社会组织党建工作规划和年度计划，实行目标管理，加强督促检查，推动工作落实。制定完善社会组织党建工作的考核评价办法，明确奖惩措施，强化结果运用。尊重基层首创精神，不断研究新情况、解决新问题。总结推广经验，培育宣传社会组织党组织、党员和社会组织负责人先进典型，营造社会组织党建工作良好氛围。四是对于党组织书记因坚持原则遭受不公正待遇时，上级党组织应及时了解情况，给予帮助和支持。

最后，要建立和完善社会组织党组织书记管理和考核等各项具体制度，建立由党组织成员、基层群众、单位部门、上级党组织共同参与的考核评价制度，切实解决好"干好干坏一个样，干与不干一个样"的问题。

二、充实壮大党务工作者队伍

打铁还需自身硬。建设一支过硬的党务工作者和党员队伍，是抓好社会组织党建工作的重要保证。适应加强社会组织党建工作需要，应坚持专兼职结合，多渠道、多样化选用，建设一支素质优良、结构合理、数量充足的党务工作者队伍。

首先，应充实壮大党务工作者队伍。当前，绝大多数社会组织党组织负责人是兼职的,他们在开展工作时受到业务工作的制约,难以全身心投入工作。因此,要适应社会加强社会组织党建工作的需要,提升专职社会组织党务工作者的比例。对于规模大、党员数量多的社会组织党组织,应配备专职副书记。

其次,应加大党建工作指导员选派力度,充分发挥其组织宣传、联系服务、协调指导作用。适时制定有关党建工作指导员选派管理办法,明确选派要求和程序,党建工作指导员的职责、管理、考核和奖惩,加快形成社会组织党建工作指导员制度。党建工作指导员应具备以下条件:中共正式党员,政治素质好,党性强,作风正,有奉献精神;具有一定的政策水平、组织协调能力和开拓创新精神;有从事党务工作的经验,熟悉党务工作;掌握一定的社会组织知识,了解社会组织的运营和管理;身体健康。党建工作指导员以兼职为主,鼓励选派专职党建工作指导员。对于单独建立党组织的社会组织,可选派一名党建工作指导员;联合建立党组织的社会组织,可集中选派一名党建工作指导员;从业人员在30人以上、没有建立党组织的社会组织,可选派一名党建工作指导员;从业人员30人以下、没有建立党组织的社会组织,可以两三家选派一名党建工作指导员;规模较小、驻地相对集中、没有建立党组织的社会组织,可以分区域或行业选派党建工作指导员。党建工作指导员在开展工作过程中,要坚持服务与指导相结合,讲究方式方法,注重实际效果。

最后,在社会组织相对集中的区域可建立党建工作站,配备专兼职人员做好党务工作。党建工作站是基层党建工作创新的重要成果,有利于发挥基层党组织战斗堡垒作用和党员先锋模范作用,解决好服务群众"最后一公里"的问题。近年来,广东郁南县、江苏太仓市等地已经探索建立了社会组织区域党建工作站。要认真总结各地探索的经验,结合加强社会组织党建的要求,逐步建立健全社会组织党建工作站的工作规范。

三、加强党务工作者教育培训

党务培训是提高党务工作者水平和能力的重要途径。加强党务工作者教育培训，首先要把社会组织党务工作者纳入基层党务干部培训范围，依托各级党校、行政学院、干部学院和高校开展培训。明确培训工作由党委组织部门、社会组织党建工作机构和民政、司法、财政、税务、教育、卫生计生、工商等有关部门组织实施。

就教育培训内容来讲，重点要加强党的理论和路线方针政策、党内法规和国家法律法规、党务知识、社会组织管理等方面的教育培训，提高他们做好群众工作、服务社会组织发展的能力。对于党组织书记、党务工作者和党建工作指导员，要做好岗前和岗位培训，内容上注重党务知识和业务知识相结合，方式上采取集中培训、远程教育等多种形式，时间上多利用节假日、晚上等时段，尽量不影响工作。同时，要加强对社会组织负责人的思想引导。要通过开展组织社会组织负责人参观学习党务工作活跃的社会组织等活动，促使社会组织负责人转变思维，更新党建观念，正确认识党建工作不是加在他们身上的一个"包袱"，而是推动社会组织健康发展的"助推器"，从而支持党建工作。

此外，可以搭建社会组织党务工作者学习交流平台，组织社会组织党务工作者定期开展工作交流、问题研讨、学习培训等活动，总结推广好的经验和做法，共同探讨问题，实现相互促进。还可以围绕社会组织业务活动开展好"党员示范岗"等党建活动，带动党员群众创先争优，提升党务工作者的整体素质。

四、强化管理和激励

要想让社会组织党务工作者在社会组织中待得下去、干得出色，还必须要有相应的管理和激励机制。与党政机关、企事业单位党组织党务工作者相比，社会组织党务工作者在评先选优、职级待遇、社会地位等方面均处于劣势。近年来，各地零散地出台了一些激励措施。比如，增加社会组织党建负责人参与评先选优、职称评定的机会，多渠道解决党组织活动经费、场所问题，推荐社会组织党建负责人担任党代表、人大代表和政协委员，特别是

《关于党的十七大代表选举工作的通知》明确要求，地方省、自治区、直辖市的十七大代表中要有适当数量的新经济组织和新社会组织的党员。但是，这些举措或是暂时性的，或是地区性的，抑或是应急性的，缺乏必要的制度支撑。当务之急是，坚持严格管理和关心激励相结合，建立健全符合社会组织特点的管理考核和激励约束制度，使社会组织党务工作者干事有平台、待遇有保障、发展有空间。

从管理的角度看，应建立社会组织党组织书记党建工作责任制，社会组织党组织书记每年应向上级党组织和本单位党员报告工作并接受评议；建立党务工作者职务变动报告制度。

从激励的角度看，对社会组织党组织书记和党务工作者，应制定党建工作目标责任制，明确职责任务，实行量化考核，落实好奖惩措施，同时应根据实际给予党组织书记和专职党务工作者适当的工作津贴。注重推荐优秀党组织书记作为各级党代会代表、人大代表、政协委员人选，作为劳动模范等各类先进人物人选，推荐社会组织负责人作为上述人选时，要征求社会组织党组织意见。

第九章　社会组织志愿者管理

社会组织拥有资源的有限性决定了它必须将有限的资源用在最需要的地方，而限制社会组织的行政成本是为确保更多的资源用于社会服务。这也往往导致社会组织的雇员人数受到较为严格的限制。要想尽可能多地承担社会服务、提供更为优质的服务，社会组织就需要招募志愿者。同时，社会组织的志愿性特征也决定了它是组织志愿者参与社会服务的重要组织载体。因此，志愿者作为社会组织人力资源的重要组成部分，是支撑社会组织健康有序发展的重要力量，而志愿者通过社会组织也能够找到自己发挥用武之地的途径和方式。从现实来看，社会组织已经成为志愿者提供社会服务、参与社会建设的重要途径。[①] 社会组织通过组织志愿者开展志愿服务活动使志愿服务变得项目化、稳定化和持续化，志愿者作为社会组织服务的实施者，也成为社会组织形象的代言人。社会组织要使志愿者更好地发挥名片作用，就必须加强对志愿者的管理、培训、引导和激励，以此激发志愿者充分发挥自身的优势，在服务的同时享受到给予的快乐。因此，社会组织管理志愿者的能力既关系到志愿者的工作绩效，也关系到志愿者的幸福感。[②] 调动志愿者的积极性，使志愿者充满热情地投入志愿者工作并且从志愿工作中获得给予的幸福，是社

---

① 张勤、赵德胜：《论社会建设进程中志愿服务新的定位》，载《中国行政管理》2013 年第 3 期。
② Hager, Mark A., Brudney, Jeffrey L., "Management Capacity and Retention of Volunteers," in Liao-Troth, Matthew Allen (eds.), *Challenges in Volunteer Management*, Information Age Publishing, Inc., 2008, p. 10.

会组织进行志愿者管理的重要目标,也是社会组织培养志愿者归属感、推动志愿者可持续发展的重要举措。

第一节 有效管理才能激发志愿者的活力

志愿者存在的历史久远,最早的志愿者可以追溯到 18 世纪中叶军队在紧急状况下动员人们参与军队服务,以及人们广泛参与教堂的义务活动。[①] 随着社会组织的出现和发展,志愿者逐渐从原来的紧急状态下的社会动员以及宗教意义上的助人动员转变为常态的社会服务动员,他们的服务领域也逐渐扩展开来,并且增加了专业化的服务方向。进入 20 世纪 70 年代,席卷全球的社会组织发展浪潮将越来越多的人吸引到志愿者的行列,志愿者作为一种社会角色得到普遍承认,也成为社会组织运作体系的重要组成部分。志愿者通过社会组织提供的主要是志愿服务,因此他们是社会组织不可或缺的人力资源。伴随着社会组织的现代转型,志愿服务也呈现出现代转型的特点,这使得志愿者成为社会组织最具特色的人力资源。但是,社会组织和志愿服务的现代转型都为社会组织进行志愿者管理提出了新的挑战,在现代转型的背景下强化对志愿者的管理,不但能够提高志愿者的服务质量,提升志愿者的满意度和幸福感,而且能够促进社会组织自身的现代转型,从而促进我国志愿事业的发展和公共精神的培育。社会组织如何利用现代转型的机遇,将志愿者打造成为提升社会组织形象的名片,成为一个重要的课题。

一、志愿服务的现代转型

志愿者是指那些具有志愿精神,自愿贡献个人的时间、精力和才智,在不为物质报酬的前提下,能够主动承担社会责任,为推动人类发展、社会进

[①] Karl, Barry D. Lo, "The Poor Volunteer: An Essay on the Relation between History and Myth," *The Social Service Review*, 1984, 58 (4): 493 – 522.

步和社会福利事业而提供志愿服务的人。① 尽管新中国成立后通过学雷锋、学焦裕禄等先进典型的活动，志愿服务不断涌现，但是志愿者真正进入我国社会并被广泛接受始于改革开放以后。中国最早的志愿者主要是为社区提供服务，他们从属于民政系统，并逐步建立社区志愿者组织。20 世纪 90 年代初期，另外一支志愿者队伍在共青团系统中形成，并产生了全国性的志愿组织——中国青年志愿者协会。近年来随着社会组织的发展，一股新兴的志愿者力量应运而生，这些志愿者依托社会组织开展服务，同时也推动了社会组织的发展。随着公民意识的增强，人们参与志愿服务的热情越来越高，从事志愿服务的时间越来越长，对社会提供的服务也越来越多。我国的志愿者活跃在各个领域，包括社会组织系统的志愿者、共青团系统的青年志愿者、妇联系统的巾帼志愿者、残联系统的助残志愿者、中国红十字会系统的项目志愿者、教育系统的学生志愿者和教师志愿者以及企业志愿者，等等。志愿者作为一支活跃的社会力量，已经在提供公共服务方面发挥了重要的作用；志愿服务已经从以青年为主体发展为全社会共同参与的行动。伴随着风险社会的来临、老龄社会的出现和社会需求的日益多元化，志愿者在未来将承担更为重要的社会角色。

从志愿服务的发展趋势来看，无论国外的志愿服务还是我国的志愿服务，都正在经历从传统的个人面向个人的服务向有组织的志愿服务发展，从面向熟人提供帮助转向面向陌生人提供服务的方向发展。② 在传统社会，人们"生于斯，长于斯"，彼此之间因为密切的联系和频繁的互动交往而建立起认同，在这样的社会中，大家知根知底，人们基于对困难家庭的同情而提供相应的帮助，这往往带有临时性救助的性质；在现代社会，高度的流动性使得人们难以对彼此进行深入的了解，也无法建立互相认同的基础，人们逐渐从熟人社会迈入陌生人社会。在陌生人社会中，志愿服务的对象不再仅仅是人们熟

---

① 李国强：《志愿者与志愿精神：和谐社会的重要内在动力》，载《中国行政管理》2008 年第 11 期。

② 张康之：《论作为社会治理主体的志愿者》，载《中共浙江省委党校学报》2014 年第 4 期。

知的邻居、熟人，而变成了陌生人。单个的个人无法充分获得陌生人需要服务和帮助的信息，也无法为更多的陌生人提供服务，因此个人的志愿服务向组织化的志愿服务的发展成为必然——通过组织的力量一方面可以获取需要帮助的陌生人的信息，并且进行甄别，确定志愿服务的内容和形式；另一方面，个人通过组织能够为更多的人提供志愿服务、使更多的人受益，从而使志愿服务的理念和精神在陌生人之间传递，产生更大的影响。

随着社会的发展，人们的需求越来越细化、越来越具有个人特色，无论政府还是营利组织，在应对人们的服务需求精细化和个性化方面都显得有些捉襟见肘。工业化社会发展出一套统治日常生活与社会命运的法则——标准化、同步化、集中化、专业化和集权化，这些法则影响着公共服务的提供。[1] 政府提供的公共服务带有兜底性和普惠性，难以照顾到人们的特殊化要求，而且它往往是采用标准化的模式推进，难以根据人们的需求进行具体的安排，与人们对社会服务精细化和个性化的要求相悖；企业虽然能够针对个人提供精细化和专业化的社会服务，但是企业追求的是利润，这往往意味着企业不可能根据某个人或较少人群的需求而进行战略调整，它更多的是为社会大众提供能够带来稳定收益的产品和服务。与政府和企业相比，社会组织提供服务的最大优势是其服务的精细化和人性化。社会组织自身就是社会需求和利益格局多元化的产物，不同的社会组织反映的是不同的具体的社会需求，其自身的服务也往往是针对这些需求而展开。[2] 社会组织作为提供志愿服务的重要载体，是公民有序参与及表达利益的渠道，也是发挥公民热情、奉献和服务社会的途径。通过组织志愿者提供公共服务，能够显著提高人们的生活质量、改善人们的生活状况、促进社会更好的发展。而志愿者通过社会组织参与志愿活动时，不仅仅是代表自己在从事志愿服务，也代表着社会组织的形象。与其他组织提供的服务不同的是，社会组织提供的服务更强调其精细化和个性化程度。志愿者就好比是社会组织的一张名片，如果志愿者在志愿服

---

[1] 张康之、向玉琼：《领域分离与融合中的公共服务供给》，载《江海学刊》2012 年第 6 期。
[2] 徐祖荣：《社会组织与公共服务主体多元化》，载《理论与改革》2009 年第 1 期。

务过程中不能够提供相应水准的服务,则会使社会组织的形象受到损害,降低社会组织的服务质量,从而使社会组织的公信力也受到影响。因此,志愿服务的现代转型对社会组织和志愿者都提出了更高的要求。这使得当代的志愿服务表现出鲜明的时代特征,主要表现在以下几个方面:

一是志愿服务的主题更加突出和集中。志愿服务的基本精神概括起来就是"奉献、友爱、互助、进步"。[①] 当今社会是个高度流动的社会,伴随社会流动性的增强,人们之间的交往越来越密切,在互动中表达对他人的关爱成为对人们的基本要求,而对他人的关爱是促使人们积极践行利他主义的重要前提。由关爱而产生互助,进而促进志愿行动的产生和志愿精神的发扬,从而实现"人人为我,我为人人",促进社会的相互关爱和服务社会的行为的产生。

二是志愿服务的计划性更好、持续性更强。西方历史上的志愿服务多是受宗教影响或受政治共同体利益的驱使而产生的,这是"旧"的志愿服务的动机来源;而"新"的志愿服务更为注重服务的计划性、项目导向和持续性发展。[②] 随着志愿服务理念的更新,现代志愿服务已经变成一种广泛性的社会服务工作,并且逐渐实现组织化、制度化和专业化。志愿服务越来越倾向于以专业的项目设计、专业的项目策略来持续性推进,而不仅仅是举行一次临时性活动。如大学生志愿服务西部计划从2003年开始实施,每年选拔大学毕业生以志愿服务的方式到西部贫困县的乡镇从事为期1—3年的教育、卫生、农技、扶贫以及青年中心建设和管理等方面的工作,对于持续推进西部地区的发展起到重要作用。

三是志愿服务的目的和目标更加清晰。现代志愿者绝不仅仅局限于组织一些活动,做几件好事,帮助几个需要帮助的人,而是要建构一个社会志愿服务体系,形成我为人人、人人为我的社会风气。现代社会是一个建立在相互需要和相互服务基础上的高度相互依赖的社会,市场服务、政府公共服务

---

① 卫建国:《志愿服务的时代特质》,载《光明日报》2014年1月29日第13版。
② Rehberg, Walter, "Altruistic Individualists: Motivations for International Volunteering among Young Adults in Switzerland," *Voluntas: International Journal of Voluntary and Nonprofit Organizations*, 2005, 16 (2): 109–122.

和志愿服务相互配合与支撑，也使当今社会变成了一个服务社会。在这个广泛的社会服务体系中，人人都是服务者，人人又都是服务的对象；人人是服务体系的一个环节和手段，人人又都是服务和发展的目的。同时，志愿者在进行志愿服务时也可以有自己的目的和期望，而不仅仅是为了进行奉献才从事志愿服务。承认志愿者的个人利益并且维护志愿者的个人利益，能够促进志愿者更好地提供服务。①

四是志愿者的来源更为多元化、服务对象更为陌生化。由于社会分工的细化，人们从事的职业、所在的行业越来越多样化，志愿者也越来越多地来自不同的行业、不同的领域。现代社会的流动性打破了传统的熟人社会，使志愿服务更多地发生在陌生人之间。陌生人之间的志愿服务更能够体现志愿精神和利他观念，从而更好地阐述现代志愿服务的理念和精神。

志愿服务从个人为主的服务向以组织为依托的服务的现代转型，使志愿者不再是孤军奋战，而是成为一支庞大的人力资源队伍。作为调动志愿者参与服务的社会组织，在面对这样一支由各行各业的从业者、不同年龄段的人组成的高度异质性的群体时，只有根据志愿者自身的特点进行最佳匹配，有的放矢地实施招募、管理、培训、激励、督导，才能更好地促进志愿者个人能力的发挥，使这支队伍在社会服务中发挥最大的能量。但是从志愿者队伍的管理状况来看，社会组织对志愿者的管理水平相对较弱。我国目前的志愿者主要由三部分组成：共青团系统管理的青年志愿者队伍。民政系统管理的社区志愿者队伍和社会组织管理的志愿者队伍。在对志愿者的管理方面，共青团探索出了一条适合我国国情的青年志愿者队伍建设和管理模式，并且在不断完善和发展中。社会组织的志愿者队伍建设和发展要在借鉴共青团青年志愿者队伍建设的经验的基础上，根据社会组织和志愿者发展的特点，对志愿者进行更为完善的管理，只有这样才能适应志愿服务现代转型的要求，克服志愿者在思想、观念、能力、素质等方面的问题，使志愿者更好地为社会服务。

---

① Wilson, John, "Volunteering," *Annual Review of Sociology*, 2000, 26: 215-240.

二、志愿服务动机的复杂性与宗旨的一致性

动机是人们采取行动的内在动力,尽管不是所有的动机都能够产生行为,但是在行为的背后一定存在着动机。如果从理性经济人的角度出发,很难理解人们为什么会做出志愿行为,也正因为如此,探讨人们基于什么样的动机从事志愿服务一直是学界和实务界共同关心的问题。针对是什么样的动机驱使人们做出利他的行为,不同学科的研究者们进行了不同的探索,得出了不同的结论。这些研究对我们深入了解志愿服务动机具有重要的启示作用。

动机本意是"推动"或"有指向的行动",它本是心理学的一个基本概念,后来逐渐扩展到其他学科,如经济学对消费动机的研究等。现代心理学家一般界定"动机是由目标或者对象引导、激发和维持个体活动的一种内在心理过程或内部动力"。[1] 由此可见动机能够对人产生引导、激发和维持等作用。对于志愿者而言,志愿动机是引导他们产生志愿想法、激发他们做出志愿行为并且持续从事志愿服务的原动力。学界对志愿动机的研究首先将志愿动机划分为利己动机和利他动机两大类[2],利己动机是指志愿服务主要是由内在的促进自身利益(如提高自己的社会声誉、获得社会资本等)的驱动,在主观利己的情况下,志愿者的行为客观上改善了受助者的福祉;利他动机是指志愿者完全是出于为他人改善福利的目的出发而从事志愿服务,在做出志愿服务行动时,志愿者并不在主观上追求经济利益或社会利益。也有学者指出在利己动机和利他动机之外,还存在社会义务动机,即志愿者将志愿服务看作个人回报社会的有效途径,是个人应该承担的一项基本义务。[3] 随着志愿服务的不断发展,关于志愿服务的动机也不断扩展,有研究者将其概况为六

---

[1] 彭聃龄主编:《普通心理学(第4版)》,北京师范大学出版社2012年版,第289页。

[2] Frisch, Michael B., Meg Gerrard, "Natural Helping Systems: A Survey of Red Cross Volunteers," *American Journal of Community Psychology*, 1981, 9 (5): 567–579.

[3] Fitch, R. Thomas, "Characteristics and Motivations of College Students Volunteering for Community Service," *Journal of College Student Personnel*, 1987, 28 (5): 424–431.

种：(1) 价值观动机，包括人道主义价值观、利他主义价值观等；(2) 通过新的实践理解和体验新的知识、技能和能力的动机；(3) 与他人发展社会关系的动机；(4) 获得与职业相关的收益的动机；(5) 自我保护的动机，即可以通过志愿服务消解消极情绪、减轻负罪感等；(6) 自我提升的动机，包括增强自我价值感等。① 国外学者对志愿动机的研究对我国学者关于志愿动员的研究产生了一定影响，如有的学者将我国志愿者的动机概括为利己动机、已他兼顾动机和利他动机②，也有研究者将志愿者的动机概况为个人动机（提升自我、满足好奇心）、社会性动机（回报社会）、其他动机（群体压力）。③ 整体来看，志愿服务的动机是复杂的，很难用单一的动机去衡量一个人的志愿行为。

在现实中，我们也很难看到纯粹利他的自愿性志愿服务，人们参与志愿活动或多或少掺杂了一些复杂的因素，包括主观的、客观的以及一定的社会义务等。以参与2008年北京奥运会的志愿青年为例，65.7%的青年志愿者参与奥运会志愿服务的动机是"提升做事能力"，64.6%的青年志愿者的参与动机是"实现自我价值"。④ 动机和行为的统一是我们追求的理想类型，在内在驱动的利他导向的志愿动机的引导下产生的志愿行为是最值得提倡和发扬的，但是现实情况并非如此。以大学生村官为例，四川省在1999年到2007年间，通过志愿者服务、下派等形式先后选派8600多名大学毕业生到村（社区）工作。然而，截至2007年7月，仍在村（社区）工作的不足3000人，流失率高达70%以上。⑤ 特别是条件较艰苦的地区，情况更为严重。志愿者流失一方面反映出志愿者的服务动机不稳定，另一方面也凸显了当前对志愿者的管

---

① Clary, E. Gil, et al., "Understanding and Assessing the Motivations of Volunteers: A Functional Approach," *Journal of Personality and Social Psychology*, 1998, 74 (6): 1516–1530.
② 陶倩：《志愿动机的层次分析》，载《思想理论教育》2010年第11期。
③ 高金金等：《2008北京奥运会大学生志愿者志愿动机研究》，载《中国健康心理学杂志》2009年第12期。
④ 景晓娟：《重大公共事件中青年志愿者利他动机的研究》，载《中国青年研究》2010年第2期。
⑤ 章正：《莫让大学生村官成为临时的职业选择》，见 http://pinglun.youth.cn/ttst/201404/t20140421_5060192.htm。

理存在漏洞和不足。

尽管志愿者的动机是复杂多样的，志愿者可以基于各种各样的动机做出志愿行为，但是志愿服务的宗旨是一致的，即通过表达关爱和提供服务帮助社会上需要帮助的人。如果脱离了这一宗旨，那么就不能称之为志愿行为。社会组织作为志愿服务的组织者，应该加强对志愿者志愿服务宗旨的宣传和教育，使志愿者建立起正确的志愿服务宗旨。对志愿者中可能存在的不当的志愿服务想法，要及时进行矫正。总之，一个有组织性的志愿者团队必须用主流、符合公益事业核心宗旨的标准去规范和约束志愿者的言行举止，用正确的志愿者价值观去管理他们的意见和行为。一个没有一致价值观的志愿者队伍会因为意见分歧而难以开展工作，更难以促进社会福祉的提升。因此，组织者必须花更多精力来管理这支队伍，对不同的参与动机进行一定的调控，以促进其更好地从事志愿服务，推动志愿者的效能感的发挥和志愿服务的开展。

三、热情和专业是志愿服务的两大支撑

志愿服务离不开志愿者对服务的热情，热情是志愿者活动的基础，是推动志愿者进行志愿活动的原动力。但实践证明，志愿服务的持续发展，不仅要求志愿者具有从事志愿服务的激情和热情，还要具有从事志愿服务活动的专业知识和技能。[①] 诚如2001年国际志愿者协会通过的《全球志愿者宣言》中所宣称的"志愿服务作为社会的基本要素之一，致力于将联合国宣示的我们人类拥有改变世界的力量的理念转化为实际的、有效的行动"。[②] 也就是说，志愿服务需要的是实际的行动。志愿服务的持续发展需要在维持志愿者服务热情的前提下提升志愿者的服务能力，使志愿者具备从事志愿服务的基本技能，特别是随着志愿服务的范围、领域和内容的不断拓展，社会对志愿者的

---

① 党秀云：《论志愿服务的常态化与可持续发展》，载《中国行政管理》2011年第3期。
② Universal Declaration on Volunteering, http://iave.org/content/universal-declaration-volunteering.

专业素质需求越来越高。比如，在我国进一步融入全球化的背景下，由我国举办的国际赛事、会议越来越多，志愿者是确保这些赛事、会议顺利开展的重要支持力量，而要参与到此类志愿服务中，志愿者就必须有一技之长，如熟悉某种外国语言、熟悉某项体育赛事、熟悉举办地的历史文化、具备一定的急救常识，等等。

志愿服务虽然是个人在不追求直接的物质回报的情况下付出的劳动，但是志愿者所做的不是施舍，志愿者不能以服务提供者自居，以傲慢的态度对待受助者，而应该坚持平等的观念，真诚、平等地对待受助者。因此，仅有时间和物质的保障也不一定能够做好志愿服务，还需要培养志愿者平等、真诚待人的态度。

如前所述，我国志愿者分属不同系统，服务的对象也相对明确。由于志愿服务的特点，青年是志愿者队伍的主力军。不仅仅共青团系统中的青年志愿者是青年，文明委、妇联、残联、教育系统、红会项目和企业等中的志愿者也主要是青年。也就是说，青年志愿者是志愿者队伍的最重要力量，在志愿者中发挥着主体作用。青年志愿者朝气蓬勃、满腔热情，这是他们能成为优秀志愿者的最大资本。但是，这也恰恰是青年志愿服务可能虎头蛇尾的重要原因。青年所处的阶段正是世界观、人生观和价值观逐渐养成和稳固的阶段，他们的意志力和自控力尚在形成过程中，对新事物比较容易产生好奇心，但是一旦接触和了解后，随着好奇心的消退，热情也逐渐磨灭，尤其是如果在志愿服务过程中遇到困难的话，则更容易产生退缩的念头，从而导致志愿服务不能长期坚持下去。

此外，随着经济和社会的发展，青年受教育的程度不断提高，但是，在我国学校教育系统中，与志愿者和志愿服务相关的课程还非常少，青年学生对志愿服务的基本知识、理论和技能的了解还比较零散，运用的能力更弱。因此，当抱着大展身手的想法从事志愿服务而难以推进时，青年很可能会因为经验不足或能力欠缺等因素导致困难难以克服，这不但会影响志愿服务的开展，也会给他们带来打击，影响他们参与志愿服务的热情。

志愿服务是一项需要热情与才干兼备的工作，要使志愿者在保持志愿服务热情的同时提高自身的服务能力，以平和的心态开展志愿服务，推动社会的发展和进步，就需要对志愿者进行有效的管理与培训。

第二节 志愿者的宏观管理和微观管理

2008年在我国慈善史上具有里程碑意义，无论是汶川地震发生后志愿者迅速而广泛地参与到救援和重建过程中，还是北京奥运会期间10万赛会志愿者、40万城市志愿者和100万社会志愿者的全面参与，都谱写了我国志愿服务的新篇章。迅速发展起来的志愿者队伍给志愿服务事业的发展提供了机遇，也对志愿者管理提出了挑战。从西方国家的经验来看，对志愿者的管理首先需要宏观管理，宏观管理既包括国家层面的，如制定相应的法律、成立专门的管理部门等，也包括社会组织层面的，如社会工作协会对志愿者管理出台的相关行业性规范。对志愿者的宏观管理主要是从全国统一的层面来推动志愿事业的协调发展；具体到志愿者从事的某项志愿服务，则需要志愿者依托的组织进行微观管理。对社会组织来说，志愿者是非常重要的人力资源，社会组织要合理利用这一人力资源，就必须对其进行妥善的管理，这些管理包括志愿者招募、引导、培训、沟通、风险管理等多个方面。志愿者管理作为社会组织人力资源开发与管理的一部分，既具有社会组织人力资源开发与管理的一般特征，又具有自身鲜明的管理特点。当志愿管理者把志愿工作授予志愿者之后，便存在不能按预定目标运作或者失控的可能。社会组织志愿管理者的困难在于：既要赋予志愿者一定的自主权，充分调动他们的积极性和创造性，又要保证他们按照预定的目标开展工作，同时又要在特定的环境中，把赋予他们的权利收回来。对志愿者的宏观管理是要创造有利于志愿服务开展的良好的社会环境、政策环境，建立对志愿者进行激励的有效机制和登记管理方式，着眼于志愿服务的长远发展和系统推进；对志愿者的微观管理是要激发志愿者参与某项志愿服务的动机，培养其提供志愿服务的能力和技巧，促进其持续参与志愿服务。宏观管理和微观管理的有机结合是促进志愿者管理向法制化、规范化、可持续发展的重要举措，也是促进志愿服务健康发展的内在要求。

一、志愿者的宏观管理

对志愿者的管理离不开国家政策的支持和相应机制的建立，也离不开行业规范。国家的宏观管理分为全局性管理和系统性管理，全局性管理是一个政府在国策、基本原则、基本目标等重大战略方面的管理，系统性管理是政府在某一系统领域所进行的宏观管理。[①] 国家对志愿者的宏观管理属于系统性管理，即国家在志愿服务这一系统领域所进行的宏观管理。概括而言，国家在志愿者宏观管理方面的主要职责表现在做好顶层设计、健全法律法规、完善志愿者管理和协调机制等；行业协会的主要宏观管理职责表现在制定本系统内志愿者注册管理办法，建立志愿者信息登记规范和制度，完善志愿者评估和奖励办法等。具体到我国的志愿者宏观管理而言，中共中央、全国人大、国务院、中宣部、中央精神文明建设指导委员会对全国性的志愿者管理做出总体部署和要求，民政部、工青妇、残联和教育部等部门负责出台具体的管理政策；中国志愿服务联合会和中国社会工作者协会志愿者工作委员会等全国性的志愿服务、志愿者组织，从行业发展的角度对志愿者进行宏观管理。

（一）做好志愿者管理的顶层设计

随着我国志愿者队伍的不断发展壮大，加强我国志愿者队伍建设已经不是以前零敲碎打的局部行动，而是需要统筹性的全局性的战略部署。党和政府顺应志愿服务的发展趋势，对志愿者的管理已经进行了一些部署和探索。中共中央在 2012 年印发了《关于深入开展学雷锋活动的意见》，提出要"广泛开展社会志愿服务，推动建立参与广泛、形式多样、活动经常、机制健全的社会志愿服务体系"。党的十八届三中全会提出要"支持和发展志愿服务组织"。国务院早在 2003 年明确做出"支持共青团中央、教育部组织实施'大

[①] 张康之、石国亮主编：《中国政府管理》，研究出版社 2009 年版，第 7 页。

学生志愿服务西部计划'"。在2006年出台的《国务院关于加强和改进社区服务工作的意见》指出,要推行志愿者注册制度,建立志愿服务激励机制,优化志愿队伍结构,壮大志愿人员力量。同时,国务院法制办正在对志愿服务进行立法,以从法律角度来规范和鼓励志愿服务。中宣部和中央精神文明建设指导委员会围绕学雷锋志愿活动召开专门的会议或下发专门的文件,如2013年中宣部和中央精神文明建设指导委员会办公室联合召开学雷锋志愿服务活动电视电话会议,强调"要加强志愿服务队伍和阵地建设,健全完善志愿服务体制机制,加快志愿服务立法,做大做强中国志愿服务基金会,促进志愿服务事业持续健康发展"。中央精神文明建设指导委员会在2014年专门下发了《关于推进志愿服务制度化的意见》,对志愿者招募注册、培训管理、服务记录、激励机制、法律保障等做了明确要求。① 经中央全面深化改革领导小组审议通过,2016年6月,中央宣传部、中央文明办、民政部等八部门联合印发《关于支持和发展志愿服务组织的意见》。该意见在强化志愿服务供需对接、推广"社会工作者+志愿者"协作机制、全面推行志愿服务记录制度、创新志愿服务方式方法、加大经费支持和保险保障等方面提出具体要求。

  共青团中央在对青年志愿者的管理方面做出了积极的努力,积累了较为丰富的经验,共青团中央从2001年开始在全国推行志愿者注册制度,出台了《中国青年志愿者注册管理办法(试行)》(2013年修改为《中国注册志愿者管理办法》),制定了《大学生志愿服务西部计划志愿者管理办法》和《中国青年志愿者行动发展规划(2014—2018)》,印发了《关于推动团员成为注册志愿者的意见》的通知。教育部印发了《关于深入推进学生志愿服务活动的意见》、《关于教师参与志愿服务活动的指导意见》、《关于加强和改进普通高中学生综合素质评价的意见》和《学生志愿服务管理暂行办法》等文件。共青团中央与教育部联合印发了《关于加强中学生志愿服务工作的实施意见》。民政部推动志愿者注册管理虽然时间上晚于共青团中央,但是也下发了《关

---

① 中央精神文明建设指导委员会:《关于推进志愿服务制度化的意见》,载《人民日报》2014年2月27日第6版。

于在全国城市推行社区志愿者注册制度的通知》《志愿服务记录办法》《关于开展志愿服务记录制度试点工作的通知》,并且制定了《中国社会服务志愿者队伍建设指导纲要(2013—2020年)》。此外,全国总工会、全国妇联、中国残联等部门也制定了本系统的志愿者管理规章。

整体来看,志愿者管理已经纳入了党和政府的视野,并且出台了相应的政策,这对促进我国志愿者的规范化、制度化发展,壮大志愿者力量起到了重要的作用。但是,针对志愿者的管理依然缺乏顶层设计。顶层设计是一个总体规划的具体化,通过顶层设计要达到实现各部门统筹协调、资源共享和信息互通的目的,从而使总体规划能够具体实现。① 要做好顶层设计,不仅仅需要具体负责志愿者管理的民政部和共青团中央制定志愿者队伍建设方面的政策,更需要的是党中央、国务院从战略高度对志愿服务进行全局性的、整体性的规划和设计。顶层设计要依据当前我国志愿者发展的状况,综合考虑志愿者发展的未来趋势及其在社会服务中的作用,在总结我国志愿者队伍建设和管理方面的经验的基础上,借鉴和吸收国外志愿者管理的有益成果,实现适合我国国情并具有前瞻性的志愿者服务管理。顶层设计不但要涵盖未来一段时期内我国志愿者队伍建设的预期目标,还要有清晰的实现路径和明确的责任分工,要为志愿服务的发展创造良好的社会氛围、法律环境、制度机制,从而在全社会营造志愿服务氛围,以法律确保志愿者的权益,以规范的制度化管理推动志愿服务的长期发展。

(二)推动志愿服务管理法制化

随着我国建设社会主义法治国家进程的推进,我国的法律体系逐渐健全,有法可依、依法办事、依法治理成为所有活动的基本依据。但是,从我国目前的志愿服务立法来看,明显滞后于志愿服务的发展。在志愿服务管理的法制化方面,地方的实践甚至走在了中央的前面。如广东省在1999年出台了

---

① 石国亮、刘晶:《宏观管理、战略管理与顶层设计的辩证分析》,载《学术研究》2011年第10期。

《广东省青年志愿服务条例》，山东、江苏、浙江、黑龙江等省市也纷纷出台了志愿服务条例。尽管早在2012年媒体就披露志愿服务立法纳入国家立法计划，但是国家层面的志愿服务法律至今未面世。从世界各国支持志愿事业的情况来看，以法律的形式将各种支持、促进措施进行规范化和固定化是通行的方式。例如，美国早在1973年就制定《国内志愿服务法》，该法有一半的内容涉及"管理和协调"，并且授权成立新的机构——"Action"负责管理联邦志愿服务项目，在1997年美国还颁布了《志愿者保护法》。德国于1964年制定了《奖励志愿社会年法》，1993年又制定了《奖励志愿生态年法》。法律既规范了志愿服务的范围和内容，又对志愿者的管理提出了具体要求，包括对志愿者的权利和义务的界定、对志愿者的奖励机制等。法律对志愿服务和志愿者权利义务的规定，使得志愿服务更有章可循，从而促进了人们作为志愿者参与志愿服务。如在2014年美国大约有626万人参与志愿服务，提供了77亿小时的服务，创造的社会价值达到1730亿美元。①

从各国的志愿服务立法来看，大体需要涵盖五个方面的内容：一是总则部分，主要阐述志愿服务的立法依据、目的，开展志愿服务活动的基本原则，志愿者、志愿服务、职业组织等相关基本概念的界定；二是阐明志愿者、志愿组织、志愿服务对象三方的主体资格、地位及相互关系；三是明确规定志愿服务行为的主要服务领域、程序、运行机制；四是确立志愿服务管理保障体制，包括管理机构、方式，经费筹措保障，志愿者权益保护等；五是明确法律责任，即对志愿服务过程中可能发生的法律纠纷如何处理、损害赔偿责任如何承担等做出规定。②

2016年5月6日，国务院法制办就《志愿服务条例（征求意见稿）》公开征求意见。征求意见稿共45条，分总则、志愿服务组织和志愿者、志愿服务、促进措施、法律责任和附则等6章。中办国办印发的《关于改革社会组织管理制度促进社会组织健康有序发展的意见》，提出要究制定志愿服务的单

---

① The state of volunteering in America 2014, http://www.volunteeringinamerica.gov/infographic.cfm.
② 赵枞安：《借鉴域外经验推进国家志愿服务立法》，载《学术界》2011年第5期。

项法律法规。

(三) 加快志愿服务的制度化建设

制度化建设是推进志愿服务稳步发展的关键，它通过将志愿者招募、注册登记、培训管理、服务记录、激励保障等明确化，而使志愿服务的开展更为固定化，更具可持续性。当前我国正致力于志愿服务的制度化建设，包括志愿者注册登记管理、服务记录等制度建设，并且取得了较好的效果；但是，在志愿者的培训管理机制、志愿者激励和回馈制度建设方面，尚待进一步完善。根据中央精神文明建设指导委员会办公室下发的《关于推进志愿服务制度化的意见》，我国将在四个方面建立健全志愿服务的制度：一是规范志愿者招募注册，依托全国志愿者队伍建设信息系统等志愿服务信息平台，为有意愿、能胜任的社区居民进行登记注册；完善当前的志愿者登记注册管理办法，使青年志愿者的注册登记和社区志愿者的注册登记统一化。二是加强志愿者培训管理，根据志愿服务项目的要求，对志愿者进行相关知识和技能培训，根据志愿服务的特点，建立初级培训、中级培训和高级培训的梯级培训制度，使志愿者能够循序渐进地接受完整的志愿服务知识和技能培训，提高服务意识、服务能力和服务水平。特别要重视加强志愿者骨干的培养，使他们成为志愿服务的中坚力量。三是建立志愿服务记录制度，根据统一的内容、格式和记录方式，对志愿者的服务进行及时、完整、准确记录，建立全国志愿服务记录信息化平台，实行服务记录的信息化、网络化，促进志愿服务记录的异地转移和接续。四是健全志愿服务激励机制，建立志愿者星级认定制度、嘉许制度和回馈制度，把志愿者的积极性保护好、发挥好。[1] 在全国推广志愿服务储蓄银行制度，以志愿服务记录信息平台为依托，建立志愿服务的"储蓄"和"兑换"机制。

中国志愿服务联合会和中国社会工作者协会志愿者工作委员会，作为全

---

[1] 《志愿服务空间广阔要求更高——中央文明办负责同志就中央文明委〈关于推进志愿服务制度化的意见〉答记者问》，载《人民日报》2014年3月7日第6版。

国性的指导志愿服务和志愿者工作的社会组织，在志愿服务的制度化建设方面有制定行业标准和规范的权力，应该充分利用会员及会员单位提供的志愿服务信息，结合我国的国情，制定志愿服务、志愿者队伍建设等方面的相应制度，并且强化对志愿服务的规范管理。

（四）建立志愿服务统筹协调机制

当前我国承担志愿服务的管理、指导、协调职能的机关涉及多个，在不同机关和团体之间存在重叠，相关权限存在争执，被人们疑为部门利益之争。[1] 因此，应该从国家层面建立志愿服务的统筹协调机制，如建立相关机关和团体的联席会议制度，通过定期的联席会议，明确各部门的分工，加强彼此间的管理合作。联席会议可以共同负责志愿服务政策的制定、讨论和出台志愿服务中长期规划，并委托相关组织（如中国社会工作者协会志愿工作委员会）加强对志愿服务的管理、协调和指导。

志愿者虽然是自愿提供义务服务、不追求直接的物质回报，但是志愿服务项目的开展需要有资金保障。从国外的经验来看，政府拨款和志愿服务基金是保障志愿服务项目顺利开展的前提。目前，我国除了成立了全国性的中国志愿服务基金会，不少地方也有志愿服务基金会。这些基金会为志愿服务项目的开展提供了一定的资金支持。但是，整体而言，志愿服务的资金保障机制还不健全。建立志愿服务统筹协调机制，首先要从财政入手建立对志愿服务的政府补贴机制，使志愿服务经费保障制度化。其次，通过税收优惠等措施支持成立更多的专门支持志愿服务的基金会，鼓励社会力量对志愿服务进行捐赠，从而多管齐下为志愿服务项目的可持续发展提供充足的物质保障。

二、志愿者的微观管理

现代志愿服务的发展呈现出志愿者依托组织开展服务的特征，当志愿者

---

[1] 肖金明：《志愿服务立法若干问题的思考》，载《中国行政管理》2010年第8期。

的数量和规模较小时，组织对志愿者的管理比较简单可行；但是在当前志愿者人数不断增加的情况下，组织要对志愿者进行管理必须借助科学的管理方法。诚如管理学大师彼得·德鲁克所观察到的，当社会组织的规模较小时，它无所谓"损益"，因此也不存在管理的问题，而当组织规模不断发展壮大时，它们自身就意识到更加需要管理。① 与国家、相关部委对志愿者的宏观管理相比，社会组织对志愿者的管理属于微观管理的范畴，它更为关注的是组织内部如何招募志愿者、建立志愿者注册登记制度、培训和引导志愿者、督导和评估志愿服务、激励志愿者等方面的内容。从志愿组织的角度来看，对志愿者的微观管理涉及管理者定位、管理计划制订、管理模式选择和管理策略确立。

（一）志愿者管理人员的角色定位

志愿者管理人员负责监督和指导志愿者工作，以保证志愿者项目实现预期的目标。② 志愿者管理人员在志愿者管理过程中承担着多种角色：制定、执行、管理和评估志愿项目，发展志愿者政策，招募志愿者，培训志愿者，监督志愿服务，支持、督导和赞扬志愿者，与正式雇员保持密切的工作往来，组织和出席会议，提供和维持良好的沟通渠道，通过社区会议、公共演讲和媒体接触推动志愿服务，管理志愿者注册登记、服务记录，撰写和提交志愿报告……③因此，志愿者管理人员必须对志愿服务十分熟悉和了解，有丰富的志愿服务经验或志愿服务管理经验，才能够胜任对志愿者进行有效管理。在管理的过程中，管理人员要明确自己的定位，既不能管理过严，导致志愿者没有发挥自主性和创造性的空间，也不能管理过松，导致志愿服务的质量难以保证。

---

① ［美］彼得·德鲁克：《非营利组织的管理》，吴振阳译，机械工业出版社2007年版，前言第XIII页。

② 温洛克民间组织能力开发项目组织编纂：《中国非营利组织志愿者管理指南》，2005年，第12页。

③ *Volunteer Management: A Resource Manual*, The Volunteer Centre of S. A. Inc., 1990, p.40.

管理人员在对志愿者进行管理时,应该秉持管理是一项责任,是学习、倾听、以人为本的,也是任务导向的、有目的和远见的活动。① 因此,管理人员要向志愿者清晰地传递管理的目标,还要充分认可志愿者的贡献,尊重志愿者的意愿,使志愿者认可社会组织对志愿者进行的管理。

(二) 制定志愿工作规划

现代志愿服务多是以项目的形式推进,要推动志愿服务项目的开展,必须有合理的工作规划的引导。志愿者作为志愿服务项目的实施者,更多的是参与项目的实施,志愿者管理人员必须做好前期的规划。工作规划的内容包括:开展什么样的服务、开展这些服务具备的条件、需要克服的问题、志愿者在其中的作用及如何发挥这些作用、如何根据项目的需要招聘和选拔符合条件的志愿者、如何对志愿者进行培训和引导、如何在志愿服务的过程中对志愿者进行督导、如何使志愿者和雇员融洽地合作共事、如何对志愿服务的质量进行控制、如何进行志愿服务的风险管理、根据什么样的标准确定优秀志愿者、如何合理引导志愿者继续参加后续的志愿服务等。

在工作规划中,要明确区分四个阶段的工作:志愿者招募之前的准备工作、志愿服务进行前的工作、志愿服务的过程中的工作和志愿服务结束后的工作。通过对这四个阶段的工作的规划和设计,使志愿者管理工作有条不紊地进行。

(三) 确定志愿者管理模式

志愿者管理模式有多种,常见的包括两类:工作场所模式(workplace model)和服务传递模式(service-delivery model)。工作场所模式将志愿者看作为组织提供一定服务时间的业余员工,这种管理模式将对志愿者的管理建立在对志愿者项目的核心功能的管理上,主要包括志愿者选拔、培训、工作

---

① Noble, J., Rogers, L., *Volunteer Management: An Essential Guide*, Volunteering S. A. Inc., 1998, p. 21.

设计、志愿者在服务中的定位、服务评估等方面。① 这种管理模式是借鉴商业管理中的过程管理对志愿者进行的过程管理。服务传递模式则把志愿者看作社会组织的必要组成部分,他们承担着服务传递、相互支持、和社会组织正式雇员发展成为合作者的角色。② 在这一模式下,不同学者又根据组织的特征和环境发展出了不同的管理方式,如将机构外招募和机构内管理结合起来③、发展志愿者与正式雇员的支持网络④、将会员制管理与项目制管理结合起来⑤等。选择哪种管理模式要根据社会组织自身的特点(如社会组织的规模大小、拥有的可以支配的资源等)、志愿服务的性质和志愿服务项目的运行等多方面来考虑。无论选择哪种管理模式,都要确保管理的科学性、民主性和可行性,不能为了追求科学的管理模式而忽视了其在志愿服务过程中的可行性。

(四) 确立志愿者管理策略

管理策略是能够使工作变得高效而不是艰难的一种方式,管理策略确立的核心原则是重复考虑人的需要、态度和工作方式。这意味着管理策略对管理者来说,在确立自己的管理风格时既要考虑到组织目标,又要重复考虑人的因素。有研究者将志愿管理中管理者的领导风格界定为四种类型:引导型(directing),通过建立管理结构,控制和监管活动过程;教练型(coaching),通过表达支持、进行赞扬等方式,引导和支持志愿活动的开展;支持型(supporting),通过表扬和倾听志愿者,并为活动的开展提供便利的设施和机

---

① McCurley, S., Ellis, S. J., "Thinking the Unthinkable: Are We Using the Wrong Model for Volunteer Work?" *e-Volunterism*, 2003, 3 (3), http://e-volunteerism.com/.

② Rochester, C., "One Size Does not Fit All: Four Models of Involving Volunteers in Voluntary Organizations," in J. Davis Smith, M. Locke (eds.), *Volunteering and the Test of Time: Essays for Policy, Organization and Research*, London: Institute for Volunteering Research, 2007, pp. 47–59.

③ Valente, C. F., Manchester, L. D., *Rethinking Local Services: Examining Alternative Delivery Approaches*, Washington, D. C.: International City Management Association, 1984.

④ Handy, C., *Understanding Voluntary Organizations*, London: Penguin Books, 1988.

⑤ Meijs L. C. P. M., Hoogstad E., "New Ways of Managing Volunteers: Combining Membership Management and Programme Management," *Voluntary Action-London-Institute for Volunteering Research*, 2001, 3 (3): 41–62.

会,提升志愿者的自信;委派型(delegating),将日常的决策制定责任委派给志愿者。① 这四种管理风格的选择一方面与管理者个人有关,另一方面也与志愿者的素质有关。如果志愿者的能力较弱,但是有很强的服务动机,管理者应该采用引导型的管理风格,通过深入地介入志愿服务过程,促进志愿服务的开展;如果志愿者具备一定的能力,但是志愿服务的动机不强,管理者应该采用教练型的管理风格,通过激发他们的服务动机,引导和支持他们做出志愿服务;如果志愿者的能力较强,但是志愿服务动机时高时低,应该采用支持型管理风格,通过赞扬、倾听和提供便利的服务机会及服务条件,促进志愿服务;如果是志愿者具有较好的能力,又有较强的服务动机,应该采用委派型的管理风格,充分调动志愿者的积极性和行动力。

在确立管理策略时,要进行风险评估,制定风险应对方案。尽管志愿服务项目在执行之前会有较为详细的计划,但是在实施过程中可能会遇到各种各样的非预期的因素的干扰。因此,志愿者管理必须建立风险管理意识,在计划制订时要充分考虑到可能存在的风险,为志愿者购买相应的保险,并做好风险应对的计划。

第三节 志愿者管理的内容和流程

根据志愿服务项目的开展过程,可以将志愿者管理分为三个阶段:事前管理、事中管理和事后管理。事前管理主要是指在志愿服务开展之前进行的管理,包括项目筹划阶段的志愿者工作设计和计划、志愿者招募和筛选、志愿者登记注册、志愿者培训;事中管理是指在志愿服务开展过程中进行的管理,包括志愿者督导、支持、应急管理等;事后管理是指志愿服务结束后进行的管理,包括建立服务记录、进行评估、对志愿者进行表彰等。

---

① Carew D. K., Parisi-Carew E. and Blanchard K. H., "Group Development and Situational Leadership: A Model for Managing Groups," *Training & Development Journal*, 1986, 40 (6): 46-50.

一、志愿服务开展前的管理

组织化和专业化是现代社会组织的重要特性,社会组织要开展某项志愿服务,必须首先建立自己的工作规划。在工作规划的可行性被充分论证后,根据对志愿者的需求发布志愿者招募信息并且筛选符合条件的志愿者。志愿者招募后要进行注册登记,建立正式的志愿者档案,并对志愿者进行适当的培训。

(一) 工作设计和计划

志愿服务项目制在社会组织的普遍推广和社会组织运作的专业化、规范化都使得项目规划显得越来越重要。要推进志愿项目的开展,就需要有志愿者的广泛参与。因此,在项目的设计和规划阶段,就需要充分考虑到志愿者因素。具体而言,项目设计阶段要根据志愿服务项目的设计情况,拟定好需要志愿者参与的情况,即哪些阶段需要志愿者参与、需要多少志愿者参与、需要志愿者参与提供哪些服务,也就是要对志愿者在志愿服务中的角色和作用有明确的界定。在进行了清晰的职位规划和功能界定后,要对志愿者的招募、筛选、注册登记、培训、督导、支持、评估、奖励等做充分的工作规划,分别制订招募和筛选的工作计划、培训计划、督导和支持计划、评估和奖励计划等。

在进行工作规划和设计时,要充分考虑到各种因素,做好应急预案和备用方案;同时要为志愿服务提供充足的物质保障。要考虑到为志愿者购买保险等的经费开支,做好预算管理。

在进行工作规划和志愿工作设计时,要始终将以下因素考虑在内:社会组织的使命、目标或愿景,志愿服务项目的目的,志愿服务的受助对象,社会组织的正式雇员。无论怎样的项目设计,都必须符合社会组织的发展目标,为受助对象提供最有效的服务以实现志愿服务的目的,同时要处理好正式雇员和志愿者的关系,使其在融洽的环境中开展合作,共同促进志愿服务的顺利开展。

（二）志愿者招募和筛选

志愿者招募是为了选择最合适的志愿者来承担相应的志愿服务工作，以保证志愿服务的质量，满足志愿服务目的，促进社会组织发展目标的实现。志愿者招募分为两种情况：一是开启一个新的服务项目，需要招募志愿者；一是志愿服务项目开展的过程中，有志愿者退出，因此需要招募志愿者来补充缺位。无论哪种情况下的志愿者招募，都涉及确立志愿者招募标准、发布招募信息、确立招募流程和实施招募等过程。

首先必须确定志愿服务需要什么样的志愿者，比如要开展支教服务需要对志愿者的受教育程度设定要求、开展哪些科目的支教则需要对志愿者擅长的科目设定要求等。在确定了志愿者招募标准之后，要通过各种渠道发布志愿者招募信息。发布信息的渠道多种多样，招募过程中要根据需求志愿者的数量来确定采用什么样的信息发布渠道。如果是开展大规模的志愿者招募，如2008年奥运会志愿者招募，则需要利用一切可以利用的途径进行广泛的信息发布和动员，包括电视广告、电台广播、互联网信息发布、宣传海报，通过企事业单位和高等院校召开动员会、发布视频、举办讲座等途径发布招募信息；如果是对志愿者的数量需求较少，比如在某个社区举行义卖活动，可能只需要10个人以内的志愿者，则应该有针对性地通过宣传海报、互联网及新媒体平台等发布招募信息。

招募信息要包括以下内容：（1）对志愿服务活动进行概括性的描述，告诉人们这项志愿服务的目的是什么、要开展什么服务、志愿者在其中能够发挥什么样的作用。（2）明确志愿者需要满足的条件，要完成这些志愿服务志愿者需要具备怎样的基本条件，对一些特殊的服务项目，还需要对特殊的技能需求做出说明。（3）说明社会组织可以提供的保障，如为志愿者购买保险、提供交通补贴、进行技能培训等。（4）给出详细的报名信息，比如通过发送短信到什么号码实现报名、或者是通过电子邮件报名、或者是登录官方网站报名等等。（5）说明志愿者选拔的过程，包括报名的截止日期、是否需要面试、最终给出志愿者录取结果的时间等。(6) 其他需要说明的事项。

根据招募信息中设定的报名截止日期，在报名截止后要进行志愿者的筛选。志愿者筛选有多种方式，最正规的方式是首先对志愿者参与志愿服务的资格进行审核，这种审核可以通过资格考试，也可以通过对志愿者提供的信息进行审核；在进行资格审核后确定进入面试的候选人名单；组织面试，根据面试结果确定最终的志愿者名单。通常大型会议或赛事的志愿者录用需要经过这样的过程，有时候为了确保志愿者的质量，会在面试之前进行2—3轮资格审核，举行2—3次面试。但是，如果每个志愿服务项目都按照这样的流程招募志愿者，无论对于社会组织而言还是对于志愿者而言，都意味着巨大的成本。因此，对大多数社会组织而言，在志愿者的筛选过程中通常是采用更为简化的筛选过程，如根据志愿者提供的信息确认志愿者是否符合标准，或在此基础上进行一次面试，通过面试确定志愿者录用名单。

采用面试对志愿者进行筛选，既可以使社会组织更好地了解志愿者对相关知识和技能的掌握情况、服务意愿的强烈程度等，也可以使志愿者候选人更好地了解志愿服务的目的和宗旨，实现组织者和参与者的互动和沟通。

面试需要做好以下工作：(1) 面试前的准备工作，包括根据报名人员提供的信息与候选人取得联系，与其约定面试时间，并且告知相关的面试需求；设计面试问题，围绕能够使面试者确定候选人是否具备参与志愿服务的资格展开问题设计。(2) 面试过程中需要注意的问题，包括向面试者简单地介绍社会组织、志愿服务项目，通过轻松愉快的开场白降低面试者的压力，营造舒适的谈话空间，使面试者能够最好地展现自己；围绕志愿服务需要的志愿者条件展开询问，对面试者提供的相关经历或技能，进行追踪询问；对面试者参与志愿活动的时间保证进行询问；及时向面试者阐述引起其误解的概念或观念，使其对志愿服务项目建立正确的认知；向面试者表达感谢，感谢他们对社会组织和志愿服务项目的关注以及付出的时间和精力等。(3) 面试结束后的工作。根据面试情况和其他相关信息确定志愿者录用名单，通知候选人录用结果，对于拟录用的志愿者通知下一步的事项；对于没有被录用的候选人，表达对其参与的感谢，也希望他继续关注社会组织和志愿服务，如果条件合适，可以为其推荐其他项目或社会组织进行志愿服务。

(三) 志愿者注册登记

在确定志愿者录取完成后，要组织志愿者进行正式的注册登记，以规范化对志愿者的管理。依托全国志愿者队伍建设信息系统志愿服务信息平台，指导志愿者进行注册登记。同时，社会组织内部要建立志愿者档案，以方便对志愿者的后续管理。

注册登记是近年来国家在志愿者管理方面推出的新举措，注册登记使对志愿者的服务记录进行电子化、网络化管理成为可能，同时也为实施志愿服务时间的"储蓄银行"兑换等提供了便利。社会组织要充分认识到注册登记的重要性，引导志愿者进行注册登记。

(四) 志愿者培训

在志愿服务开展之前，必须对志愿者进行相应的培训，培训的首要目的是要让志愿者明确受助对象的志愿服务需求、志愿服务的内容和预期达到的目标。然后围绕志愿服务过程中需要的技能、技巧等展开。在实施培训之前，志愿者管理者要进行详细的志愿者培训规划，如培训的内容有哪些、由谁来培训、需要几次培训、培训的时间和地点等等。如果只是针对一般的服务性项目，可以由社会组织的工作人员进行培训；如果是涉及专业性比较强的服务，则需要聘请相关专家进行培训。比如，某环保组织要围绕居民对阶梯电价的意见进行问卷调查，则需要聘请调查方面的专业人士开展培训。培训包括对志愿者的服务态度进行指导，志愿者应该以平等的心态对待受众对象，要表现出同理心，要掌握倾听的艺术，要合理对待受助对象赠送的礼物等等。要教育志愿者不要过度涉入受助对象的生活。志愿者作为一个团队，要培养他们的团队意识和沟通能力以及应急处理能力。

培训的方式可以是开展讲座，可以是举办讨论会或分享会，可以是召开会议，也可以是发放志愿者服务手册、由有经验的志愿者带新加入的志愿者等。选择哪种方式进行培训取决于志愿服务对志愿者能力的需求。根据志愿服务对技能的需求和志愿者的时间,可以安排多次培训。针对志愿者的骨干人员,可以进行深入培训。

二、志愿服务开展过程中的管理

管理是一个动态的过程,在志愿服务进行的过程中,对志愿者的管理首先是根据志愿者的特点分配志愿工作,在志愿服务开展的同时要适时对志愿者进行督导,及时发现和纠正问题,对遇到困难的志愿者也给予鼓励和支持。面对突发的情况和事件,要参与应急处理。

(一) 分配志愿工作

志愿服务是由一系列工作构成的,在对志愿者进行培训后要根据志愿者的特点来分配工作。这样才可以充分发挥志愿者的专长,提高服务的效率和质量。尽管要对不同的志愿者进行不同的工作分配,但是志愿者是一个团队,在分工的基础上还要体现合作,这样才能够将志愿服务的质量全面提升。

(二) 开展有效督导

要保证志愿服务的质量,必须对志愿服务过程进行督导。督导是有经验的、具有相应资格的管理人员或志愿者或专业人士运用专业知识和技术,发挥专业功能,促进志愿者提升服务质量的过程。在志愿服务的过程中,督导发挥着行政、教育和支持作用。[1] 督导的行政功能体现在通过督导可以使行政政策有效地得到执行,从而实现行政和实务的结合;教育功能体现在通过对参与志愿服务的志愿者的教育,使其发挥自身的专长,真正实现人尽其用;支持功能体现在通过对志愿服务过程中志愿者遇到的现实问题给予相应的指导,使志愿者之间团结协作,促进服务的有效开展。

---

[1] Erera, I. P., Lazar, A., "The Administrative and Educational Functions in Supervision: Indications of Incompatibility," *The Clinical Supervisor*, 1995, 12 (2): 39-56.

从志愿服务的实施过程来看,根据督导者与志愿者的关系,可以采取三种模式的督导:个别督导、集体督导和同辈督导。个别督导是指一个督导者负责对一个志愿者进行督导,这样可以使督导者深入参与志愿服务过程,通过与志愿者的互动和沟通,取得良好的督导效果;但是,它往往意味着社会组织要付出巨大的行政成本,这对人力资源相对较为匮乏的社会组织而言,并不是特别适合。集体督导是采用小组的形式,由一位督导者对小组内多名志愿者进行督导,督导者通过召集小组会议等形式,对发现的小组成员的问题及时给予指出,小组成员可以就自己遇到的问题与大家展开讨论。通过集体督导的方式,不但小组成员个人遇到的问题可以得到及时的解决,成员通过其他人遇到的问题,也可以提升自身处理问题的能力;考虑到当前社会组织的资源问题,集体督导比个别督导更具有可行性。同辈督导是指参与志愿服务的志愿者彼此都可以承担督导者的角色,通过小组讨论等形式,共同提升服务质量。在同辈督导中,因为没有特定的督导者,小组成员可以平等地参与讨论,经验丰富的志愿者在同辈督导中能够发挥更好的作用。同辈督导因为可以发挥同辈群体的影响,也是一种有效的督导方式。

无论采用哪种督导方式,在督导的过程中都要建立督导记录,督导记录中应该对志愿者的态度特征和技能分别进行记录。志愿者的态度特征包括:对其他志愿者的尊重程度、服务热情、是否乐观、是否友好、是否善于沟通、是否对他们给予支持和鼓励、是否能够坚持如一等;志愿者技能体现在沟通技巧、问题解决能力、团队建设能力、组织能力、冲突调解能力等方面。

从志愿服务专业化的角度来看,社会工作者对志愿者的督导是未来志愿服务督导的发展趋势。社会工作者对志愿者督导是指社会工作者教育培训、组织支持引导志愿者,策划评估服务过程,以有效地实施志愿服务。[1]

---

[1] 彭华民:《论志愿服务的社会工作督导模式》,载《中国青年研究》2010 年第 4 期。

（三）支持和鼓励志愿者

对志愿者的支持和鼓励是促进志愿者更好地提供志愿服务的重要方面，它可以帮助志愿者增强志愿服务的自信、能力和自尊。对志愿者的支持不仅体现在当志愿者遇到问题时及时给予相应的建议和对策，也体现在对志愿者进行有建设性的批评指正，还体现在当出现意外伤害时志愿者能够得到及时有效的救助。对志愿者的支持和鼓励不仅来自于管理者和督导者，也来自于志愿服务团队。当志愿者面临决策而犹豫不决时，无论来自哪方的支持，对志愿者来说都是支持和鼓励的体现。因此，志愿者管理中要特别注意对志愿者给予适时的支持和鼓励，也要增强团队之间的支持和鼓励。

（四）参与应急事件处理

即使再完美的志愿服务规划也无法充分预料到志愿服务过程中可能出现的紧急事件，当这样的紧急事件出现时，管理者要及时参与这些事件的处理，体现出对志愿者的尊重和爱护。这些紧急事件多种多样，最常见的是志愿服务过程中由于志愿者的需求、视角、态度和价值观等的不同而引起的冲突或纠纷。面对冲突，管理者首先要确认卷入冲突的双方是谁，分析形成冲突的原因，本着公正无私的观念从双方的角度考虑问题，尽量使双方能够坐下来一起讨论问题的解决方案。在冲突处理过程中，管理者要坚持价值中立，要确保双方的意见和利益都被考虑到。对其他形式的应急事件，管理者要根据当时的情形，巧妙灵活地进行处理，保护志愿者的利益和参与志愿服务的热情。

三、志愿服务结束后的管理

志愿服务结束并不意味着志愿者管理的结束，要使志愿者成为社会组织的长效资源，必须加强对志愿者的后续管理。这些管理包括对志愿者的服务进行详细的记录、评估和激励。事后管理能够通过建立有效的服务记录，客观公正的服务评价和信息反馈，适当的激励，使志愿者与社会组织维系良好的关系,吸引他们继续参与社会组织的志愿服务,从而建立社会组织的外部人力资源库,推动志愿服务的长效发展。

(一)建立志愿服务记录

对志愿者的服务记录及时进行更新,是建立志愿者对社会组织认同度的重要方法。要形成对志愿者服务进行记录的统一模板,对志愿者服务内容、时间、服务质量等进行记录。尽可能地使用电子化记录方式,寻求将志愿服务记录与志愿者登记注册统一化,实现志愿者管理的网络化。社会组织要加强内部的档案管理,建立志愿者的档案管理记录,并及时对档案进行维护,以最大可能地留住志愿者队伍,建立其对社会组织的认同。

(二)对志愿者服务进行评估

评估包括两个方面,一是对志愿服务项目整体的开展状况进行评估,二是对志愿者在志愿服务项目中的表现进行评估。对志愿服务项目的评估主要是评估志愿服务取得的效果与其预期目标是否吻合、志愿者整体的参与情况、志愿者提供的服务质量、志愿者管理的各个阶段的效果及其存在的问题等。对志愿者的评估主要围绕对志愿者在服务提供过程中的绩效进行评估,这种评估可以是志愿者的管理者给出,也可以是志愿者之间互评,还可以根据受助对象的反馈评估,也可以由督导者或第三方评估机构给出。评估可以使用问卷调查的方式,也可以采用座谈会的形式,还可以通过访谈的形式进行。评估的结果应该对志愿者有所反馈,以进一步提升志愿者的服务质量。

(三)对志愿者进行激励

利奥·巴特尔神甫在谈到他所在的教区志愿者的发展和管理时指出:"如果人们适当地被激励——并且是深度的激励——提高能力就成为了自身的迫切需求。"[①] 因此,对志愿者的激励是必不可少的。要实现对志愿者的长效激

---

① [美]彼得·德鲁克:《非营利组织管理》,吴振阳译,机械工业出版社2007年版,第132页。

励,必须建立激励机制。这既包括国家、各级政府建立的激励机制,也包括社会组织内部建立的激励机制。对志愿者的激励包括:志愿者星级评定、志愿者嘉许制度和志愿者回馈制度。在社会组织内部,应该根据志愿者提供服务的时间积累和服务质量建立志愿者奖励机制,可以进行志愿者星级评定;对于表现突出的志愿者授予相应的荣誉称号;志愿者可以根据自己在社会组织内提供的服务兑换社会组织相应的服务时间或者是其他相应的服务内容。社会组织要及时推荐优秀的志愿者,使其能够接受到政府的表彰和激励。社会组织要努力建立与其他社会组织的信息沟通机制,使志愿者在一个组织或一个地域的服务能够在其他组织或其他地域对应地兑换服务。

在对志愿者进行奖励的过程中要特别注意的是,对志愿者的奖励是为了更好地鼓励志愿者继续参与志愿服务,并且使他们为社会树立榜样,吸引更多的人加入志愿服务的行列。因此,对志愿者的激励不能成为对志愿服务的等价交换从而使激励"变味",而是要更多地体现对志愿服务精神的鼓励和弘扬。

第四节 志愿者与专业团队的关系

尽管随着志愿者对社会组织的贡献越来越大,社会组织对志愿者越来越重视,但是,从形式上来看,志愿者毕竟是社会组织的外部资源,而且往往是由各行各业的人组成的,因此,志愿者往往有较高的志愿服务热情,但是缺乏专业的志愿服务知识和技能。志愿管理过程中,要发挥专业团队、社会工作者和社会组织正式雇员对志愿者的引导和激励作用,一方面通过他们对志愿者的技能培训和指导,促进志愿者专业服务水平的提升,从而促进志愿服务质量的提升,也提升志愿者自身的成就感;另一方面,他们在与志愿者互动的过程中,能够将他们的价值观传递给志愿者,对志愿者形成潜移默化的影响,这种潜移默化的影响与志愿者的成就感相融合,能够在一定程度上使志愿者产生成为社会组织一员的动机,从而使志愿者真正发挥专业队伍的蓄水池功能,促进专业队伍的壮大。

一、以专业团队带领志愿者

随着社会分工的细化和专业社会工作者的发展,志愿服务呈现出越来越专业化的倾向。专业化在提高服务质量的同时,提升了对志愿者的服务要求。因此,在对志愿者的管理过程中,社会组织必须顺应社会组织发展专业化和志愿服务发展专业化的趋势,增加对志愿者专业知识、技能的传授,在实践过程中,通过专业团队带领志愿者开展志愿服务是最有效的提升志愿者专业水平的方式。从专业化的内涵来看,专业团队带领志愿者开展志愿服务能够在四个方面推动志愿服务的专业化:

第一,志愿服务专业化意味着志愿者应该具备一定的职业道德。志愿服务最大的特点是志愿性,但是这并不排除个别志愿者带着功利的目的参与志愿服务。专业团队的专业性是权威的重要来源,专业人士往往能够对非专业人士产生较大的影响。[1] 因此,专业团队能够以其敬业、奉献的精神带动志愿者,使志愿者受到志愿服务精神的感召,以更为端正的态度和更为积极奉献的心态参与到志愿服务中。

第二,志愿服务专业化意味着专业的知识和技能,这是专业化的基础。专业化知识和技能是在理论学习和社会实践中掌握和提升的。专业团队带领志愿者不仅能够使志愿者在理论上更好地掌握专业知识,而且能够在志愿服务的实践过程中志愿者充分而正确地掌握相关的技能,促进志愿者身体力行。志愿服务技能的专业化能够极大地提高志愿服务的质量,从而使志愿者切实感受到自我价值的实现。

第三,志愿服务专业化最关键的是志愿者专业化形象的塑造。志愿者的专业化形象是指志愿者在服务过程中根据服务活动的职业化要求所表现出来的个人态度、亲和力、文明礼貌、沟通交流技巧、专业技能等综合素质,达

---

[1] O'Donnell, E. J., "The Professional Volunteer versus the Volunteer Professional," *Community Mental Health Journal*, 1970, 6 (3): 236–245.

到"专业化"要求。① 专业团队带领志愿者参与志愿服务，能够以专业团队的职业道德和专业化水平带动志愿者的职业道德和职业水平的提升和整合，使志愿者更好地按照社会组织设定的规章制度、活动流程、服务质量标准等来提供服务，从而塑造自身的专业化形象。

第四，志愿服务专业化包括志愿服务评估的专业化，只有专业人士才能从专业的角度做出专业化的评估。因此，通过专业团队带领志愿者参与志愿服务，能够在服务的过程中和服务结束后，由专业团队给志愿者以专业的评估，准确地反映志愿者在服务过程中的状态、优点和不足，对于鼓励志愿者取长补短，更好地实现专业化具有重要作用。

专业化团队带领志愿者开展服务的过程中，不能一味强调专业化团队的权威性和主导性，也应该允许志愿者的创造性和主导性的发挥，通过平等的沟通和交流，在友好的氛围中共同促进志愿服务专业化水平的提升。

二、建立社会工作者+志愿者工作模式

社会工作是专门从事社会服务的职业性的活动，它把助人当作自己的价值追求和工具性目标，在长期的助人实践中，社会工作发展出了一套科学的助人方法。② 社会工作的个案工作法、小组工作法、社区工作法等方法对于指导志愿服务的开展具有重要的作用。社会工作者正是那些遵循社会工作的价值准则，运用这些专业方法从事职业性社会服务的人员。③ 从社会工作者和志愿者提供的服务内容来看，两者有很大的相似性。但是，与社会工作者不同的是，志愿者没有接受过系统的助人方法的训练，也没有接受过关于助人自助等价值观念的教育。社会工作者具备的职业价值观和专业的助人方法使其能够更好地在助人的过程中以平等、尊重、敬业、接纳的态度对待服务对象，

---

① 张科、彭巧胤：《高校青年志愿服务专业化研究》，载《中国青年研究》2010年第2期。
② 王思斌主编：《社会工作概论》，高等教育出版社2004年版，第1—6页。
③ 纪文晓：《志愿服务与社会工作差异互动分析》，载《中国青年研究》2010年第10期。

社会工作者也能够使用更为系统和科学的助人方法对服务对象提供服务。因此，社会工作者能够对志愿者发挥价值观引导和服务技能传授的作用，同时，还能够更为有效地为志愿服务整合资源。此外，从社会工作的角度来看，志愿者本身就是社会工作者的服务对象，在志愿服务的开展过程中，社会工作者能够为志愿者提供心理辅导、行为支持，也可以对志愿者进行专业督导。

从国际经验来看，社会工作被认为是有责任为志愿服务的开展扫清障碍，将志愿者能力转化为有效的志愿服务的力量。[1] 因此，社会工作者和志愿者要相结合，共同推动志愿服务的开展。在我国，社会工作者与志愿者结合的志愿服务模式已经在一些城市出现，并得到推广，典型的是深圳和上海各自发展出的"社工+义工"模式。深圳毗邻香港，受到香港的志愿服务发展影响较大，深圳是全国最早建立义工组织的城市，深圳市在 2007 年通过政府文件的形式，以购买社会工作服务机构的服务为载体，推动社会工作者与义工的联合，社会工作者服务为志愿服务项目招募志愿者并进行培训和督导，形成了社工引领义工，义工辅助社工，相互扶持，整合资源，促进志愿服务质量提升的局面。[2] 上海引进社会工作者参与志愿者招募、选拔、培训和评估，利用社会工作者的专业特长引导和管理志愿者。

但是，由于社会工作进入我国的时间并不长，社会工作发展相对滞后，社会工作者资格认证的开展时间也比较短，整体上社会工作者的规模还较小，产生的社会影响相对有限。而志愿者因为门槛相对较低，人人都可以参与，加之人们公民意识的增强使志愿者队伍不断壮大，因此数量有限的社会组织者难以满足规模庞大的志愿者的需求。同时，我国目前虽然建立了对社会工作者的资格认证制度，但是社会工作者和志愿者联动的制度尚未确立，也缺乏将社会工作和志愿服务进行衔接的制度安排。

---

[1] Lough, B. J., "Social Work Perspectives on International Volunteer Service," *British Journal of Social Work*, 2014, 44: 1340–1355.

[2] 董秀：《深圳市"社工+义工"联动参与社区治理的思考》，载《武汉大学学报（哲学社会科学版）》2009 年第 3 期。

三、志愿者与正式雇员的关系

志愿者是参与社会组织志愿服务活动的外部力量,志愿服务活动是由社会组织的正式雇员策划和设计,按照相应的程序推动开展的工作。从志愿者招募开始,志愿者和社会组织正式雇员就开始了正式接触,一直到志愿服务结束,他们的关系仍然有可能维续。因此,正确处理好志愿者与雇员的关系,无论对于志愿服务项目的开展,还是对于志愿者的积极参与以及雇员的工作绩效都有重要影响。从志愿服务的过程来看,志愿者和社会组织雇员能够实现优势互补。社会组织的雇员对社会组织的价值观、目标、愿景等有着较高的认同、熟悉志愿服务项目或社会组织其他相关事宜,并且是社会组织稳定的人力资源。志愿者往往具备自己的一技之长,这能够扩展雇员的技能范围;志愿者还能够给社会组织带来新的观察问题的视角和维度,志愿者义务地贡献自己的时间和精力。但是,志愿者本身对社会组织的价值观、目标、志愿服务的开展等并不熟知。因此,志愿者和雇员必须建立团队合作的意识,共同推动志愿服务的开展。这也是使社会组织实现服务成本最小化的需要。[1] 而且,志愿者和雇员和谐的工作关系的建构,能够使志愿者更好地理解志愿服务的价值和理念,从而有可能在未来将参与社会组织作为自己的职业选择,发展成为社会组织稳定的人力资源。

由于志愿者的专业化和服务技能的提升有可能会威胁到正式雇员在社会组织中的职位,因此正式雇员对志愿者有抵制倾向。[2] 要建立志愿者和雇员融洽的合作关系,应该分别从雇员管理和志愿者管理两方面入手。在雇员管理

---

[1] Duncombe, W. D., Brudney, J. L., "The Optimal Mix of Volunteer and Paid Staff in Local Governments: An Application to Municipal Fire Departments," *Public Finance Quarterly*, 1995, 23 (3): 356 – 385.

[2] Brudnew, J. L., Cazley, B., "Testing the Conventional Wisdom Regarding Volunteer Programs: A Longitudinal Analysis of the Service Corps of Retired Executives and the U. S. Small Business Administration," *Nonprofit and Voluntary Sector Quarterly*, 2002, 31 (4): 525 – 548.

方面，要使雇员建立对志愿者的正确认识，尊重志愿者的奉献；要使雇员建立与志愿者平等合作的理念，接纳志愿者成为同事；要使雇员参与到志愿者管理中，通过与志愿者的广泛接触，了解志愿者，并为志愿者提供相应的保障；等等。在志愿者管理方面，要使志愿者在认可雇员的组织身份的同时建立平等的观念，不能因为雇员可能具备的权威性而屈居隶属地位；要使志愿者学会与雇员进行有效沟通，在学习雇员的专业知识和技能的同时，也应该将自己的专长和分析视角展现出来；要使志愿者通过自身服务能力的提升赢得雇员的尊重。

为了促进志愿者与雇员建立良好的合作关系，社会组织应该建立雇员与志愿者沟通的渠道和机制，使他们能够及时地进行沟通和交流，在互动中增进了解和认识。其次，要建立纠纷协调机制，当志愿者和雇员发生冲突或纠纷时，能够有合适的渠道寻求问题的解决。第三，要引入社会工作者工作机制[1]，使社会工作者以第三方的身份参与对雇员和志愿者的管理，以其专业性和公正性来妥善处理雇员和志愿者的关系。

---

[1] Netting, F. E., Nelson Jr, H. W. and Borders, K., et al., "Volunteer and Paid Staff Relationships: Implications for Social Work Administration," *Administration in Social Work*, 2004, 28 (3–4): 69–89.

主要参考文献

朱永新主编:《人力资源管理心理学》,华东师范大学出版社 2003 年版。

滕玉成、俞宪忠主编:《公共部门人力资源管理》,中国人民大学出版社 2003 年版。

张德编著:《人力资源开发与管理》,清华大学出版社 2007 年版。

杨倩主编:《员工招聘》,西安交通大学出版社 2006 年版。

王名编著:《非营利组织管理概论》,中国人民大学出版社 2010 年版。

朱勇国主编:《组织设计与职位管理》,首都经济贸易大学出版社 2010 年版。

刘昕编著:《薪酬管理(第三版)》,中国人民大学出版社 2011 年版。

廖鸿、石国亮、朱晓红:《国外非营利组织管理创新与启示》,中国言实出版社 2011 年版。

《中华人民共和国慈善法》,法律出版社 2016 年版。

廖鸿、刘宝泉:《做好社会组织人才服务工作 推动社会组织人才战略实施》,载《社团管理研究》2008 年第 4 期。

陈晓春、胡扬名:《非营利组织中的人本管理探讨》,载《中国行政管理》2005 年第 6 期。

萧鸣政:《非营利组织人力资源管理的几个发展方向——基于非营利组织特征的思考》,载《中国人力资源开发》2007 年第 7 期。

徐晞、叶民强:《非营利组织人资源管理理论及其最新发展》,载《生产力研究》2008 年第 2 期。

华黎明、李洪丽：《非营利组织的人力资源构成与管理》，载《法制与社会》2008 年第 14 期。

郑琦、乔昆：《完善社会组织从业人员的激励机制》，载《社团管理研究》2011 年第 12 期。

王瑞文、周旭、孙建东：《非营利组织人力资源管理研究综述》，载《理论与现代化》2013 年第 2 期。

和慧卿：《建设社会组织人才队伍的思考》，载《中国社会组织》2013 年第 4 期。

李长文：《社会组织人才专业化研究综述》，载《社会福利（理论版）》2014 年第 4 期。

张康之：《论作为社会治理主体的志愿者》，载《中共浙江省委党校学报》2014 年第 4 期。

蔡波毅、和慧卿：《社会组织成为吸纳大学生就业主体之一》，载《中国社会组织》2014 年第 12 期。

李建辉：《谈社会组织人力资源管理的发展趋势》，载《中国社会组织》2014 年第 17 期。

唐代盛、李敏、边慧敏：《中国社会组织人力资源管理的现实困境与制度策略》，载《中国行政管理》2015 年第 1 期。

石国亮：《建议国家职业分类大典中的"劝募员"改名"募捐师"》，载《中国社会组织》2015 年第 10 期。

《关于加强社会组织党的建设工作的意见（试行）》，载《中国社会组织》2015 年第 19 期。

《民政部关于加强和改进社会组织教育培训工作的指导意见》，载《中国社会组织》2015 年第 22 期。

李立国：《努力做好慈善法实施工作》，载《求是》2016 年第 8 期。

《民政部关于加强和改进社会组织薪酬管理的指导意见》，载《中国社会组织》2016 年第 16 期。

詹成付：《加强改进薪酬管理工作 有效激发社会组织活力》，载《中国社会组织》2016 年第 16 期。

《中办国办印发〈关于改革社会组织管理制度促进社会组织健康有序发展的意见〉》，载《中华人民共和国国务院公报》2016 年第 25 期。

《民政部 中央文明办等部门对志愿服务记录证明作出规范——民政部社会工作司有关负责人〈关于规范志愿服务记录证明工作的指导意见〉的解读》，载《中国民政》2015 年第 17 期。

顾朝曦：《发展志愿服务组织 壮大志愿服务事业》，载《求是》2016 年第 18 期。

[美] A. H. 马斯洛：《动机与人格》，许金声、程朝翔译，华夏出版社 1987 年版。

[美] 赫伯特·西蒙：《管理行为——管理组织决策过程的研究》，杨砾、韩春立、徐立译，北京经济学院出版社 1988 年版。

[美] 詹姆斯·盖拉特：《21 世纪非营利组织管理》，邓国胜等译，中国人民大学出版社 2003 年版。

《非营利组织管理》，北京新华信商业风险管理有限责任公司译校，中国人民大学出版社 2004 年版。

[美] 罗伯特·戈伦比威斯基、杰里·史蒂文森主编：《非营利组织管理案例与应用》，邓国胜等译，中国人民大学出版社 2004 年版。

[美] 彼得·德鲁克：《非营利组织的管理》，吴振阳译，机械工业出版社 2007 年版。

[美] 雷蒙德·伊诺、约翰·霍伦拜克、拜雷·格哈特、帕特雷克·莱特：《人力资源管理：赢得竞争优势》，刘昕译，中国人民大学出版社 2001 年版。

[美] 罗伯特·卡普兰、大卫·诺顿：《平衡计分卡：化战略为行动》，刘俊勇译，广东经济出版社 2004 年版。

[美] 乔治·T. 米尔科维奇、杰里·M. 纽曼：《薪酬管理（第九版）》，成得礼译，中国人民大学出版社 2009 年版。

主要参考文献

［美］加里·德斯勒：《人力资源管理（第十二版）》，刘昕译，中国人民大学出版社 2012 年版。

张冉、［美］玛瑞迪斯·纽曼：《情绪劳动管理：非营利组织人力资源管理的新视角》，载《浙江大学学报（人文社会科学版）》2012 年第 2 期。

Noble, J., Rogers, L., *Volunteer Management: An Essential Guide*, Volunteering S. A. Inc., 1998.

Netting, F. E., Nelson Jr., H. W. and Borders, K., et al., "Volunteer and Paid Staff Relationships: Implications for Social Work Administration," *Administration in Social Work*, 2004, 28 (3 – 4).

Fenwick M., "Extending Strategic International Human Resource Management Research and Pedagogy to the Non-profit Multinational," *The International Journal of Human Resource Management*, 2005, 16 (4).

Rehberg, Walter, "Altruistic Individualists: Motivations for International Volunteering among Young Adults in Switzerland," *Voluntas: International Journal of Voluntary and Nonprofit Organizations*, 2005, 16 (2).

Healy L. M., *International Social Work: Professional Action in an Interdependent World*, Oxford University Press, 2008.

Hager, Mark A., Brudney, Jeffrey L., "Management Capacity and Retention of Volunteers," in Liao-Troth, Matthew Allen (eds.), *Challenges in Volunteer Management*, Information Age Publishing, Inc., 2008.

Somaya D., Williamson I. O. and Lorinkova N., "Gone but not Lost: The Different Performance Impacts of Employee Mobility between Cooperators versus Competitors," *Academy of Management Journal*, 2008, 51 (5).

He Y., Lai K. K. and Lu Y., "Linking Organizational Support to Employee Commitment: Evidence from Hotel Industry of China," *The International Journal of Human Resource Management*, 2011, 22 (1).

Jiang K., Lepak D. and Hu J., et al., "How Does Human Resource Management Influence Organizational Outcomes? A Meta-analytic Investigation of Mediating

Mechanisms," *Academy of management Journal*, 2012, 55 (6).

Ulrich D., *Human Resource Champions: The Next Agenda for Adding Value and Delivering Results*, Harvard Business Press, 2013.

Bartram T., Hoye R. and Cavanagh J. M., "Special Issue on Human Resource Management in the NGO, Volunteer and Not-for-profit Sector," *The International Journal of Human Resource Management*, 2014, 25 (22).

后　记

　　2016年6月2日，中共中央办公厅、国务院办公厅印发的《关于改革社会组织管理制度促进社会组织健康有序发展的意见》（中办发〔2016〕46号），首次将"走出一条具有中国特色的社会组织发展之路"作为社会组织改革发展的总要求，明确提出了当前和今后一个时期推进社会组织改革发展工作的指导思想、基本原则、总体目标和主要任务，统筹确定了一系列政策措施，是指导当前和今后一个时期我国社会组织改革发展工作的纲领性文件。意见的印发，对社会组织人才队伍建设也是一个极大的利好。在完善扶持社会组织发展的四项政策措施中，完善人才政策就是其中很重要的一项，包括把社会组织人才工作纳入国家人才工作体系、建立社会组织负责人培训制度、积极向国际组织推荐具备国际视野的社会组织人才以及研究制定加强社会组织人才工作的意见等。

　　但是，从现实来看，社会组织人才队伍及其建设的现状仍不甚理想。根据《国家中长期人才发展规划纲要（2010—2020年）》，统筹推进各类人才队伍建设包括六支人才队伍，分别是党政人才队伍、企业经营管理人才队伍、专业技术人才队伍、高技能人才队伍、农村实用人才队伍、社会工作人才队伍。由此可见，六支队伍中尽管社会工作人才队伍也涉及社会组织人才，但社会组织人才队伍建设未列入重点对象是显而易见的。我们认为，加强社会组织人才队伍建设，很重要的措施之一就是要将人力资源开发与管理引入社会组织之中。我们的想法得到了浙江敦和慈善基金会的支持，他们决定立项并予以资助,于是就有了《社会组织人力资源开发与管理》一书。

实事求是地说,撰写这样一本书,是有一定难度的。就政策和实践来讲,尽管近年来民政、人力资源与社会保障等部门已经陆续出台了一些有关社会组织人员培训、薪酬管理、社会福利、志愿者管理、党务工作者等方面的政策,但是相对于党政机关、企事业单位来说,社会组织人力资源开发与管理缺少顶层设计,尚未将社会组织作为一个独立的主体进行人力资源开发与管理。总体上看,现在社会组织人力资源开发与管理大多是套用企业的做法,也有一些是套用事业单位或党政机关的做法。就学术研究而言,尽管也有一些论文探讨了社会组织人力资源开发与管理的相关方面,不少《非营利组织管理》的教材中也都列出一章来写社会组织人力资源开发与管理,但是相对企业的人力资源开发与管理,有关社会组织人力资源开发与管理的研究,不论研究者的人数还是研究者投入的精力,不论研究成果的数量还是研究成果的深入程度,都有很大的差距。从一定意义上讲,现在撰写《社会组织人力资源开发与管理》的条件并不完全成熟。

但是,加强社会组织人力资源开发与管理的要求确实十分迫切。从国家层面看,协调推进"四个全面"战略布局,加强和创新社会治理,推进国家治理体系和治理能力现代化,如期全面建成小康社会、实现中华民族伟大复兴的中国梦……哪一项都需要发挥社会组织的积极作用。而要更好地发挥社会组织的积极作用,就必须通过人力资源开发与管理等诸多手段,促进社会组织持续健康发展。从社会组织层面看,人力资源开发与管理不足,已经成为社会组织持续健康发展的"短板"。过去人力资源开发与管理一向在企业或政府中使用,社会组织则较少涉及。伴随着社会组织的快速发展,人力资源开发与管理开始引入社会组织。但是在社会组织人力资源开发与管理的实践中,管理得多,开发得少,同时还存在人员专业化程度低、薪酬体制不健全、绩效管理难以有效运行、人员激励不足等诸多问题。

基于这样的现实要求,撰写一本《社会组织人力资源开发与管理》的著作就不仅十分有必要,而且十分重要。考虑到写作的难度,我们组织了由社会组织登记管理部门的官员、从事社会组织和人力资源研究的专家学者、社

后　记

会组织实务部门高级管理人员构成的研究团队。团队成员分别是：民政部社会组织管理局副局长廖鸿，民政部民间组织服务中心登记服务处处长蔡波毅，民政部民间组织服务中心人才服务处副处长和慧卿，首都师范大学教授石国亮，北京城市学院人力资源管理教研室专业主任、副教授、中国人事科学研究院博士后王爱敏，彼得·德鲁克社会组织学习中心秘书长、北京光华慈善基金会理事赵华，彼得·德鲁克社会组织学习中心特聘顾问、公益机构"领英会"的联合发起人和北京负责人、美国福特汉姆大学工商管理硕士秦波，中国发展简报总干事陈一梅，中国发展简报课题顾问、公益法中心研究员姚遥，南京大学社会学院博士苏媛媛。

我们先后召开多次研讨会，确定了本书的定位。首先要满足社会组织人力资源开发与管理的操作要求，也就是要为社会组织开展人力资源开发与管理提供一个指引性的通用手册，帮助社会组织做好人力资源开发与管理。同时要考虑社会组织人力资源开发与管理的可持续发展，为适时开展社会组织人力资源开发与管理的顶层设计提供一个备选方案。根据这样的定位，我们经过反复研讨拟定了写作提纲。具体写作分工如下：导论（廖鸿、石国亮）；第一章、第四章（蔡波毅、和慧卿）；第二章（姚遥、陈一梅）；第三章（赵华）；第五章（秦波）；第六章（王爱敏）；第七章、第九章（石国亮、苏媛媛）；第八章（廖鸿）。全书最后由廖鸿、石国亮、蔡波毅统稿。本书参阅了相关研究成果，在此表示感谢。王文静、陈璐、徐小婷、武娜娜帮助校对了文稿，制作了相关图表，特此致谢。

社会组织人力资源开发与管理，是一项全新的课题。提高社会组织人力资源开发与管理的科学化水平，更是一个不断探索、不断实践的过程。所以，撰写这样一本书是一项尝试，它肯定存在着不足之处，敬请广大读者批评指正。

作　者

2016 年 10 月 8 日